MW00462275

WILMER VALDERRAMA

MI SUEÑO AMERICANO
TODOS ESTÁN INVITADOS

WILMER VALDERRAMA

MI SUEÑO AMERICANO

TODOS ESTÁN INVITADOS

HarperEnfoque

Dedicatoria

*Dedico este libro a todas las personas que
sueñan con una vida mejor.*

*A todos los padres que se han sacrificado en gran manera
para que sus hijos puedan cumplir sus sueños.*

*A mi mamá y a mi papá,
gracias por mostrarme el camino y por permitirme recorrerlo.*

*A mis hermanas.
No tendría un diploma de escuela secundaria si no fuera por
ustedes... ja, ja, ja.
Ustedes me entienden.*

A Amanda, por llenar nuestro hogar de amor.

*A Nakano, te prometo que un día te despertarás
y el color de tu piel no será exótico; será tu don.*

A mi sobrino, Christian. A partir de ahora, te toca a ti.

A Tadao, mi mejor amigo.

*Sabes lo que siento por ti, pero por si se te olvida: te amo, hermano.
No lo hagas más incómodo.*

CONTENIDO

PRÓLOGO

Situación presente

M i padre está sufriendo un paro cardíaco.
Estamos en su furgoneta yendo al hospital a toda velocidad por la autopista 405. Yo voy al volante y papá está en el asiento del pasajero a mi lado. Va agarrándose el pecho... se queja despacito. Intento que se mantenga lo más tranquilo posible. Quiero que esté despierto y respirando, pero se desvanece.

El tráfico está detenido. Lo único que veo es una pared de luces de freno. La autopista está tan congestionada como solo puede suceder en Los Ángeles, incluso un domingo. No puedo detenerme, giro hacia un lado y manejo por el arcén a centímetros de la alta barrera de cemento pintada con grafitis. Sigo circulando a toda velocidad, dejando atrás a los vehículos que no se pueden mover. Llevo encendidas las luces de emergencia y piso el acelerador tan fuerte como me atrevo. Si me para la policía, pediré que nos escolten.

—Papá, ¿cuál es la salida que estamos buscando? —le pregunto.

Es una estrategia. Sé exactamente cuál es la salida que necesitamos, pero a papá le gusta dar indicaciones. Mi pregunta tiene la intención de mantenerlo pensando, mantenerlo hablando.

Mantenerlo con vida.

Para colmo, es el Día del Padre.

Temprano esa mañana, con Amanda habíamos organizado que mi papá, mi suegro, mi sobrino, unos amigos y yo fuéramos a pescar en aguas profundas. Era un regalo especial. En el barco, con el mar azul oscuro zarandeándonos, mi papá se descompuso. Le dimos un remedio para las náuseas; pero ahora, yendo al hospital, sospecho que la medicina le aceleró el ritmo cardíaco, lo que causó el infarto.

En tierra, cuando la expedición de pesca terminó, todos nos subimos al vehículo para regresar a casa donde mis hermanas habían organizado una cena sorpresa y un juego de cartas por el Día del Padre. Papá tomó una breve siesta en el auto, luego se despertó y dijo: «Me duele mucho el pecho». Además, no sentía la mano. Insistió en que quería ir a casa, no al hospital. Cuando llegamos, tenía una sensación de opresión en el pecho. Había empezado a sudar frío y se sentía mareado y aturdido. Entonces supe que era demasiado tarde para llamar a una ambulancia. Le ajusté el cinturón de seguridad en su furgoneta y pisé a fondo el acelerador.

—Papá —le digo mientras avanzábamos a toda velocidad—, el hospital está acá nomás. ¿Seguro que sabes cuál es la salida correcta?

—Mijo… —respondió. Su voz gruesa me es muy familiar. Sin embargo, no termina la frase. Es la única palabra que dice, es la forma cariñosa con la que se dirige a mí. Cierra los ojos.

En el hospital, corro hacia la sala de emergencias y me detengo de golpe. Es como si estuviéramos en una película, salvo que esto es la vida real.

—¡Necesito ayuda! —grito—. ¡Estoy perdiendo a mi padre!

El personal médico sale deprisa y corriendo, lo colocan en una camilla y se lo llevan adentro de inmediato. Un hombre de uniforme me dice que vaya a estacionar la furgoneta y despeje la zona. Cuando regreso, me permiten entrar. Alguien del personal me informa: «Su padre está teniendo un infarto agudo, pero nuestro cardiólogo no se encuentra aquí este fin de semana. Vamos a llevar a su papá a otro hospital». Me dice la dirección y la anoto en mi teléfono. Papá ya está en una ambulancia. Corro a la furgoneta y voy al segundo hospital a toda marcha.

Esta vez me recibe un médico. «Si llegaba quince minutos más tarde, su papá no estaría vivo —me dice—. Lo estamos preparando para operarlo de inmediato».

Me dan un minuto para estar con él. Le digo: «Papá, estás en buenas manos. Todos estaremos aquí cuando salgas. Solo relájate. Te veo en un rato». Tomo su mano entre las mías y lo beso en la frente. Es hora de que se vaya. Me mira con ojos firmes y sin parpadear. Se lo llevan.

Doy dos pasos hacia atrás, giro, tambaleo, me apoyo contra la pared. Siento todo el peso de este momento. Las palabras se agolpan en mi mente: *Puede que esta sea la última vez que vea a mi padre con vida.*

Y en un instante difícil de describir, recuerdo todo lo que vivimos. Lo recuerdo todo.

CAPÍTULO 1

Nuestros comienzos

1983

Es temprano por la mañana. Con las primeras luces del amanecer, entro en la habitación de mis padres en Miami, ciudad en la que nací, salto a los pies de su cama y, con un cepillo como micrófono en la mano, me pongo a cantar.

Bien fuerte.

A mis tres años, aunque no sé nada de inglés ya que en casa solo hablamos español, doy un concierto de una canción usando palabras que memoricé de la radio: «Eye of the Tiger» [La mirada del tigre], de Survivor. Hago todos mis mejores movimientos de baile, camino y me deslizo sobre el cubrecama como si tuviera mantequilla en las plantas de los pies. Cuando termino, hago una reverencia y giro un sombrero de copa imaginario, luego caigo riendo en los brazos extendidos de mi padre.

—Mijo —me susurra mi padre al oído con su voz gruesa y ronca, abrazándome y dirigiéndose a mí con ese término afectivo que los padres latinos usan para hablarle a un hijo amado—. Naciste para entretener.

—Sí —agrega mi madre, con un ojo aún entrecerrado—, pero la próxima vez un poco más tarde por la mañana, ¿sí?

—Aún no han oído mis voces —protesto en español. Me libero de mi padre, vuelvo a ponerme de pie de un salto, tomo un cigarrillo invisible en una mano y tarareo mi mejor canción del Rat Pack de Las Vegas, imitando a Sammy Davis Jr. Esta vez, papá se ríe más fuerte, e incluso mamá esboza una sonrisa. Sigo con un Elvis perfecto, frunciendo el labio superior y sacudiendo mis rodillas mientras canto «Hound Dog» [Perro sabueso].

A pesar de mi temprana edad, he prestado mucha atención a los especiales en televisión, estudiando detenidamente a cada invitado, y he perfeccionado muchas más voces: Sylvester Stallone, Mr. T, El Puma (una gran estrella del pop latino), Óscar D´León (un gran cantante de salsa), Juan Gabriel (un icono mexicano), la rana René y media docena de otros Muppets... cualquier cosa para hacer reír a mis padres, incluso imito los sonidos de los perros de nuestro vecino si eso provoca una carcajada. Repaso mi repertorio de voces una por una.

Mi hermana menor, Marilyn, entra en la habitación dando tumbos, frotándose los ojos, con su hermoso cabello todo enmarañado. Yo nací el 30 de enero de 1980 y ella poco más de un año después, en febrero de 1981, y ya es mi mejor amiga. Juntos tarareamos los últimos compases de «It's not easy being green» [No es tan fácil ser verde], la canción favorita de la rana René, y comienza a reír.

¡Cuánto potencial tenemos al principio! Toda nuestra familia lo tiene. El futuro se abre prometedor ante nosotros y podemos hacer cualquier cosa y ser lo que queramos. Nos amamos mucho, somos fuertes de espíritu y tenemos grandes sueños.

Como todos los soñadores, lo único que necesitamos es una gran oportunidad.

EN ESE ENTONCES VIVÍAMOS EN UNA CASA PEQUEÑA en la Ciudad Mágica, el apodo adecuado para Miami, donde papá había conocido a mamá, se habían enamorado y casado cuando apenas eran adultos. Papá había llegado a Miami desde Venezuela y mamá desde Colombia. Nuestra familia no era pobre cuando era pequeño, al menos no que yo recuerde. Siempre parecía que teníamos de sobra, incluso una casa con un patio delantero bien cuidado y una piscina en la parte de atrás donde Marilyn y yo chapoteábamos en el calor constante de Florida, siempre con mamá vigilándonos de cerca.

Mi padre, Balbino Valderrama, viajaba casi todos los días, pues hacía trabajos ocasionales o compraba maquinaria agrícola en Estados Unidos y la exportaba a Venezuela para alquilarla a los agricultores. Cuando volvía a casa después de los viajes, solía tener una mirada nostálgica, como si extrañara su tierra natal, o al menos soñara con lo que ahora podía ofrecerle.

Por las noches, después de la cena, mientras jugaba con mis figuras de acción de G. I. Joe frente al televisor, escuchaba fragmentos de lo que mis padres conversaban. No entendía todo lo que decían, pero a menudo hablaban en voz baja y con entusiasmo. Papá más que mamá. La economía de Venezuela a principios de la década de 1980 estaba en alza, comenzaba a dispararse. Las crisis del petróleo de 1973 y 1979 habían terminado y Venezuela se estaba convirtiendo con rapidez en la tercera nación productora de petróleo más grande del mundo. A papá no le interesaba una carrera en el petróleo, pero había mucha riqueza y el sueño de papá era tener su propio terreno en su país natal para poder trabajar su propia granja.

Sabía que él la había pasado mal en su infancia, ya que papá y su familia habían sido muy pobres. A los ocho años abandonó la escuela para cuidar de sus cuatro hermanos y sus dos hermanas. En Venezuela escaseaban los trabajos para un niño de ocho años y era una época tan difícil que papá a veces robaba sándwiches en la calle para que sus hermanos pudieran comer. Nunca tomó comida para él; solo para sus hermanos y hermanas. Como el segundo de más edad, era el líder, ya era el hombre de la familia.

Papá nunca conoció a su verdadero padre. Su padrastro alcohólico abusaba de la familia. Su madre trabajaba en una panadería toda la noche, volvía a casa temprano por la mañana para cuidar de sus hijos lo mejor que podía y luego dormía un poco antes de que su largo día comenzara de nuevo. Todo el dinero que ella llevaba a la casa el padrastro lo tomaba y lo despilfarraba en bebida.

Cuando mi papá cumplió trece años, la familia concluyó que ya habían soportado suficientes abusos. Mi padre, todavía un adolescente vigoroso, empacó unas pocas posesiones de la familia y llevó a su madre y a sus hermanos al norte, a la ciudad de Caracas. Allí trabajó lo suficiente como para conseguirle a su madre una pequeña choza para que pudiera instalarse con los niños más pequeños. Durante varios años trabajó en los suburbios y ayudó a su madre a conseguirse un empleo estable. Para cuando cumplió dieciséis, a la familia ya le iba un poco mejor, así que empezó a viajar por su cuenta. Fue a París, Nueva York, Miami, siempre buscando una manera de ganar más dinero para enviar a casa, siempre con la esperanza de una vida mejor.

Mi madre, Sobeida Valderrama, nació en Colombia y era una de las mayores de catorce hermanos. Su padre tenía una finca de café donde cultivaba y tostaba sus propios granos. Como familia, no eran ricos, pero sí eran muy trabajadores, tenían fe y esperanza, y nunca faltaban a una misa dominical. Después de la escuela secundaria, mamá empezó a trabajar como recepcionista en el consultorio de un médico en Colombia y comenzó a rezar por la siguiente puerta abierta. Una hermana mayor vivía en Miami, así que un verano mamá viajó a verla. Allí conoció a mi padre. Fue mágico en la Ciudad Mágica. Amor a primera vista.

Cuando llegamos nosotros, los hijos, papá adoptó el papel de motivador en la familia, mientras que mamá era la encargada de hacer cumplir las reglas. Severa pero amorosa, nos enseñó la autodisciplina y el respeto, aunque nunca me dijo abiertamente que me amaba, al menos no con palabras. En su infancia, le habían enseñado a ponerse en último lugar, por lo que de adulta le costaba comunicar su amor mediante palabras o besos. Su forma de demostrar amor era a través de la cocina.

Mamá me alimentaba plato tras plato con arepas rellenas calientes, el alimento básico de todas las comidas colombianas y venezolanas; es como el pan naan o el pan de pita, pero hecho con harina de maíz. Todas las noches asaba bistec o cerdo, o preparaba pescado frito y rociaba la carne con jugo de limón fresco. Otra comida favorita era la guasacaca, una salsa de guacamole con mayonesa, jugo de limón y especias que servía para todo. En la merienda me llenaba de deliciosas cachapas, una masa de maíz frita saborizada, a veces cubierta con mantequilla y queso. Comida tras comida me atiborraba de empanadas y de tostones crujientes: unos plátanos dorados doblemente fritos que se sirven aplastados y cubiertos de sal. Siempre había una gran olla de sancocho al fuego. Es una sopa tradicional, más parecida a un guiso, con carne y verduras, ajo, cebolla, papa, malanga y cilantro.

En una ocasión, todavía en Miami, papá trajo a casa una enorme perra negra y mullida, de raza chow chow, con la lengua morada siempre afuera y una gran cantidad de pelo. Parecía una osa bebé, no era como ningún otro perro que hubiera visto.

—¿Cómo quieren llamarla? —preguntó papá.

Solté la primera palabra que me vino a la mente.

—Negra.

—Tengo otra sorpresa para ti y tu hermana —dijo papá—. Iremos a la juguetería. Solo por esta vez, podrán comprar lo que quieran.

No era común que papá nos diera dos sorpresas tan seguidas, pero Marilyn y yo saltábamos de alegría ante la noticia. Papá nos llevó a la tienda, mi hermana eligió una muñeca Barbie y yo elegí un rancor: uno de esos horribles monstruos reptiles de *La guerra de las galaxias* con colmillos afilados, brazos largos y grandes garras.

Cuando se lo mostré a mi papá, él negó con la cabeza.

—No —dijo—. Demasiado feo. Devuélvelo y búscate otra cosa. Quizás un Mickey Mouse.

Lo miré fijamente a los ojos. Yo era un chico respetuoso, pero incluso a una edad temprana tenía un fuerte sentido de mí mismo. Sabía muy bien lo que quería y me mantendría firme. No parecía que papá fuera a cambiar de opinión, así que devolví el rancor y regresé con las manos vacías.

—¿Dónde está el juguete? —preguntó papá.

—No quiero nada si no es eso.

Lo volví a mirar fijo, intentando comunicar mi seriedad.

Por un momento me devolvió la mirada, luego dejó escapar un suspiro de exasperación.

—Bien —dijo—, ve a buscar ese juguete horrible.

En ese momento aprendí una lección que me ayudó a establecer un rasgo de carácter: la determinación; la cual me serviría en mis próximos años. No me iba a enojar ni a encaprichar, pero tampoco iba a cambiar mi pasión por la gloria, como decía la canción de Survivor. Sabía que si tienes un sueño específico, no puedes conformarte con menos. Debes tener la mirada del tigre e ir tras aquello que deseas.

Papá nos tenía preparada otra sorpresa esa noche, una más grande, que interrumpiría nuestras vidas más de lo que podía imaginar. Volvimos a casa con los juguetes en la mano. Cuando atravesamos la puerta principal, nuestra perra Negra nos saludó lamiéndonos las manos y llenándonos de baba. Mientras cenábamos, papá nos anunció que la semana siguiente nos mudábamos. Mamá ya lo sabía.

—¿Lejos de casa? —le pregunté.

—Compré un terreno para nuestra familia —respondió mientras daba un fuerte golpe en el pecho.

La determinación en sus ojos me indicaba que él también sabía un par de cosas sobre no conformarse con un sueño menor.

—Pero ¿dónde? —le pregunté.

Papá sonrió.

—En Venezuela.

NUESTRA PERRA PELUDA SE MUDÓ A VENEZUELA CON nosotros cuando yo tenía solo tres años. Nadie en este nuevo país había visto algo como ella. Un vecino no estaba del todo convencido de que

Negra fuera de verdad una perra. ¿Quiénes eran estos desconocidos recién llegados de Estados Unidos y qué clase de criatura extraña habían traído con ellos? Papá les aseguró a nuestros vecinos que todo estaba bien y que éramos como ellos, todos anhelábamos una gran oportunidad.

Nuestra nueva granja se encontraba a unas cuatro horas al sur de Caracas, a las afueras de la pequeña ciudad de Acarigua-Araure en el estado de Portuguesa, justo al límite con la selva tropical. Acarigua-Araure en realidad eran dos pueblos pequeños que estaban bastante juntos, por lo que todos se referían a esa área como una sola.

Papá nos compró una casita en la ciudad. Le gustaba la idea de que su familia estuviera cerca de los negocios, las escuelas y los lindos y pequeños restaurantes, por lo que él planeaba viajar todos los días a la granja para trabajar. Nuestra propiedad en el campo era tanto un rancho como una granja, papá nos llevó hasta allí con orgullo y nos mostró la topografía del terreno. Teníamos cientos de acres de tierra rica y fértil en cualquier dirección a donde mirara. Papá pensaba criar vacas y cerdos, cultivar maíz y arroz, y extraer madera. A mí me parecía algo ambicioso, pero confiaba en mi padre. También íbamos a tener caballos y me prometió que pronto aprendería a cabalgar. Quizás en uno o dos años. No podía creer mi buena suerte. ¡Me encantaban los caballos! Con uno, podía convertirme en mi personaje de televisión favorito.

Me quedo corto si digo que la televisión ya era una parte importante de mi vida, incluso a esa temprana edad. Por supuesto que mamá también se aseguraba de que tuviéramos bastante aire fresco; Marilyn y yo no estábamos todo el día viendo tele, pero la televisión me fascinaba. En Miami, había visto cuanto podía. En Acarigua-Araure solo había dos canales: Venevisión y Radio Caracas. Los dos canales emitían repeticiones de muchos de mis programas favoritos de Estados Unidos, todos doblados al español. Una vez instalados en nuestro nuevo hogar, veía los mismos episodios una y otra vez. *CHIPs* era una de mis series favoritas, con todas las motocicletas y la acción. El coprotagonista Erik Estrada, que interpretaba a Ponch, era uno de los pocos actores latinos en la televisión de ese entonces y se convirtió en uno de mis héroes de la infancia. Me encantaban *El hombre nuclear, Los ángeles de Charlie, El increíble Hulk* y *El asombroso hombre araña*. Teníamos dibujos animados japoneses que Estados Unidos no tenía; también miraba *Bugs Bunny* y *El show de Tom y Jerry*.

Sin embargo, mi preferida por encima de todas era *El Zorro*, la serie de Walt Disney de acción y aventura en el oeste, protagonizada por Guy Williams. Ahí es donde mi caballo entraba en escena.

Era negro, como el caballo del Zorro. Lo llamé Tornado, como el del Zorro. Papá me enseñó a cepillarlo, a ponerle la almohadilla así como la montura en el lomo y a ajustar y asegurar las correas. Aprendí a colocarle las riendas sobre la cabeza y a guiar su hocico entre la muserola y la cabezada, con cuidado de colocar sus orejas en el hueco entre la testera y la frontalera.

El Zorro, la serie de televisión, se centraba en vivir aventuras. Él era un hombre ilustrado, romántico y un defensor del pueblo. La historia se desarrollaba a las afueras de Los Ángeles en 1820, cuando la ciudad todavía pertenecía a la California española. El Zorro resolvía misterios y ayudaba a los buenos, todo con mucho estilo y montado a caballo.

Él y yo ya teníamos mucho en común. El Zorro hablaba español. Yo también. El Zorro andaba a caballo. Yo también. Él era heroico, caballeroso y luchaba por la justicia. Ese era justo el tipo de hombre en el que me quería convertir algún día.

Excepto que mi caballo no venía cuando yo silbaba como lo hacía el del Zorro, sino que tenía que ir hasta él. *No hay problema* —pensaba—, *pronto lo resolveré*.

Una tarde, mientras montaba a Tornado por los pastizales venezolanos, a los siete años de edad, consideré las implicancias de mi nombre y mi futuro. Wilmer Valderrama. Para mí, el nombre significa «fuerte determinación». Es un nombre común en los países latinos y connota pasión, impulso y voluntad de triunfar. Clavé los talones en Tornado y juntos galopamos por las tierras de cultivo. Algún día me convertiría en alguien como el Zorro, viviendo grandes sueños, actuando con la misma integridad, llevando a cabo actos nobles. No tenía ni idea de cómo lograrlo, pero sin duda iba por buen camino.

PRIMERO TENÍA QUE APRENDER A CONDUCIR UN tractor. Tenía ocho años cuando tuve la primera oportunidad. Papá me subió a su regazo en el asiento del tractor, me ordenó que tomara el volante con las dos manos y encendió el motor del gran John Deere. Juntos salimos a pasear por uno de nuestros campos.

Me fascinaba todo del tractor: el olor de la gasolina, la sensación del plástico duro del volante, las ventanas polvorientas debido al día de trabajo que papá ya había realizado. En ese momento, mientras atardecía, él encendió las grandes luces del techo y dimos unas cuantas vueltas mientras yo conducía y papá hacía los cambios y daba las instrucciones. Me estaba enseñando una habilidad que algún día podría ayudarme a mantener una familia. Me estaba mostrando cómo convertirme en un verdadero hombre.

Otra cosa que aprendí de mi padre fue un sano sentido del orgullo. Papá nunca usaba vaqueros ni botas de trabajo, ni siquiera cuando trabajaba en el campo. Siempre llevaba puesto un traje o pantalones de poliéster, camisa de vestir y lindos zapatos. Cuando salía a pleno sol, usaba unas costosas gafas de sol de la marca Carrera. Llevaba una cadena de oro en el cuello y un anillo de oro en el dedo meñique. Todas las mañanas se lavaba y se secaba el cabello, y su rostro bronceado estaba bien afeitado, salvo por un gigantesco bigote negro. Tenía la apariencia de un exitoso hombre de negocios latino y se vestía para el éxito, aunque manejara un tractor, sin importar lo mucho que se ensuciara. Pronto tuvo gente trabajando para él en la granja y siempre los trataba bien. Cuando él ganaba, todos los demás también lo hacían.

Mamá también se veía elegante, pero más discreta. Le gustaba vestirse bien si teníamos visitas, pero la mayor parte del tiempo usaba sandalias, pantalones cortos y una camiseta grande. Nos iba bastante bien como para tener gente que la ayudara en la casa. Aun así, mamá lavaba nuestra ropa en una de esas lavadoras antiguas con un tanque y un escurridor. Colgaba nuestra ropa afuera en una soga. En el fondo éramos gente sencilla, la mayor parte del tiempo.

Un día, papá llegó a casa en un Lincoln Continental nuevo, el color burdeos más brillante que jamás había visto. Lo había importado de Estados Unidos. El nuestro era el único Lincoln de la ciudad. Papá tenía la virtud de generar una hermosa energía a su alrededor. Cuando íbamos a un restaurante con otras familias, papá siempre pagaba la cuenta. Si veía a amigos en una mesa del otro lado del restaurante, también les pagaba la cuenta a ellos.

Papá encarnaba a la generosidad. Sin duda, compensaba los momentos difíciles que había tenido de niño; pero de adulto, había querido regresar a Venezuela porque el país seguía pareciendo prometedor para él. Aquí había trabajo, un tipo de trabajo que ofrecía riqueza. Por fin podría prosperar en su país natal. Siendo ya un adulto, tenía éxito. Noté este rasgo de su carácter y lo incorporé a la persona en la que me estaba convirtiendo. Papá era un hombre al que le gustaba trabajar duro y luego retribuirlo.

No éramos una familia muy religiosa, pero todos creíamos en Dios. Quizás mi madre era más espiritual que mi padre, pero rara vez íbamos a la iglesia, excepto cuando yo era pequeño. Papá me llevó a mi primera comunión. Entré de antemano en el confesionario, medité en mis pecados más profundos y oscuros, y luego se los conté al sacerdote. La verdad, no tenía mucho que confesar y me sentía raro hablando de todas estas cosas en voz alta. El sacerdote me dijo que rezara unas cuantas avemarías, pero yo no me sentía cómodo con ello. Cuando salí del confesionario le hice a mi papá una pregunta sincera:

—¿Qué me impide cometer los mismos pecados esta semana y luego volver la semana que viene y confesarlos otra vez?

Papá sonrió.

—Mijo, no voy a obligarte a ir a la iglesia, pero sí te voy a pedir que vivas de acuerdo con tres principios. Primero, si cometes un error y lo sabes, arrepiéntete de corazón. Reconoce tus propios errores. Segundo, si sabes que has cometido un error, entonces haz algo para solucionarlo. No lo dejes pasar. Tercero, no pasa nada si cometes errores, pues le sucede a todo el mundo. Sin embargo, cuando sabes que has cometido un error y a propósito lo vuelves a hacer, entonces te estás fallando a ti mismo. Tienes que intentar con todas tus fuerzas no cometer el mismo error dos veces. Así es como te vuelves más sabio. Así es como maduras. ¿Puedes hacer esas tres cosas?

Yo asentí. Me parecía una buena forma de vivir. No a la perfección, pero sí con sabiduría.

Una tarde, papá me subió de nuevo a su regazo. Esta vez fue al volante de su Continental. Todavía no había cumplido ocho años. El volante era suave y lujoso, no de plástico duro como el del John Deere, y yo iba prestando más atención al volante que a la carretera. El Continental se desvió hacia la derecha y rozó un arbusto espinoso. Oímos un fuerte raspón en la pintura.

«¡Los ojos en la carretera, Wilmer! ¡Mantén tu rumbo!», gritó papá y me tiró del pelo. No tan fuerte como para arrancármelo, pero sí lo suficiente como para que supiera que las acciones siempre tienen consecuencias. De inmediato llevé el auto hacia el centro, papá aflojó la mano.

Repetí en silencio sus palabras para no olvidarlas: «Wilmer, mantén tu rumbo».

Todos tenemos recuerdos selectivos de nuestros primeros años, pero estos son los tipos de recuerdos que llevo conmigo hasta el día de hoy. Por alguna razón, incluso a una edad temprana, siempre busqué lecciones de vida que me sirvieran como guía en mis próximas aventuras.

CUANDO NO ESTABA CABALGANDO O MIRANDO televisión, iba al cine de nuestra pequeña ciudad. En Acarigua-Araure había solo un cine y todo el año proyectaban *RoboCop*. «Parte hombre. Parte máquina. Todo policía». Fui tantas veces que casi memoricé la película en inglés.

Uno de los personajes más intrigantes para mí era Clarence Boddicker, el villano, interpretado por el actor Kurtwood Smith. No me gustaban las malas acciones del personaje, pero Kurtwood parecía pronunciar cada línea con la cantidad justa de cruel vehemencia. Un verdadero talento para la actuación. Tomaba notas mentales de cómo se movía hacia la cámara, cómo usaba su voz para interpretar una escena. Me preguntaba si alguna vez podría conocerlo. Podríamos hablar de *RoboCop* todo el día.

La trama de *RoboCop* se centraba en la ciudad de Detroit en un futuro cercano apocalíptico. La ciudad se había desmoronado en lo económico y en lo social, y el crimen proliferaba. Una empresa privada fue contratada para encargarse del trabajo policial y esta probó el nuevo prototipo de cíborg llamado RoboCop. No podía imaginarme que una sociedad colapsara tanto. Ciertamente no la nuestra. Todo en Venezuela iba bien, al menos de acuerdo con lo que nos decía mi padre.

Mientras tanto, yo tenía cosas de niño que hacer. Jugaba béisbol y fútbol en una liga de nuestra ciudad y me concentraba en la escuela. Me iba bien… en su mayor parte. Mis peores calificaciones eran en inglés, una clase obligatoria en Venezuela. No me imaginaba que alguna vez lo necesitaría, así que no me esforzaba mucho por aprenderlo. Creía que con memorizar *RoboCop* ya sabía suficiente inglés.

Estudiar artes escénicas también era obligatorio en las escuelas venezolanas, mis clases favoritas eran las de canto, baile y actuación. Cuando cantaba, sentía que me abría y dejaba entrar el brillo de la luz. Cuando bailaba, me encantaba entender cómo se movía mi cuerpo. Cuando actuaba, podía ser extrovertido y original. Las tres disciplinas me daban mucha alegría. Marilyn comenzó el jardín de infantes cuando yo estaba en primer grado, pero ella ya sabía leer y escribir porque había aprendido conmigo en casa. Era tan inteligente que las autoridades escolares la invitaron a saltarse un grado. Pronto estuvimos juntos en la misma clase y siempre fuimos mejores amigos.

A los siete años actué en mi primera obra de teatro escolar. Nuestra maestra nos enseñó sobre el simbolismo y cómo en esta obra en particular, una comedia, cada uno de nuestros personajes representaba ciertos rasgos nobles del carácter, o lo opuesto, ciertos vicios. Insistió en la importancia de nunca salirse del personaje. En el escenario podía ocurrir cualquier distracción: un niño podía olvidarse sus líneas, alguien del público podía toser fuerte. Sin importar lo que pasara, un verdadero actor debía continuar su actuación.

Ensayamos nuestra obra durante semanas. En la gran noche, todos los padres llenaron el auditorio. Las luces se apagaron y mi corazón comenzó a latir como un martillo neumático. Solo tenía una línea en esta obra y no quería arruinarla.

Al igual que Kurtwood Smith, yo era el villano, uno de los vicios, que en este caso representaba la tentación. Vestía un trajecito blanco con una caja de cigarrillos en el bolsillo del pecho y una botella de *whisky* vacía en una mano. Cuando llegó el momento de mi gran debut, salí al centro del escenario dando tumbos como si estuviera borracho. Una de mis compañeras se colocó delante de mí luciendo un vestido y yo balbuceé la única línea que había ensayado con mucho cuidado: «Ven aquí, guapa, y salúdame».

El público estalló de risa, así como se suponía que debía hacerlo, y en ese preciso instante algo dentro de mí me impactó: una revelación. Me enamoré de la respuesta instantánea del público, de la energía de la acción en vivo, del resplandor de las luces. Después de pronunciar mi línea, quise mirar el oscuro auditorio para estudiar al público, intentar de alguna manera absorber esta energía increíble que emanaba de ellos, repetir este momento único de pura euforia para poder vivir en él para siempre. No obstante, me mantuve en el personaje, mirando fijamente a la chica, esperando que llegara la siguiente línea.

De repente, todo el auditorio se iluminó. Algún «cerebrito» detrás del escenario había encendido las luces de la sala por error. ¡Este no era el momento! Observé con el rabillo del ojo que todo el público (padres, maestros y alumnos) nos miraba y se preguntaba qué estaba pasando. Sentí la tentación de mirar a la derecha o a la izquierda para ver por mí mismo. Quise gritarle al tramoyista que bajara las luces. Esta obra iba a fracasar todo por un error suyo, y conmigo justo en el medio del escenario. De nuevo me vinieron a la mente las palabras de mi maestra:

«Nunca te salgas del personaje».

Sin perder un segundo, aparté mi atención de la chica, miré a la audiencia y levanté mi botella en señal de brindis. «¡Salud!», dije, todavía fingiendo estar borracho, o quizás solo pensé la palabra y levantar la botella fue suficiente para que el público entendiera mi chiste. Volvieron a reírse, esta vez con más fuerza, y estallaron en aplausos, ovaciones, vítores y choques de manos. Éramos un suceso, la obra fue un éxito.

En vez de congelarme, continué con la actuación. En vez de desmoronarme, seguí adelante. Fue un momento del destino. Desde aquella noche, lo único que quería hacer era estar en un escenario.

CUANDO TENÍA OCHO AÑOS, MIS PADRES TUVIERON otra hija, Stephanie. Era una bebé feliz y llena de alegría. Desde el principio todos la amamos mucho. Sin embargo, algo oscuro comenzaba a nublar la vida de mis padres y Stephanie nunca iba a experimentar la riqueza de esta tierra como lo hicimos nosotros, al menos no para recordarla. Cuando ella nació, nuestra familia llevaba cinco años viviendo en Venezuela, en ese entonces papá y mamá habían comenzado a mirar las noticias con más intensidad. Todas las noches hablaban en voz baja. A excepción de la nueva bebé, ellos no irradiaban mucha felicidad.

Pasó un año, y otro más. Comencé a ver las noticias con mis padres. Todas las noches aparecía un informe sobre el aumento de la inflación, sobre otro asesinato en la capital, sobre drogas, armas, pandillas y violencia. Papá murmuraba sobre lo difícil que se estaba volviendo tener un sueldo digno en este país. Las granjas como la nuestra comenzaban a tener dificultades para mantenerse. Cada vez que se averiaba nuestro tractor, papá tenía que volar a Miami para conseguir repuestos. Todo se estaba tornando más complicado.

Yo intentaba entender lo que oía, pero me parecía que estaba más allá de mi comprensión. Por lo general, trataba de poner el conflicto nacional y las luchas lejos de mi mente. Me gustaba participar de las obras escolares y actuaba en todas las que podía. Me encantaban los recitales de música y los concursos de baile. Para cada fiesta de cumpleaños de los miembros de nuestra familia, actuaba como solista, contaba chistes, cantaba o hacía imitaciones divertidas para entretener a nuestros invitados.

La única pelea que tuve fue en una clase de artes marciales mixtas. Me gustaba el boxeo y aprendí rápido cómo golpear con el puño correctamente. Es curioso: cuando aprendes a dar puñetazos de la manera correcta, nunca te encuentras en una pelea real donde necesitas hacerlo. Me sentía confiado de poder cuidarme solo, así que aprendí a reírme de los insultos que me proferían en el patio de la escuela.

Nunca tuve enemigos entre mis compañeros de clase. Yo era intenso pero tranquilo. Sin embargo, si un niño hablaba mal de un miembro de mi familia, en serio me enfurecía. Podían decir cualquier cosa sobre mí y no me importaba; pero si decían algo malo sobre un familiar, eso se consideraba un terrible insulto en Venezuela. ¿Cómo iba yo a saber que en Estados Unidos había una subcultura pop que se había creado en torno a los chistes sobre las madres llamado *Yo Momma*? Algún día aprendería. La gente podía insultarse mutuamente con humor, y nadie se enojaba.

Entonces cumplí mis once años… luego los doce. De repente, papá comenzó a vender una a una nuestras cosas. Su ropa se volvió más informal, ya no se compraba camisas nuevas. Nunca olvidaré el día en que vendió su Continental burdeos. Aún tenía su camioneta, pero para los viajes diarios compró un pequeño ciclomotor.

¡Un ciclomotor!

Una noche, cerca de Navidad, mamá llevó a dormir a Stephanie a la hora habitual, antes que nosotros, los más grandes, y papá nos reunió a Marilyn y a mí en la cocina para hablarnos en privado.

—Lo siento —dijo—, no podemos gastar en regalos para ustedes este año. Su madre y yo necesitamos que comprendan y tengan paciencia. Aun así, le regalaremos a Stephanie algo pequeño, pero no hay suficiente dinero para ustedes, los mayores.

Abrí la boca, alarmado, pero papá se llevó un dedo a los labios para que yo siguiera escuchando.

—Aun así, tendremos una celebración navideña este año —agregó—. Habrá mucha música y una gran comida, pero debajo del árbol no habrá mucho.

Tuve la prudencia de asentir con la cabeza mostrando mi comprensión. Miré a Marilyn. Una mirada temerosa apareció en sus ojos, así que puse mi mano sobre la suya en señal de consuelo.

—No pasa nada —le dije—. Mamá y papá saben lo que hacen. Todos estaremos bien.

Después de eso, yo miraba las noticias todas las noches. Era difícil para un niño comprender con exactitud lo que estaba sucediendo con la política venezolana a principios de la década de 1990. Entendía el asunto de la corrupción, comprendía que no se habían cumplido las promesas y que los líderes políticos habían dejado de hablar entre sí y se negaban a colaborar. Muchas historias eran sobre la pobreza, la inflación, los saqueos, los disturbios. La gente estaba entrando en un estado de desesperación. Venezuela se estaba desmoronando.

A principios del nuevo año, un comandante llamado Hugo Chávez intentó tomar el control del gobierno. Había sido educado en las filosofías de Marx y Lenin. Antes de su intento de golpe de Estado había hecho un montón de promesas públicas a las personas: más comida, mejores viviendas, asistencia médica. Tenía sus seguidores. El primer intento de golpe de Estado de Chávez fracasó y lo encarcelaron. Sin embargo, casi de la noche a la mañana, empezaron a juntarse grupos de personas fuera de la prisión, exigiendo su liberación. Las personas con mayor conocimiento vieron este fuerte y frenético apoyo al comandante y sospecharon lo peor. Chávez no era la respuesta a los problemas de nuestro país, pero volvería.

Al poco tiempo, ya no teníamos nuestro tractor ni nuestra camioneta, e incluso Tornado se había ido... lo que me entristeció bastante. Por último, vendimos toda nuestra granja.

Al poco tiempo, mi papá nos sentó a todos una noche y nos anunció que nos mudaríamos de nuevo. Esta vez, de regreso a Estados Unidos.

—Nos iremos este jueves —añadió—. Tendrás que aprender inglés.

¡Justo la única materia en la que me iba mal!

Lo último que papá vendió fue su humilde ciclomotor. Cuando llegó el jueves, un amigo acudió a recogernos en su vehículo y nos llevó al aeropuerto. Llevábamos solo nuestras maletas. Los ahorros de papá de toda una vida entraban en su bolsillo.

Nuestra partida no fue un secreto, no huimos en medio de la noche ni nos escabullimos de los guardias. Nada que ver. En esa época, los venezolanos todavía viajaban a Estados Unidos de forma regular y la gente sabía que mis padres habían vivido en Miami una vez, así que nuestra partida tenía sentido para nuestros vecinos.

A medida que nuestra ciudad se hacía más pequeña en el espejo retrovisor del automóvil de nuestro vecino, presentí que iba a ser una temporada tensa para nuestra familia. Para todo nuestro país. Por la gracia de Dios, papá había tenido la intuición de sacarnos a tiempo, cuando Venezuela todavía no había vivido sus momentos más álgidos. Sin embargo, mis tías y mis primos no iban a tener la misma suerte. A su tiempo, también tendrían que dejar el país, pero huirían a pie, hambrientos y haraposos, con lo poco que les quedaba a cuestas.

Presenciar el lento colapso de Venezuela desde su inicio, como me tocó a mí en mi infancia y en mis primeros años de adolescencia, se percibía como una gran tragedia. Era culpa del gobierno; no del pueblo. Los venezolanos son hermosos y vibrantes. Hasta el día de hoy siento un profundo cariño por mis raíces venezolanas. Con sus vastas reservas de petróleo, la Venezuela que conocí era uno de los países más prometedores y ricos del mundo. Debería haberse convertido en la próxima Dubái.

En cambio, se volvió un páramo fragmentado. No logró ponerse en pie.

Nosotros manteníamos la esperanza de que Estados Unidos nos diera una segunda oportunidad.

CAPÍTULO 2

Fascinante y aterrador

C uando el avión aterrizó en suelo norteamericano, yo ya sabía que esta ciudad no era nuestro destino final. Papá lo dejó bien claro desde el principio. Nuestra familia de cinco miembros había despegado de Caracas hacía tres horas y quince minutos y nos dirigíamos a Miami solo porque el sureste de Estados Unidos era el lugar más barato para aterrizar. Además, papá conocía bien Miami. Esta ciudad no iba a ser nuestro hogar otra vez como lo había sido una década atrás, cuando yo tenía tres años. Nos dirigíamos a la costa oeste, a California, donde papá tenía parientes. En vez de conducir directamente hacia allá, mamá y papá nos tenían preparada una sorpresa.

Pasamos por la aduana y fuimos a buscar el equipaje. El aeropuerto tenía una extraña cacofonía de sonidos, aromas de restaurantes y palabras que no reconocía. Papá podía hablar y leer un poco el idioma, lo suficiente como para desenvolverse. Nos llevó al lugar donde se alquilaban automóviles y llenó los papeles. El empleado le entregó las llaves de un vehículo familiar Ford Taurus blanco, nuevo y elegante.

—Súbanse, niños —nos dijo papá—. Mantengan los ojos bien abiertos.

Mis hermanas y yo sonreímos y nos distribuimos en el asiento trasero. Mamá se acomodó adelante y, con el ceño fruncido, desplegó las hojas dobladas en acordeón de un mapa de carreteras, una de esas ayudas de navegación enormes e imposibles de cerrar que venden en las estaciones de servicio. Estudió el mapa durante varios minutos antes de decirle a papá: «Interestatal 95, norte».

¿Norte? ¡Nos íbamos al norte! ¿Cuándo volveríamos a tener una suerte semejante? Un verdadero viaje norteamericano. Mis padres nos estaban dando la oportunidad de conocer nuestro nuevo país. Yo no podía creer la fortuna que teníamos. Mi mente no paraba de especular sobre lo que veríamos. La bandera estadounidense bien de cerca, atracciones divertidas al costado de la ruta, matrículas de vehículos de Estados famosos, cosas que solo habíamos visto en las películas. Papá puso el Taurus en marcha y salimos de Miami para dirigirnos a Jacksonville. Primera parada: ¡una tienda de comestibles!

Nosotros tres nos quedamos embobados frente a la sección de *snacks*, boquiabiertos, mirando filas y filas de productos nuevos. Papá nos dijo que cargáramos todo lo que quisiéramos para mantenernos tranquilos durante los siguientes 480 kilómetros (300 millas).

Reconocí las palomitas de maíz y sabía que me gustaban. Las papas fritas eran mis preferidas, aunque las marcas eran diferentes en Estados Unidos. Me quedé intrigado ante lo que parecían trozos de carne de res oscura metidos dentro de una bolsa de plástico sellada. No podía leer las etiquetas, así que, con las cejas levantadas, le di un paquete a papá.

—Carne seca —respondió.

—¿Carne seca? —pregunté—. Seguro, probaré lo que sea, pero primero: ¿qué es eso azul brillante de allí? Señalé un mostrador donde había una gran máquina giratoria con un surtidor cerca de la base.

Papá se echó a reír.

De vuelta en el Ford, los niños inspeccionamos nuestro botín y probé por primera vez el charqui. Salado… ahumado… no tan bueno como la comida casera de mamá, pero sin duda se convertiría en mi nuevo favorito. El charqui me dio sed, así que bebí un buen trago de la bebida que papá había obtenido de la máquina giratoria. ¡Sabía a fruta! No podía imaginar qué tipo de fruta salvaje estadounidense era azul, pero no me importaba. La bebida era bien dulce y granizada, como la escarcha que se derrite a los lados de nuestros campos.

Tomé otro sorbo, el doble de largo que el primero. Mi cabeza se sacudió de dolor. Sentía que me estaban apretando el cerebro. Solté un buen grito. Ahora mi mamá se echó a reír.

EN LA AUTOPISTA NOS PASABAN A TODA VELOCIDAD unos vehículos raros. Yo conocía los automóviles en Venezuela: las camionetas Toyota Hilux eran comunes, al igual que las Fiat y las Renault. En Venezuela, las personas conservaban sus vehículos durante mucho tiempo. Los automóviles nuevos eran solo un sueño, en especial durante los últimos años. En Estados Unidos pude ver los vehículos de la opulencia: Cadillac, BMW, Corvette y Ford Gran Torino antiguos pero tuneados, como los que conducían Starsky y Hutch. También vi uno extraño llamado Mazda, ¿qué rayos era un Mazda?

Cenamos en Burger King. Otra novedad. El sabor de la hamburguesa de queso asada a la parrilla era un sueño. Esa noche, en el motel, no podía creer la cantidad de canales que había en la televisión. Podíamos pasarnos toda la noche cambiando de canal y nunca ver un programa completo. Por la mañana, chapoteamos en la piscina del motel, comimos cereales con leche en el desayuno bufé y volvimos a la ruta. Cruzamos la frontera estatal y nos dirigimos a Georgia. De las clases en la escuela recordé que Martin Luther King Jr., el activista norteamericano de los derechos civiles, había nacido en Atlanta. En su corta vida había sufrido muchas adversidades mientras se encargaba de ayudar a las personas a ser libres: negros, nativos americanos y latinos como yo.

Poco después del almuerzo, Stephanie nos avisó desde el asiento trasero que necesitaba hacer pis. Papá se desvió en una salida y fue derecho a una gasolinera. Mamá llevó a Stephanie al baño enseguida.

Papá, Marilyn y yo no necesitábamos ir, así que nos quedamos. Justo cuando Stephanie y mamá regresaron, Marilyn dijo que había cambiado de opinión. Papá me miró y añadió:

—Llévala tú, mijo. Las niñas no deben andar solas.

—Adentro, a la izquierda —añadió mamá, buscando de nuevo en el mapa—. Pídele la llave al hombre del mostrador.

Tragué saliva.

Marilyn y yo nos bajamos del Ford alquilado y nos dirigimos hacia la gasolinera. Cuando la tomé de la mano, sentí un frío extraño, a pesar de que era julio en el Sur Profundo. En Acarigua-Araure no era raro que un hermano tomara la mano de su hermana al caminar. Venezuela podía ser un lugar peligroso y violento, por lo que ir de la mano era una manera de demostrar que la niña estaba acompañada por un niño, protegida, a salvo; nada de eso sentía yo en ese momento. Ojalá mamá y papá nos hubieran acompañado. Era mi primera vez solo y tenía que desenvolverme en esta nueva cultura siendo todavía un niño. Sabía que en Estados Unidos había muchos latinos. Sin embargo, cuando nos dejaron solos para que nos valiéramos por nosotros mismos, me sentí perdido y atemorizado.

El timbre sobre la pesada puerta de vidrio tintineó cuando mi hermana y yo entramos. Fijé la mirada en el piso casi hasta llegar al mostrador. El empleado tenía que terminar de registrar el pedido de un cliente: un hombre gigantesco vestido con botas de trabajo, vaqueros azules y una camiseta blanca sin mangas. Llevaba un pañuelo rojo alrededor del cuello y estaba comprando un paquete de seis latas de cerveza. Cuando el hombre volteó para irse, el empleado me miró. Mi mente se quedó en blanco. Incluso en mis mejores días, no sabía cómo pedir un baño o decir *llave* en inglés, así que solo miré al empleado y traté de sonreír. Me devolvió la mirada y se cruzó de brazos. Una gota de sudor se deslizó lentamente por mi rostro. Por un largo rato no dije nada… y él tampoco. Luego murmuró algunas palabras en inglés, incomprensibles para mí. Señalé en la dirección donde mamá había dicho que estaba el baño. Volvió a mirarme y, despacio, metió la mano debajo del mostrador, agarró algo y dejó caer una llave delante de mí.

—Gracias —susurré.

Con cuidado acompañé a Marilyn hasta el baño. La llave servía. Ella entró y cerró la puerta. Yo me quedé afuera, esperando, mientras mis ojos recorrían la tienda. El hombre de la cerveza se quedó cerca del revistero. Otro sujeto estudiaba las latas de aceite cerca de la pared del fondo. Una mujer y dos niños estaban en el pasillo de los dulces, hablando entre ellos. Nadie se veía igual a mí.

Por favor, Dios —dije en mi mente—. Por favor, no dejes que nadie se me acerque y me hable. No sé qué hacer. ¿Y si me preguntan si hay alguien en el baño? No podré decirles que esperen.

El momento me expuso. Eso es algo que comprendo hoy, muchos años después. Un momento como este puede hacer que incluso la persona más segura de sí misma se sienta destrozada. Muy pocas personas entienden lo aterrador que es no poder hablar inglés en Estados Unidos, sobre todo cuando eres un niño de piel morena.

Escuché una descarga, luego el sonido del agua corriendo por un lavabo. Marilyn salió, secándose las manos en los vaqueros, apretando los labios como una línea recta. Le devolví la llave al empleado, la puse en el mostrador y de nuevo murmuré: «Gracias». Al salir, volví a tomar la mano de Marilyn durante el largo camino de regreso al auto.

Al menos tenía a mi hermana. Cuando nos acomodamos en el asiento trasero, miré en su dirección, preguntándome si ella había sentido el mismo temor que yo. Su piel se veía pálida y su boca rígida, como si hubiera visto un fantasma. Asentí con la cabeza.

Ella había sentido lo mismo.

EN GENERAL, ESTADOS UNIDOS ERA HERMOSO. Mirando por la ventanilla mientras conducíamos, sentía que veía mi propia pantalla de cine que proyectaba aquellos paisajes. Vislumbramos las Grandes Montañas Humeantes de Tennessee, las plantaciones de trigo que lucen como olas de color ámbar en Kentucky y la llanura de los Grandes Lagos en el norte de Indiana. Pronto descubrimos el restaurante familiar estadounidense por excelencia, Sizzler, donde se podía disfrutar de un delicioso bistec por un par de dólares. Esa se convirtió en nuestra parada favorita para cenar hasta Minneapolis, donde descubrimos Red Lobster, cuyo menú ofrece carnes y mariscos. Además, un «todo lo que puedas comer» interminable, así como sus camarones fritos y rebozados. ¡Sencillamente maravilloso!

Desde Minnesota cambiamos de dirección y nos dirigimos al suroeste, hacia Nevada. Nos detuvimos en las atracciones al borde de la carretera y tomamos fotografías. Durante horas escuchamos la radio, canciones que no había escuchado en casa. Parecían unas vacaciones, pero con una importante diferencia: cuando este viaje terminara, no regresaríamos a Venezuela, sino que comenzaríamos desde cero y emprenderíamos una nueva vida. Estados Unidos era ahora nuestro hogar y teníamos que entenderlo.

Dondequiera que miraba, todo parecía exuberante. Nos alojamos en un hotel en Las Vegas, al otro lado de la calle donde se estaba construyendo un nuevo hotel y casino llamado Treasure Island. Cuando llegamos a nuestro hotel, no podíamos ver mucho desde la calle, ya que los grandes muros bloqueaban la vista. Sin embargo, desde nuestra habitación podía mirar hacia abajo y ver la construcción.

—¡Papá! —grité—. Nunca creerás esto. ¡Un enorme barco pirata!

Para mí, esto era mágico. Aquí había un enorme barco en medio del desierto. Algo único de Estados Unidos. Estaba tan sorprendido por lo que había visto hasta ahora en este viaje por carretera que me resultaba difícil extrañar lo que habíamos dejado atrás.

Cuando por fin llegamos a Los Ángeles, la ciudad parecía extenderse hasta el infinito. Las palmeras adornaban los lados de diez carriles de la autopista y en el horizonte podía ver el contorno del centro de Los Ángeles. Fuimos directo a la casa de mi tío en Van Nuys, estacionamos en la acera y bajamos del Taurus. El hermano de papá nos había invitado a quedarnos con ellos durante un par de meses hasta que mi padre consiguiera un trabajo y nos encontrara una vivienda para alquilar.

Mi tío apareció y nos abrazó a todos. Su esposa saludó desde la ventana. Mis primos se agolparon alrededor y nos saludaron, pero solo hablaban inglés, por lo que era imposible que nos entendiéramos. Había visto a mi tío una vez en Venezuela cuando yo era más pequeño, pero nuestras familias no eran muy unidas. No había conocido a mi tía ni a mis primos hasta ahora, ni siquiera había oído hablar de ellos sino hasta hace poco.

Nuestros parientes tenían una casa más o menos del mismo tamaño de la que habíamos alquilado una década atrás en Miami. Su casa tenía tres dormitorios pequeños. Mis tíos ocupaban una habitación. Mis padres ocupaban otra; la pequeña Stephanie dormía con ellos. Mis primos compartían el último dormitorio. Marilyn y yo dormíamos en colchones en el piso de la sala.

Todo se sentía abarrotado y estaba claro que era su casa, no la nuestra. La cocina era pequeña y, aunque mamá prometió ayudar con la cocina y papá dijo que ayudaría a pagar la comida, yo no estaba muy seguro de cómo se sentía mi tía con todo eso. Ella nunca parecía sonreír cuando estábamos cerca.

Pasaron los días y papá comenzó a trabajar de forma temporal en la agencia de alquiler de autos que dirigía mi tío. Mamá ayudaba en la casa. Cada vez que veíamos la televisión con mis primos, veíamos sus programas favoritos, no los nuestros, y nada estaba doblado al español como en casa. A veces Marilyn y yo íbamos al patio delantero y jugábamos pasándonos la pelota, pero la vida parecía haber dado un vuelco. Agosto recién empezaba, la gran aventura de nuestro viaje por carretera había terminado y nuestra nueva vida en Los Ángeles había comenzado.

Por lo general, «matábamos» el tiempo a la espera de una casa propia y un trabajo fijo para papá. Me preguntaba cómo sería la escuela cuando comenzara en un par de semanas. Los días no eran del todo malos. Me di cuenta de que cuando el sol se ponía en Los Ángeles, el cielo se volvía de un deslumbrante tono rosa, como nada que hubiera visto antes. Papá devolvió el Taurus y tomó prestado uno de los automóviles de alquiler de mi tío. Los sábados nos llevaba a la playa de Santa Mónica. Comíamos en un restaurante llamado Gladstones donde servían sopa de almejas dentro de cuencos de pan. Imagínatelo, ¡sopa dentro de una hogaza de pan! Al poco tiempo, papá tuvo que volver a poner el auto en circulación, por lo que desembolsó parte de sus ahorros y compró un automóvil usado. La pintura estaba descolorida y los asientos agrietados por el sol, pero servía. Era uno de esos Mazda compactos que no existían en Venezuela, y solo por eso me parecía que nuestro nuevo auto era súper genial.

Después de dos semanas, noté que mi tía se quejaba cada vez que estábamos cerca. Todos hacíamos lo mejor que podíamos, pero era evidente que estábamos en su espacio. La tensión crecía día a día. Mi madre y mi tía no se llevaban bien en la cocina y a veces por la noche podía escuchar a mis tíos hablando en inglés detrás de las paredes de su dormitorio. No entendía nada de lo que decían, pero por el tono sentía que una bomba de tiempo estaba a punto de estallar.

Una calurosa tarde de finales de agosto, los vientos de Santa Ana soplaban como un secador de pelo. Marilyn y yo jugábamos afuera, luego fuimos a la cocina a refrescarnos, abrí el congelador y saqué una paleta helada. Mi tía estaba cerca y dio un pequeño brinco. Se acercó a mí, me arrancó la paleta de la mano y la volvió a meter en el congelador.

—Eso no es para ti —gruñó ella.

Mamá estaba al lado del refrigerador y presenció el incidente. Ella también estaba a punto de explotar. Mi tía era más alta, pero mamá la miró con furia y le advirtió:

—¡*Nunca más* vuelvas a quitarles la comida a mis hijos!

Mi tía hizo una mueca. De repente, empezaron a empujarse y a tirarse del pelo. Todo explotó. Los niños mirábamos, congelados, hasta que uno de mis primos tomó el teléfono y mi papá y mi tío corrieron a casa para poner fin a la pelea.

Eso fue todo. Nos pidieron que nos fuéramos. Empacamos nuestras cosas a toda prisa, nos subimos a nuestro Mazda y nos marchamos. Papá nos llevó a un motel barato cercano; fue lo único que pudo encontrar. Miré a mi alrededor la pintura descascarada, el empapelado de mal gusto, las dos camas matrimoniales; y entonces me di cuenta de la verdad: estábamos en una situación difícil. Los cuidadosos planes que mis padres habían elaborado para facilitarnos la entrada a nuestra nueva vida habían fracasado. Estábamos en este país sin una red de contención.

El motel no tenía cocina, así que empezamos a comer fuera todas las noches. Eso costaba dinero. Papá había perdido su empleo en la empresa de alquiler de autos, así que día tras día salía a la calle en busca de trabajo. Trató de encontrarnos un lugar para alquilar, pero no tenía historial crediticio en Estados Unidos ni empleo. Más de una vez, Marilyn se me acercó y me preguntó: «¿Estás seguro de que vamos a estar bien?».

Finalmente, papá consiguió un trabajo como repartidor de repuestos para tiendas de automóviles. Trabajaba muchas horas y no ganaba mucho dinero, pero era un comienzo. Todos los días trabajaba duro, pero no nos alquilaban ningún apartamento, lo que significaba que estábamos atrapados en el motel, comiendo fuera todas las noches, gastando los escasos ahorros de mis padres. Por fin, con su nuevo trabajo, justo antes de empezar las clases, convenció a un propietario para que nos alquilara una casa pequeña. Dos dormitorios. Mamá y papá tomaron uno; las niñas y yo nos amontonamos en el otro. Al menos era mejor que el motel.

Y entonces comenzamos la escuela.

MAMÁ Y PAPÁ NOS INSCRIBIERON A MARILYN Y A MÍ EN la escuela primaria Mulholland. Unos días antes de que comenzaran las clases, entramos con mis padres en el edificio de la escuela mientras papá hablaba con los administradores en su inglés chapurreado y les explicaba quiénes éramos y que no hablábamos el idioma.

Se suponía que yo debía estar en séptimo grado, pero me regresaron a sexto porque no sabía hablar inglés. Marilyn también retrocedió un año, así que estuvo en sexto conmigo. Esta era la clase en la que habría estado en un principio, porque se había saltado un grado en Venezuela.

Uno o dos días después, empezaron las clases. Papá nos dejó en la acera y tuvimos que arreglárnoslas solos. Gracias a Dios que tenía a mi hermana. Aquella primera mañana, nos tomamos de la mano y nos adentramos en el vasto mar de estudiantes de primaria, todos desconocidos que hacían globos con goma de mascar, y con cautela entramos en el edificio principal. No sabíamos cómo encontrar nuestras aulas. No podíamos leer nuestros horarios. No entendíamos nuestros libros de texto. No podíamos escribir notas en inglés ni entender preguntas ni hacer exámenes, ni siquiera pedir ayuda a alguien.

De alguna manera, nos dimos cuenta de que el día comenzaba con algo llamado «salón de clases». Nos tomó algunos intentos, pero finalmente encontramos el aula correcta. La maestra nos dijo algo cuando entramos, lo que supuse que era un saludo y una orden para que nos sentáramos. Sonó una campana y ella comenzó a decir lo que deduje que era el nombre de cada alumno. Empecé a sudar. Cada niño respondía con la misma palabra extraña, algo que comenzaba con *p*. No podía descifrar qué palabra era, ni para entender lo que significaba ni para imitar su sonido cuando me tocara hablar a mí. Miré a Marilyn. Sus ojos estaban muy abiertos y estaba temblando. Ella me devolvió la mirada, pero lo único que pude hacer fue encogerme de hombros. Menos mal que nuestro apellido es Valderrama.

El resto de la mañana fue horrible. El profesor de Ciencias garabateó en la pizarra lo que parecían tres días de lecciones. No entendí ni una palabra. El profesor de Lengua y Literatura repartió copias de una novela que supuse que debíamos leer, pero cuando abrí mi libro, no pude entender nada. Por suerte, Marilyn y yo teníamos todas las clases juntos y a la hora del almuerzo nos sentamos solos mientras tratábamos de evitar el contacto visual con los demás. Los otros niños nos ignoraron. Todos tenían ya su propio círculo de amigos. Mi hermana y yo picoteamos nuestros sándwiches, estábamos demasiado aturdidos y confundidos como para comer.

Casi al final de ese primer día, fuimos a una clase llamada ESL (Inglés como Segunda Lengua, por sus siglas en inglés). Todos los niños en esa aula parecían tan petrificados como nosotros. Unos pocos hablaban español, pero también se hablaban muchos otros idiomas. Estábamos todos mezclados. Elegí algunas palabras y traté de recordarlas al terminar la clase; pero al día siguiente, cuando escuché realmente hablar a los niños y a los maestros, no pude reconocer ninguna de las palabras que habíamos aprendido. Una cosa es aprender inglés formalmente dentro de un salón de clases, pero otra es entender cuando las personas hablan inglés en la vida real, ya que hablan tan rápido que no tienes idea de lo que están diciendo.

Pronto adquirí conciencia de que el inglés es un idioma en extremo complicado. Las reglas gramaticales son imprecisas y pocas, y justo cuando crees que has aprendido algo, descubres una variante. Esa regla de «*i* antes de *e*, excepto después de *c*» no sirve para nada. Esas dos vocales juntas nunca suenan igual, sin importar cómo se coloquen. Existe la palabra *seize*, pero también *glacier*. *Height*, pero también *weight*. Es decir, ¿por qué no te decides de una vez, inglés? Y consideremos esos desconcertantes *ou*: *though*, *through*, *thought*, *tough*, *thorough*, *trough*... ¡Ninguno suena igual! ¡Qué lío! Si hablas inglés desde la infancia, es posible que no te des cuenta de la entonación del idioma. Tu ADDress es donde vives; pero cuando te diriges a alguien, es decir, le hablas directamente, el verbo es addRESS. Las contracciones siempre me confundían. Al oído, *I didn't* sonaba muy diferente a *I did not*, sobre todo cuando alguien hablaba rápido. Las palabras *subtle*, *Wednesday*, *rhino* y *solemn* tienen más letras que sonidos, y ¿por qué rayos *knead* empieza con *k*? *Jeep* rima con *beep*, pero *jeer* rima con *beer*, y ni siquiera se puede contar con que *-ed* al final de una palabra suene igual. Se dice *marched*, pero *printed*; *developed*, pero *barred*. Incluso después de un par de meses de ESL, seguía confundiendo los verbos y siempre utilizaba el tiempo verbal equivocado. *Tomorrow, I had been going to the store* [Mañana, había estado yendo a la tienda]. Hay como doce tiempos verbales en inglés solo para el verbo *to be*. Después de aprender todo eso, hay que dominar montones de otros verbos y sus tiempos: *I have, I see, I give, I run, I swim, I work, I ignore, I barf...* Te encuentras con verbos compuestos, verbos irregulares, verbos copulativos. ¡Montones de verbos! Los niños me miraban y sacudían la cabeza o se reían. Nadie tenía idea de lo que estaba diciendo. Además, toda esa jerga de la década de 1990 que los niños hablaban en los pasillos era un idioma tan diferente al que estábamos aprendiendo en ESL. *Booyah* [Buá]. *As if* [¡Sí, cómo no!]. *My bad* [Mala mía]. *Totally bugging* [Qué molesto]. *Gettin' jiggy* [Estar a la altura]. Un niño le gritó a otro: «Take a chill pill» [Cálmate]. Un maestro me miró cuando entré al salón de clases y dijo: «'Sup» [¿Qué tal?]. Yo me dije: *¿¡Qué de qué!?*

Por lo general, elegía no comunicarme. Si mantenía la boca cerrada, estaría a salvo. Día tras día resultaba difícil. Cuando Marilyn y yo regresábamos de la escuela y mamá nos preguntaba cómo había sido nuestro día, ninguno de los dos quería hablar al respecto. Siempre era lo mismo. Un día duro tras otro. En casa encendíamos la televisión para seguir aprendiendo inglés, ya que nos ayudaba; entonces, mirábamos mucho. Sin embargo, incluso eso podía parecer demasiado. Después de un día entero sin entender nada, a veces no quieres más.

Todo ese primer año escolar fue horrible. No hay una forma agradable de decirlo. Vivía con miedo día tras día, semana tras semana y mes tras mes. La escuela era lo peor.

POCO A POCO, Y DE FORMA LENTA, ALGUNAS COSAS comenzaron a mejorar. Nos hicimos amigos de unos niños de la clase de ESL. Es difícil construir una comunidad cuando todos viven con miedo. Después de un tiempo, Marilyn y yo comenzamos a pasar el rato con unos pocos niños a la hora del almuerzo, ya no solo entre nosotros.

Y empecé a actuar de nuevo. Mi primera obra en Mulholland fue *La Bella y la Bestia* en la primavera de sexto grado. Acababa de cumplir trece años. No podía pronunciar las líneas en inglés, así que en el escenario yo llevaba puesto el disfraz de la Bestia y hacía todos los movimientos y el bloqueo, mientras que fuera del escenario la maestra gritaba mis líneas por mí. Cuando la Bestia se convertía en príncipe, lo interpretaba otro niño. El teatro me resultaba familiar; ¡por fin me estaba divirtiendo un poco en la escuela!

Esa misma primavera, mi papá me inscribió en la liga de fútbol de San Fernando e hice algunos amigos allí, en su mayoría niños latinos. Estar afuera en movimiento era mejor que estar metido en un salón de clases todo el día. Aun así, nada fue fácil. Tenía que entender las instrucciones del entrenador.

Uno podría pensar que se puede aprender inglés en seis meses, tal vez un año, dependiendo de la edad, el esfuerzo y el grado de inmersión. Sin embargo, los expertos dicen que pueden pasar unos años antes de que lo domines de verdad. Aún más si intentas adquirir todos los matices del idioma. Cuando comencé séptimo grado, ya hablaba un poco de inglés, pero estaba lejos de dominarlo. Hice algunas obras de teatro más y empezaron a darme papeles con diálogo. Cuantas más obras hacía, más asimilaba el idioma.

Al inicio del séptimo grado, un alumno de octavo llamado Ryan Tomilson debió haber notado que yo tenía problemas para integrarme, porque simplemente desde un lugar de generosa humanidad, creo, comenzó a saludarme cada mañana. Ryan iba a un grado más avanzado que yo en la escuela y era un niño popular, le gustaba andar en patineta y el surf, y tocaba en una banda. Al principio, yo solo saludaba con la cabeza. Todavía tenía mucho miedo de hablar con alguien. Sin embargo, Ryan continuó. No teníamos ninguna clase juntos y nunca fuimos mejores amigos, pero cada vez que me veía en los pasillos o en la cafetería, me decía «hola». Ryan conocía un par de palabras y frases en español, por lo que a veces intentaba mostrarme algo de su español a la hora del almuerzo. De vez en cuando, incluso nos invitaba a Marilyn y a mí a sentarnos en su mesa.

Ryan fue el primer niño blanco que hizo todo lo posible para ser mi amigo. Sus acciones fueron bastante sencillas, pero gracias a él empecé a tener ganas de ir a la escuela. Sabía que una persona me saludaría; esa interacción directa y diaria me ayudaba a sentir que pertenecía a algún lugar. Ya no estaba en la escuela con un montón de extraños.

A pesar de que en la escuela Marilyn y yo estábamos inmersos en el inglés, en casa hablábamos español, excepto por el inglés que oíamos en la televisión. Papá hablaba inglés lo suficiente como para arreglárselas, pero mamá no lo aprendió durante años. En nuestra casa siempre hablábamos español, e incluso hoy, muchos años después, todavía me comunico en español con mis padres. Mi madre comenzó a aprender inglés de verdad hace unos años.

Hoy en día invito a la gente a ponerse en los zapatos de mamá. A veces, los estadounidenses de habla inglesa escuchan historias como las de ella y se enojan. Dicen (o piensan) cosas como esta: «Mira, si quieres venir a este país, necesitas aprender inglés». Esto suena bien en teoría o en política, pero la realidad es que esa forma de pensar no logra captar los problemas que enfrentan las personas que no hablan inglés cuando se mudan a Estados Unidos. Si no aprendes inglés, la gente piensa que eres vago o que te resistes a tu nueva cultura, pero eso no es cierto.

Imagínate a mi madre, una mujer inteligente y capaz, con más energía que tres personas juntas. Su esposo trabajaba hasta catorce horas al día en su nuevo empleo, tratando de ganar lo suficiente para poner comida en la mesa y un techo sobre nuestras cabezas. Ella se encargaba del hogar. Mamá todavía tenía una niña de cinco años en casa. Todos los días, mamá se aseguraba de que Marilyn y yo nos levantáramos por la mañana, nos vistiéramos, comiéramos y nos fuéramos a la escuela. Ella cuidaba a Stephanie durante el día, mientras cocinaba, barría, lavaba la ropa y hacía el mercado. Cuando Marilyn y yo regresábamos a casa después de la escuela, mamá nos ayudaba con la tarea y se aseguraba de que la familia cenara, que Stephanie estuviera bañada y que los almuerzos estuvieran listos para el día siguiente. Cada vez que iba a una tienda, mamá tenía que idear un nuevo sistema. Intenta planificar una lista de compras o un menú semanal cuando vas a la tienda y no conoces muchos de los ingredientes que allí se encuentran. Intenta llevar a un hijo enfermo al médico cuando tienes que desenvolverte en una cultura nueva. Intenta reunirte con el maestro de tu hijo si tiene problemas en una materia. Prueba con ir al banco. Prueba comprar un seguro de automóvil. Intenta comprar estampillas o enviar un paquete por correo.

Mamá había dejado en Venezuela a todos sus amigos. Esto fue antes de Skype, FaceTime o Zoom. El correo electrónico era nuevo y pocas personas lo tenían. Hacer una llamada de larga distancia costaba mucho dinero, que nuestra familia no tenía. Todavía se podía escribir una carta, pero eso llevaba tiempo. Mamá se sentía sola. Era difícil hacer nuevos amigos. Durante todos los años que fuimos a la escuela, mamá siempre se puso en último lugar. Aun cuando todo va bien, la maternidad es bastante ardua. Esos años fueron sumamente duros para ella.

He visto a muchos inmigrantes trabajadores que llevan diez o doce años en Estados Unidos y aún no saben hablar inglés. Y créeme, es más fácil decirlo que hacerlo. Es difícil aprender el idioma cuando estás agobiado e intentas mantener tu familia a flote. Muchos inmigrantes tan solo intentan sobrevivir. La gente insistirá: «Habla inglés, pues vives en Estados Unidos». Eso me saca de quicio. La mía es una frustración que nace de la experiencia. Todos necesitamos tener un poco de paciencia y ser conscientes de que este país fue poblado por inmigrantes; por ello, a menos que seas nativo americano, cada habitante o uno de sus abuelos fue extranjero en este país alguna vez. Hoy me gusta decir: «Estados Unidos, seamos más hospitalarios». Tenemos que ser más respetuosos con nuestros huéspedes.

PAPÁ DESCUBRIÓ UN NEGOCIO PARALELO DE VENTA DE autos. Al poco tiempo, vendió nuestro Mazda con una pequeña ganancia y compró un vehículo un poco mejor. De inmediato, le puso un cartel de «Se vende» en la ventanilla y lo iba promocionando mientras recorría sus rutas de reparto entre las tiendas de autopartes. Pronto vendió ese auto y compró otro Mazda, mejor que el primero. Yo me preguntaba si estaba tratando de llegar a otro Lincoln Continental, pero nunca se lo pregunté. En Venezuela había sido un exitoso hombre de negocios; pero cuando llegó a Estados Unidos tuvo que empezar desde cero.

Una noche, en nuestro pequeño dúplex alquilado en Los Ángeles, alrededor de las once de la noche, mientras yo dormía en la habitación que compartía con mis dos hermanas, oí un alboroto en la sala de estar y abrí los ojos. Con cuidado, salí de debajo de las sábanas y fui hacia donde mis padres hablaban en voz alta. Las luces del techo de la sala brillaban intensas y frías, y enseguida me di cuenta de que el alboroto no era porque estuvieran discutiendo. Estaban histéricos. Mi madre sollozaba. Todo su cuerpo era un manojo de nervios. Papá se retorcía las manos y miraba el suelo.

—¿Cuál es el problema? —pregunté, alarmado. De repente, estaba muy despierto.

—Nuestro auto —murmuró mi padre. Sacudió la cabeza—. Nos lo robaron.

Miré a mi madre y a mi padre. Nunca había visto tanto miedo en sus ojos. Estaba claro que nadie sabía qué hacer. Este auto era nuestro salvavidas. Esa vieja chatarra de Mazda era lo único que nos mantenía a flote. Lo habían robado de donde papá lo había dejado, estacionado frente a nuestro dúplex. Si papá no tenía auto, perdería su trabajo. Los ahorros de mis padres ya se habían gastado para entonces. Sin nuestro auto, estábamos perdidos.

Eso fue como si me golpearan en la cara. En ese momento de desesperación, se encendió un fuego dentro de mí y me dije: *¡Ya no vamos a seguir viviendo así! No voy a dejar que esto le vuelva a suceder a nuestra familia. La desesperación ya no formará parte de nuestro vocabulario.* En ese instante, mi mentalidad cambió de la de un beneficiario a la de un contribuyente. De niño a hombre. No sabía bien lo que iba a hacer, pero juré que haría todo lo que estaba en mi poder para ayudar.

Le tomé la mano a mi papá y dije estas palabras:

—¡No te preocupes! Trabajaré muy duro. Aprenderé a hablar inglés. Voy a ganar mucho dinero. Voy a comprarnos un auto nuevo, una casa y ya no tendremos que preocuparnos por el alquiler.

Papá tenía un hermano menor que trabajaba en un restaurante en el valle. (No nos habíamos quedado con él porque vivía en una casa rodante). Le pregunté si podía conseguirme un trabajo. Entonces, él habló muy bien de mí y me contrataron como ayudante de camarero. Mi trabajo consistía en juntar los platos sucios de las mesas, ponerlos en un cubo de goma y llevarlos al lavavajillas. *Ahora por fin podré contribuir,* me dije. Me sentía tan orgulloso. Cuando el número de comensales disminuía, mi tarea era nivelar las mantequillas y llenar los saleros.

Una noche estaba en el salón juntando platos sucios y una mujer me hizo una pregunta que no pude entender. Mi inglés aún no era bueno. Ella me gritó, se levantó y aplaudió delante de mi cara como si yo hubiera estado durmiendo. Sorprendido, di un paso hacia atrás, pero ella avanzó y volvió a ponerse delante de mi cara, esta vez gritando, aplaudiendo de nuevo y llamándome idiota.

Esa palabra sí la conocía.

El corazón me latía con fuerza y podía sentir la adrenalina recorriendo mi cuerpo. No sabía qué hacer. No sabía lo que esta señora quería. Corrí a la parte de atrás y llamé a mi tío. Él hablaba mejor inglés que yo, se acercó a la mesa y le preguntó cuál era el asunto. Ella seguía señalándome, mirándome como si fuera un delincuente. Yo estaba rojo. Me sentía tan pequeño.

Ella quería que le volviera a llenar el vaso con agua. Eso era todo. Lo único que quería era otro vaso de agua.

Esa noche, acostado en mi cama, dentro de la pequeña casa que apenas podíamos permitirnos alquilar, después de que a papá le robaran el auto y no supiera en qué trabajar para poder alimentar y albergar a nuestra familia, renové mi voto. Aprendería a hablar inglés de manera fluida. Conseguiría un mejor trabajo. Nadie volvería a hablarme así. Compraría un auto nuevo para mi familia y, algún día, también una casa más grande. Ninguno de nosotros tendría que preocuparse por el dinero nunca más. Mi infancia había terminado. Mi edad adulta había comenzado. Me dedicaría al inglés… al inglés… y al inglés. Era hora de poner en práctica todas esas lecciones que había atesorado a una edad temprana. De algún modo y de cualquier manera, iba a encontrar la forma de sacar a mi familia de este desastre.

CAPÍTULO 3

El chico con acento

Ahora, muchos años después, al recordar esa temporada difícil, veo que el robo de nuestro auto simplemente me impulsó a ponerme en marcha; toda la experiencia encendió un fuego dentro de mí. La oscuridad puede impulsarte hacia la luz, si se lo permites. Así que dejé de perder el tiempo con los amigos los fines de semana. El fútbol pasó a un segundo plano en relación con mis estudios, a pesar de que me encantaba el deporte. No desperdicié el tiempo con la bebida (de hecho, tomé mi primer trago cuando cumplí veintiún años). Nunca fumé hierba ni tomé drogas. En mis años de adolescencia me dediqué a trabajar para convertirme en todo lo que prometí que sería.

La policía nunca encontró el auto de papá, pero él consiguió convencer a un banco para que le prestara dinero, así al menos podría volver a tener algo que conducir. De inmediato, papá intensificó sus esfuerzos con su trabajo secundario. Una vez más, colocó un cartel de «Se vende» en la ventanilla, vendió su auto y obtuvo una pequeña ganancia; luego compró un vehículo algo mejor e inmediatamente colocó otro cartel de «Se vende». Siempre esforzándose por mejorar la posición económica de nuestra familia, siempre tratando de estar un paso adelante.

Yo me esforzaba por sacar buenas calificaciones, me mantenía ocupado en mi trabajo de ayudante de camarero y me concentraba en dominar el inglés. Una de las últimas cosas más difíciles de aprender son los modismos: *Está lloviendo a cántaros. Buscar una aguja en un pajar. Poner el gancho* (la firma). No sabía si algún día los aprendería todos.

El dinero seguía escaseando. Mamá compraba solo en las tiendas de comestibles con descuentos, siempre usaba cupones, siempre atenta a las mejores ofertas. En vez de volver a casa con Coca-Cola, volvíamos con «cola»; bueno, al fin y al cabo, sabía igual. A nosotros siempre nos quedaba pequeña la ropa y comprábamos la nueva en tiendas de segunda mano o solo en liquidación. Papá hacía un presupuesto para el dinero de la gasolina y, a veces, hacia el final de mes, no podíamos utilizar el auto porque se había acabado todo ese dinero. Nunca más salimos a comer afuera. Para nosotros, una pizza de noventa y nueve centavos era un lujo.

Mamá y papá comenzaron a adaptarse poco a poco a su nueva vida estadounidense, aunque el camino no fue nada fácil. Papá buscó otros trabajos, pero nada se concretó. Mamá se acercó a los vecinos e hizo alguna que otra amiga, pero yo sabía que se sentía bastante sola. Nuestros padres querían que obtuviéramos buenas calificaciones, que encajáramos en la escuela, que pudiéramos vivir nuestros sueños y que nos mantuviéramos a salvo, lo cual era una preocupación constante.

Cuando comenzó el otoño de 1995, Marilyn y yo íbamos a asistir a la escuela secundaria Birmingham, en la zona del Valle de San Fernando en Los Ángeles, cerca de donde vivíamos. Sin embargo, en Birmingham había mucha tensión racial y muchas peleas en aquellos años, por lo que mis padres no quisieron enviarnos allí. (Unos años más tarde, Birmingham se convirtió en una escuela subvencionada y hoy está prosperando). En cambio, mis padres nos inscribieron en la escuela secundaria Taft en la ciudad vecina de Woodland Hills, un colegio que hacía especial hincapié en la excelencia académica y social. Todos los profesores contaban con una gran reputación y eran conocidos por alentar a sus alumnos a superarse.

Ir a Taft significaba que papá tenía que llevarnos en auto todas las mañanas e ir a buscarnos todas las tardes. Todos éramos conscientes del gasto adicional, aunque papá decía que de alguna manera todo se resolvería. La escuela tenía un programa de teatro increíblemente capaz, lo que me intrigaba mucho. Me enteré de que Maureen McCormick, quien interpretó a Marcia en *La tribu Brady*, se había graduado de Taft, al igual que Susan Olsen, quien interpretó a su hermana menor, Cindy. Un artista llamado O'Shea Jackson Sr. asistió a Taft unos años antes que yo; conocido profesionalmente con el nombre artístico de Ice Cube, también desarrolló una sólida carrera en la música y el cine. Jan Smithers, quien interpretó a Bailey en *Sintonía de locura*, también estudió en Taft; Justine Bateman, protagonista de *Lazos familiares*; Lisa Kudrow, quien protagonizó *Friends*, y Robin Wright, quien participó de las exitosas películas *Forrest Gump* y *La princesa prometida*. Desde el principio, fui consciente de que papá estaba haciendo otra vez un gran esfuerzo para brindarnos todas las ventajas que ofrecía este nuevo país.

En Taft, me concentré en mis estudios, tomé clases de actuación y baile, y participé de las obras teatrales de la escuela. El teatro también mejoró mi inglés. Atrás quedaron los días en que una maestra gritaba mis diálogos desde los bastidores.

Mi participación en el teatro me trajo otro beneficio: cuanto más sabía inglés, más sociable me volvía. Cuanto más analizaba a las personas, más veía que casi todos los estudiantes se esforzaban por encajar. Me di cuenta de que todos se sentían inseguros en la escuela, incluso los chicos más populares que actuaban como si lo tuvieran todo bajo control. Así que mi filosofía fue que sin importar el color de piel de una persona, el idioma que hablara o el deporte o la actividad que practicara, la presencia de todos era importante. Yo trataba de mostrar eso en mis interacciones, pues sabía lo que se sentía al ser ignorado.

Cada mañana, cuando Marilyn y yo llegábamos a la escuela, recorría el lugar saludando a los metaleros de la entrada principal, a los deportistas que jugaban baloncesto, a los chicos que se juntaban en la cafetería y a los surfistas y *skaters* del patio. A la hora del almuerzo, hacía otra ronda y volvía a saludar a todos de nuevo. Había sido tan tímido en la primaria que estaba recuperando el tiempo perdido. En la secundaria me convertí en una persona sociable.

Algunas personas todavía se referían a mí como «ese chico de Venezuela», pero muchos amigos ya sabían mi nombre. Es difícil deshacerse de una identidad una vez que se ha establecido. Aunque nuestro inglés era mejor, mi acento todavía era fuerte; mientras que el de Marilyn era menos pronunciado. En la primaria, ella había entablado varias amistades cercanas con niños que hablaban un inglés perfecto. Yo, en cambio, había hecho amistades sobre todo con mis amigos latinos de fútbol, quienes no me ayudaban mucho con mi acento.

A medida que mi hermana y yo ganábamos confianza, nos sentíamos más libres para ser nosotros mismos y dejar que nuestras personalidades brillaran. Durante esos años de escuela primaria habíamos contenido tanto nuestras emociones que ciertas partes de nosotros nunca tuvieron la oportunidad de emerger. Sin embargo, en general, esos primeros años difíciles me hicieron más empático. Me di cuenta de que un niño inmigrante, sentado solo en un rincón del comedor, con la cabeza gacha, tratando con desesperación de no llamar la atención, podía ser un amigo muy divertido si se le daba la oportunidad; así que me acercaba y lo saludaba.

Marilyn y yo pronto descubrimos, por desgracia, que a los alumnos en Estados Unidos no se les enseñaba mucho sobre geografía mundial y otras culturas. Era un hecho triste pero cierto, y quizás siga siendo así hoy en día. En Estados Unidos se aprende sobre Estados Unidos. A menos que estudies o viajes al extranjero por tu cuenta o entables amistades con inmigrantes, es difícil experimentar cómo son en realidad otros países y culturas. En la escuela primaria, cuando los niños se enteraban de que éramos de Venezuela, a menudo nos miraban perplejos como si acabáramos de salir de la jungla. Cuanto más confiados nos sentíamos mi hermana y yo, más aprendíamos a divertirnos con esto, sobre todo cuando llegamos a la escuela secundaria.

Un día, un muchacho se acercó a nosotros con sigilo, casi como si estuviéramos en exhibición en un museo, y nos preguntó en un tono serio:

—Entonces, ¿hay *escuelas* en Venezuela?

Marilyn y yo asentimos seriamente.

—¿Y cómo iban a la escuela? —continuó él.

Esa fue mi señal. Miré fijo al muchacho y respondí bastante serio:

—Montábamos en burros.

Marilyn me siguió el juego y asintió con una expresión de picardía.

—Sí —añadí—, íbamos en burros a todas partes. En Venezuela no teníamos tiendas de comestibles, así que íbamos en burro a cazar. A veces íbamos caminando, siempre descalzos. Si nos dolían los pies, nos los cubríamos con hojas. Nuestra comida favorita era el elefante.

El muchacho se quedó con la boca abierta.

Descubrimos que podíamos hilar estas historias hasta que nuestras respuestas se volvían estrambóticas, entonces el muchacho interrumpía y decía:

—Un momento. No hablan en serio, ¿verdad?

Siempre nos hacía reír y eso ayudaba a romper el hielo. Los muchachos también se reían y se daban cuenta de que todos éramos más o menos iguales.

UNOS MESES DESPUÉS DE COMENZAR MI PRIMER AÑO en Taft, mi profesora de actuación me llevó aparte una tarde y me dijo:

—Oye, Wilmer, eres bastante bueno. Te tomas la actuación en serio. Si hicieras algunas audiciones para comerciales, apuesto a que podrías conseguir algunos lugares.

Espera un minuto, pensé, y mis ojos se iluminaron como signos de dólar. Trabajar en comerciales sería mucho más divertido que trabajar como ayudante de camarero. Además, el dinero con el que soñaba no sería para mí. Si podía ganar algo de dinero extra, serviría para ayudar a mi familia.

—¿Cómo se entra en el mundo de los comerciales? —pregunté.

—Bueno, tienes que ir a muchas audiciones —dijo mi profesora—. Podrías empezar a ir por tu cuenta ahora mismo, pero te sería útil tener algunas clases adicionales para recibir capacitación específica sobre comerciales. Esas clases te ayudarían a conocer a más personas en la industria.

Asentí, tratando de asimilar todo. Taft no ofrecía clases adicionales y no estaba seguro de dónde conseguirlas, pero no tuve el valor de preguntar. Unas noches más tarde, estaba escuchando la radio en casa. Durante una pausa en la música, escuché que un locutor decía con voz gruesa: «¿Tienes entre trece y dieciocho años y te interesa aparecer en la televisión y el cine? Ven este fin de semana al hotel Hilton cerca del Aeropuerto Internacional de Los Ángeles a una audición de actuación. Estamos eligiendo a las próximas estrellas del mañana».

Agarré un lápiz y tomé nota. Odiaba pedirle a papá si podía llevarme e inscribirme. Sabía que eso costaría algo, pero me armé de valor, fui a la sala y le presenté las clases como una posible inversión. Él lo pensó por un momento y luego, para mi alegría, aceptó, siempre y cuando mantuviera mis calificaciones altas. Para entonces, yo tenía todas mis calificaciones sobresalientes en la escuela. Por el tono de papá, sentí que consideraba que las clases extra de actuación se convertirían en un pasatiempo más, como el fútbol, pero yo planeaba tomármelas tan en serio como un ataque al corazón.

Las clases extra comenzaron. Junto con el resto de los estudiantes hacíamos lecturas de mesa y recibíamos formación específica para comerciales, pero la capacitación era limitada y yo quería más. Una instructora llamada Celeste Boyd vio mi potencial. Una mujer negra de mediana edad tan guapa como Lauryn Hill. Ella ofrecía lecciones adicionales los miércoles por la noche en su casa y me invitó a unirme a su clase avanzada. Me dijo que asistían personas de todas las edades y que sería bueno para mí trabajar con adultos, no solo con niños de mi edad.

Le agradecí, pero rechacé la invitación. No podía ir. La verdad era que la billetera de papá estaba vacía y sabía que pedirle más dinero era imposible. La señora Boyd ya había percibido mis ganas y debió haberse dado cuenta de mi necesidad económica, pues me miró de arriba abajo y dijo:

—No hay problema. Te dejaré asistir gratis.

Rápido pensé.

—¿Puedo traer a mi hermana también?

Quería que Marilyn tuviera todo lo bueno que se me presentara.

La señora Boyd hizo una pausa, se rio y luego dijo:

—Claro, ¿por qué no?

Celeste Boyd se convirtió en una de las mejores profesoras que he conocido. Le apasionaba usar el poder de las artes para inspirar a sus alumnos y a mí me encantaban sus clases. Gracias a sus enseñanzas, descubrí que podía actuar de verdad. Podía ser gracioso o podía interpretar otras voces como cuando era niño, pero esta vez de manera mucho más convincente. Ella me empoderó para descubrir mis verdaderos talentos. Podía hacer que la clase llorara o riera o sintiera miedo o alegría, a veces solo con un gesto facial.

Cierto día yo estaba representando una escena cuando me di cuenta de que me estaba mirando atenta y pensativa. Cuando terminé, me dijo: «Wilmer, eso fue muy bueno. Estás listo para salir y trabajar como actor y hacerlo muy bien». Se ofreció a presentarme a un agente amigo suyo que dirigía una agencia de menor tamaño, pero legítima, y asistía con regularidad a sus clases en busca de nuevos actores. Iba a presentarse la semana siguiente. Sonreí. Ella me dio una escena para estudiar.

A la semana siguiente, asistió su amigo agente, y yo dejé mi corazón en la interpretación de la escena. Después, él habló conmigo y me dijo que tenía potencial, pero que no me representaría de manera formal. En cambio, me enviaría a un par de audiciones para ver qué tipo de comentarios recibíamos. Si los comentarios eran buenos, entonces hablaríamos de la posibilidad de que me representara.

Me presenté a todo lo que me envió: cuatro audiciones para

comerciales y dos para papeles de una línea en programas de televisión. Un director de *casting* me llamó «increíble». Otro dijo: «Es muy libre y divertido». Otro expresó: «Llegó muy comprometido y preparado». Y otro más dijo: «Es fenomenal». Sin embargo, no llegaron las ofertas. A pesar de mi talento, todos los agentes de *casting* destacaron un gran problema.

Este chico tiene acento.

El agente me sentó y me lo dijo de forma directa. Colocarme en cualquier lugar iba a ser una batalla cuesta arriba. En la década de 1990, cuando se trataba de comerciales, programas de televisión y películas, los papeles para los actores latinos adolescentes, sobre todo aquellos que tenían un acento marcado, eran contados. Mario López había interpretado a A. C. Slater en la exitosa serie de televisión *Salvados por la campana*, pero la serie terminó en 1993 y él hablaba inglés sin problemas. Wilson Cruz interpretó a Rickie Vasquez en *El mundo de Ángela*, pero había terminado en 1995, y su inglés era perfecto. Mayteana Morales había interpretado a un personaje llamado Gaby Fernández en una serie de PBS llamada *El fantasma escritor* a principios de los noventa. De nuevo, inglés perfecto. El agente no podía pensar en nadie más de mi edad que hubiera logrado ingresar en esto.

En cuanto a los papeles para actores latinos adultos, él explicó que eran igual de raros. ¿Quién con acento, además de Desi Arnaz, era un personaje famoso en Estados Unidos? El legendario Ricardo Montalbán se había convertido en una gran estrella con *La isla de la fantasía*, pero ese programa había terminado en 1984. Jimmy Smits tuvo un papel destacado interpretando a Victor Sifuentes en *Se hará justicia* hasta 1992, pero él hablaba un inglés perfecto. Una conocida actriz de telenovelas llamada Salma Hayek había protagonizado algunas películas estadounidenses, pero aún pasarían años antes de que su nombre se volviera famoso. Benicio del Toro había actuado en algunas películas, pero aún no era del todo reconocido. Antonio Banderas acababa de abrirse camino con sus papeles en *Filadelfia*, *Asesinos* y *La balada del pistolero*, pero era uno en un millón.

¿Cómo iba a lograrlo? El agente se encogió de hombros. Fui a más audiciones. Pronto descubrí que si un latino conseguía un papel, era siempre para una o dos líneas solamente y casi siempre para interpretar a un tipo malo. Los actores latinos interpretaban a los criminales, los mafiosos, los asesinos, los traficantes de drogas. Además, había que tener pinta de malo para conseguir el papel. Una cabeza rapada ayudaba, también los tatuajes y tener un físico musculoso. Un chico flaco y pulcro como yo estaba al final de la fila.

Los papeles para adolescentes eran aún más difíciles de conseguir que para los adultos y había muchos adultos entre los que cualquier director de *casting* podía elegir. Las cifras no mentían. En cada audición a la que asistía, tomaba notas y escuchaba hablar a los expertos de la industria. Aprendí que había unos veinte mil actores activos en Estados Unidos, además de otros cien mil miembros desempleados del sindicato de actores que esperaban conseguir un papel y entre cien mil a doscientos mil aspirantes a actores como yo que no pertenecían al sindicato y no habían conseguido ningún papel todavía.

Mirar las estadísticas era deprimente, mi sueño parecía casi imposible. Había intentado aprender inglés durante tres años. Iba a todas esas audiciones abiertas donde todos están invitados, semana tras semana, y los directores de *casting* me pedían que hablara como un típico niño estadounidense. Podía imitar muy bien a muchos famosos, pero lo único que no podía imitar era a un niño que hablara un inglés perfecto.

PASÓ MI PRIMER AÑO DE SECUNDARIA Y COMENZÓ MI segundo año. Me presenté a más y más audiciones, siempre esperando un golpe de suerte. Era ajeno a cualquier conversación nacional sobre diversidad, inclusión y representación que pudiera estar teniendo lugar en ese entonces, o tal vez las conversaciones simplemente no estaban sucediendo en un grado significativo. En cualquier caso, yo no buscaba una oportunidad por pertenecer a una minoría, ni siquiera me veía de esa manera. No entraba por la puerta principal con un gran cartel alrededor del cuello que anunciaba mi origen étnico. Yo solo era un actor en un océano de actores, así que trataba de usar cualquier cosa a mi favor. Si otros actores pudieron abrirse camino, entonces tal vez yo también podía. Si me esforzaba mucho, si me levantaba más temprano que los demás, si seguía tocando puertas, ¿por qué al menos no podía tener la misma oportunidad que todos los demás?

Cuando estaba a mitad de mi segundo año, ya había descubierto muchas cosas sobre la industria por mi cuenta. Las mejores audiciones no eran las abiertas. Admitámoslo, es posible que seas el próximo Tom Cruise, pero si tres mil adolescentes se presentan para el mismo papel, aunque quedes entre los diez primeros, no te contratarán. Puede que hayas sido mejor que los otros 2990 actores, pero tenías que ser el número uno para conseguir el papel. Así que aprendí que las mejores audiciones eran aquellas en las que había un letrero en el frente que decía: «Solo con agentes». Estas eran audiciones cerradas en las que había menos actores presentándose y cuyos agentes habían trabajado para que estos entraran por la puerta.

Bueno, no me desanimé. La primera vez que fui a una audición como esta, por mi cuenta, el corazón me latía muy fuerte. Tomé el papeleo correspondiente y me quedé solo en un rincón, esperando que no me escogieran. El primer espacio en blanco fue fácil. Lo único que tenía que hacer era poner mi nombre. Con cuidado escribí «Wilmer Eduardo Valderrama». El siguiente espacio en blanco fue más difícil. Me preguntaba por mi agencia. Pensé mucho. El nombre debía sonar estadounidense y debía ser fácil de olvidar. Sabía que en aquella época había ocho agencias principales en Hollywood (UTA, APA, CAA, ICM, William Morris, Endeavor, Paradigm y Gersh) y que todas ellas empleaban a un par de miles de agentes. Además, había innumerables agencias medianas y otras más pequeñas y un par de miles de agentes que también trabajaban para esas empresas. De ninguna manera un agente de *casting* sabría el nombre de todas las agencias en Los Ángeles. Pensé de nuevo y con cuidado escribí: «Smith y asociados». Ese nombre seguro que pasaba desapercibido.

El siguiente espacio en blanco era para el número de teléfono de mi inexistente agente. Me rasqué la cabeza. El teléfono no sonaba mucho en nuestra casa, así que anoté ese número. Si sonaba, podía correr al teléfono o enseñar a mis hermanas a contestar: «Smith y asociados, ¿en qué puedo ayudarlo?».

No obstante, había un último obstáculo. Para prepararse para estos papeles, los otros actores habían recibido sus guiones de sus agentes con anticipación, un lujo que yo no tenía. Había logrado entrar por la puerta principal, pero ¿qué iba a hacer ahora? Mientras estaba en la fila, observé y escuché ensayar a los actores que estaban delante de mí. Con cuidado, pero sin perder tiempo, me apresuré a memorizar lo que decían. Cuando llegó el momento de la audición, ya me sabía los diálogos. Sin embargo, no, no conseguí ese primer papel. Suspiré. Después de toda mi mejor astucia, y sabiendo que me había ido bien en las líneas, me rechazaron de nuevo. Aun así, aprendí algunas estrategias nuevas.

En los meses siguientes, me presenté a muchas audiciones de esa manera y a veces incluso me llamaban. Aun así, no conseguí ningún papel. Seguí presentándome a las audiciones, mes tras mes. Siempre me rechazaban. Siempre escuchaba la palabra «no». Luego, a fines de la primavera de mi segundo año, hice una audición para un pequeño papel en un anuncio de las Páginas Amarillas Inteligentes de Pacific Bell. Un comercial a nivel regional. Mi trabajo consistía en mirar fijo a la cámara con toda la intensidad que pudiera reunir y decir: «Páginas Amarillas Inteligentes de Pacific Bell». Era solo una línea, pero estaba seguro de que había realizado una actuación digna de un óscar.

¡Y, de hecho, conseguí el comercial!

Después de haber intentado tanto y haber fallado tantas veces, no podía imaginarme la sensación de salir por la puerta con un cheque en la mano, una victoria absoluta. Por ese único comercial, me pagaron un par de miles de dólares. Hablé con mi papá y me dijo que siguiera con la inversión. Con el dinero que gané por ese anuncio, pude pagar un año de afiliación al Sindicato de Actores. Eso significaba que podía presentarme a audiciones para papeles más grandes, pero el tiempo apremiaba. Si no conseguía algo en un año, no podría volver a pagar la cuota.

Un par de semanas después, gracias a mi afiliación al sindicato, pude hacer una audición para una miniserie de CBS llamada *Four Corners*. Otra maravilla: obtuve un pequeño papel interpretando a Antonio, el hijo autista de uno de los personajes principales. Hoy en día, hay hermosos actores autistas que hacen su propio trabajo, pero en ese entonces, los directores de *casting* hacían audiciones a actores comunes para esos papeles. Para prepararme, investigué mucho sobre el autismo y aprendí tantos gestos como pude. Luego lo di todo. A la gente del plató los convenció mi actuación y varios me preguntaron si era autista de verdad. La miniserie estaba protagonizada por la legendaria actriz sueco-estadounidense Ann-Margret, y hasta ella quedó convencida. Me sentí honrado de estar en la misma habitación que ella. Al agente de *casting* le encantó cómo interpreté el personaje y me invitó a más audiciones para más papeles en otros programas. De nuevo, recibí muchos comentarios excelentes, pero a la vez me seguían rechazando. Siempre era el mismo problema.

Este chico tiene acento.

Pasaron un par de meses e hice una audición para un pequeño papel en un comercial japonés. Ni siquiera tenía diálogo. Conseguí el papel; aun así, esto no era suficiente y ya no había tiempo. Todas estas audiciones le costaban a papá el dinero de la gasolina y mi afiliación sindical estaba a punto de terminar. El dinero que gané con el comercial japonés no fue suficiente para pagar otro año. Cada vez que podía tomaba el autobús para ir a las audiciones y a veces tomaba dos autobuses, incluso tres. Sin embargo, papá solía llevarme si una audición quedaba lejos; así pues, cada dólar que ganaba se volvía cada vez más valioso.

Aquel enero nos retrasamos en el pago del alquiler. Papá hizo algunos recados más para las tiendas de autopartes y pudimos pagar el alquiler dentro del plazo de vencimiento. No obstante, en febrero papá volvió a retrasarse. Una vez más, nos las arreglamos justo a tiempo, o eso pensé. En marzo, nos retrasamos por tercera vez, pero en esta ocasión el propietario llamó a nuestra puerta. Afuera ya estaba oscuro, papá acababa de llegar del trabajo y estaba sentado en el sofá, exhausto. Miró hacia la puerta y luego me miró a mí. Empecé a levantarme para abrir, pero papá negó con la cabeza. Lo miré desconcertado.

—Mijo —susurró—. Esta noche no estamos en casa.

A papá apenas le alcanzaba para cubrir los gastos. Me explicó en voz baja que aún no habíamos pagado el alquiler de febrero. En realidad, llevábamos dos meses de retraso. Mamá entró en la habitación y tomó la mano de papá. Pude ver la desesperación en los ojos de mis padres. No sabíamos qué hacer.

CAPÍTULO 4

Teenage Wasteland

E stábamos en la ruina. Esa fue nuestra temporada más oscura. Tal vez mi sueño de ser actor había sido una de esas búsquedas inútiles.

En la primavera de mi penúltimo año de secundaria, cuando tenía dieciocho años y no me quedaba nada, un agente me envió a una audición para un programa piloto de televisión llamado *Teenage Wasteland* [Tierra baldía de adolescentes]. Al principio no le di mucha importancia. Prometí darlo todo, como siempre, pero cuando uno lleva varios años haciendo audiciones sin mucho éxito, aprende a no hacerse ilusiones. Sabía que cada temporada se presentaban alrededor de quinientos proyectos piloto. La mayoría, pese a ser escuchados por los ejecutivos de los estudios y las cadenas de televisión, nunca ven la luz del día. De esos quinientos, cada año se seleccionan unos setenta guiones piloto, y de esos, tal vez ocho o nueve se convierten en series nuevas. Aun así, pocos programas terminan la primera temporada sin ser cancelados antes de lo previsto. Hacía tiempo que había aprendido que la televisión es una industria en la que el fracaso es la norma. Es un negocio de apuestas. Hay que hacer muchas audiciones, probar suerte de nuevo e intentarlo un montón; hay que lanzar los dados una y otra vez. Los ejecutivos y los actores tienen que hacer infinidad de pilotos, que irán directo a la basura, con la esperanza de que uno de cada quinientos, o quizá más bien uno de cada cinco mil, se convierta alguna vez en un éxito.

La primera audición para *Teenage Wasteland* era en Studio City, y fui en autobús. En el estudio, la sala estaba llena de chicos. Me di cuenta de que el entusiasmo inicial por la serie era fuerte, ya que parecía que todos los actores adolescentes de Los Ángeles se estaban presentando para esta audición. Reconocí algunas caras: un chico que conocía de *Mighty Morphin Power Rangers* y un amigo que había hecho algunos programas matutinos, pero casi todos eran desconocidos. Para este piloto, los agentes de *casting* querían caras nuevas.

Para entonces yo ya era un experto en audiciones, así que conocía la dinámica de la situación. Cuando uno está esperando para la audición, rara vez habla con otros actores. Es cierto que existe la sensación de que estamos todos juntos en esto: todos estamos luchando al mismo tiempo y deseamos que los demás tengan éxito; pero también hay una gran sensación de competencia. Parecemos velocistas en la línea de salida, todos nerviosos, esperando el disparo de la pistola de salida. La realidad es que todos estamos asustados.

Mientras esperaba, dando golpecitos con el pie y repasando mis líneas por enésima vez, un chico alto y flaco con un montón de cabello oscuro entró en la sala, abrió una nevera, tomó una botella de agua y comenzó a beberla.

Algo en sus acciones me molestó. *Esa no es su agua* —pensé—. *Esa no es su nevera. Qué falta de respeto. A este tipo no le van a dar el papel.* Yo no sabía que este actor ya había hecho varias audiciones y había conseguido uno de los papeles principales. Solo venía a hacer lecturas con los demás postulantes en las que el director de *casting* ve la química, cómo se conecta con otros actores. Otro chico lo conocía y lo llamó por un nombre que no había escuchado antes en Estados Unidos. El nombre sonaba extraño, comenzaba con *t* pero rimaba con *gofer*, aunque no del todo. ¿*Tofu*, tal vez?

Dejé mi corazón en la audición, aunque Tofu no leyó conmigo. Alguien más lo hizo. Cuando uno hace la audición no recibe el guion completo del piloto, sino un par de escenas, y de forma mágica tienes que idear un personaje y decidir cómo interpretarlo. Lo único que me habían dicho era que interpretaría a un estudiante de intercambio que acababa de llegar a Estados Unidos, tenía dificultades para entender el inglés y no entendía la cultura. (Podía identificarme bastante). No especificaron una etnia e indicaron que el personaje quizá no tendría un nombre real. Entré y usé mi propio acento en la primera audición, tratando de jugar con las líneas lo mejor que podía. Me pareció que se rieron un poco, aunque las risas no fueron muy fuertes. Supuse que solo estaban siendo educados.

—Te llamaremos si estamos interesados en otra audición —dijo alguien—. Si te vuelven a llamar, solo relájate y diviértete con este personaje. ¿Sí?

Asentí. Comentarios como ese significaban que era probable que hubiera interpretado el personaje de manera poco sutil, o sea demasiado obvio. Eso quería decir que lo había arruinado, en especial con tantos actores presentándose a la audición. No había logrado que algo en mi interpretación llamara la atención.

No quise darles la espalda cuando salí por la puerta porque pensé que podría ser una falta de respeto. Con absoluta cordialidad, salí de la sala de frente a ellos. Algunos de ellos volvieron a reírse, tal vez pensando que todavía estaba tratando de interpretar el personaje, pero ¿cómo podría saberlo? A lo mejor creían que era un tipo raro.

PASARON UN PAR DE DÍAS Y LOS PRODUCTORES ME llamaron para una segunda audición. Esto era una buena señal. Sin embargo, suele pasar que a uno lo vuelvan a llamar después de una primera audición, por lo que podía significar cualquier cosa. Por supuesto, no me hice ilusiones.

En casa, comencé a repasar mis líneas otra vez y experimenté con diferentes acentos de otras partes del mundo, combinando fragmentos de ellos. Sabía que necesitaba algo más grande, más amplio, más inteligente… algo que profundizara la dinámica de este personaje e hiciera que mi segunda audición fuera todo un éxito.

Empecé con mi propio acento venezolano y agregué un toque del de mi madre de Colombia. Pensé un poco, luego añadí la vibración de la letra *r* de América del Sur. Pensé un poco más y sumé un ceceo, que por lo general se cree que procede de España. No es tanto un ceceo, sino más bien una aceleración de la voz en determinado punto. Es difícil de describir a menos que lo hayas escuchado. Las consonantes *c* y *z* se pronuncian como si fueran una *th* sorda. Por ejemplo, si dijera «kitchen sink» muy rápido, sonaría «kitchen *th*ink». El personaje estaba tomando forma, pero algo todavía no estaba del todo bien. «Solo relájate y diviértete», me habían aconsejado. Me rasqué la cabeza. ¿Cómo podía relajarme y divertirme cuando había tanto en juego? ¡Estaba tratando de hacer el personaje divertido jamás visto!

Tomé un descanso para pensar un poco más y fui a la cocina a buscar un vaso de agua. Mi hermana menor, Stephanie, ya tenía diez años y estaba haciendo su tarea en la mesa de la cocina. Yo siempre me sentía muy relajado con ella, al igual que con Marilyn, por lo que ensayé algunas de mis líneas para que ella las evaluara. Stephanie podía ser un público difícil, en el sentido de que ya no se reía con cualquier cosa que yo dijera, como cuando era pequeña, por lo tanto, era un buen público de prueba.

Cuando probé el texto con mi voz normal, Stephanie se mantuvo seria. Había escuchado mi voz normal un millón de veces y no le causaba gracia. Seguí hablando, mezclando poco a poco los acentos que había preparado. Aun así, ella no se rio. Hice vibrar unas cuantas *erres*. Ceceé algunas *zetas*. Nada. Este nuevo acento no estaba funcionando.

Empecé a decir cualquier tontería, probando todos los sonidos y tonos que se me ocurrían mientras improvisaba. De repente, comencé a hablar con un tono de voz rítmico y más agudo que no coincidía con mi personalidad. Saqué un poco la mandíbula para afuera, por momentos levantaba una ceja, dejaba que mi boca se relajara y de vez en cuando ponía los labios como si fuera un pato. No sabía bien de dónde venía todo eso. Esta nueva voz era melodiosa, simpática y rara.

Stephanie empezó a descostillarse de la risa.

Es decir, comenzó a reírse como si esto fuera lo más gracioso que hubiera escuchado. Continué diciendo todo lo que podía en esta nueva voz. No importaba lo que dijera, ella seguía riéndose a carcajadas. La voz sonaba encantadora e ingenua. El personaje podía ser de cualquier parte. Y me di cuenta de que podía titubear a propósito y mantenerme en el personaje. Stephanie reía y reía. *Bien, quizás por aquí sea*, pensé.

Esa noche me quedé despierto durante un largo rato, pensando en esta nueva voz y en la próxima audición. La voz era tan exagerada que podía ser justo el ingrediente secreto que este personaje necesitaba. Sin embargo, también podía ser demasiado. No quería equivocarme tanto cuando fuera a la audición. La voz era casi caricaturesca. Tal vez me estaba pasando de la raya. Sería una gran apuesta.

Cuando entré a la segunda audición, sonreí y miré la sala. Había unos quince productores y cocreadores sentados alrededor de las mesas. No conocía a nadie por su nombre. Estaba asustado y todavía rondaba por mi cabeza la gran pregunta: *¿Debería usar esta nueva voz?*

Respiré hondo y me lancé. En cuanto dije mi primera línea, la sala estalló. Se rieron tan fuerte como lo había hecho Stephanie. Yo seguía asustado, pues no sabía si las risas eran buenas o malas. Tal vez se estaban riendo de mí.

Dije todas mis líneas usando esta nueva voz y cuando terminé alguien dijo: «Gracias por venir». Eso fue todo lo que me dijeron. Algunos de ellos todavía se estaban riendo. O esta audición había sido todo un éxito o la había arruinado por completo. Una vez más, no quise darles la espalda. Así que, al igual que la última vez, salí del lugar de frente a ellos. Todos siguieron riéndose.

LA COMPETENCIA ERA TAN FEROZ QUE ME VOLVIERON a llamar para una tercera audición. No me desconcertaron las tres audiciones porque muchos programas tienen más de una, aunque tres son muchas. Una vez más, decidí usar la voz nueva y otra vez escuché un montón de risas. De nuevo, no sabía si eso era bueno o malo.

Por último, me llamaron para una cuarta audición. Era en Century City, en un estudio diferente, un poco más lejos, lo que significaba un viaje en autobús más largo. Papá no tenía nada de dinero, pero creo que intuía que algo más grande se estaba gestando; así pues, pidió prestado dinero para la gasolina a nuestros vecinos y me llevó en auto.

Para entonces, yo ya conocía el protocolo de la industria: antes de hacer una audición para un piloto de televisión, el actor firma un contrato que le indica exactamente cuánto ganará si lo contratan. Este contrato decía que ganaría quince mil dólares por el piloto. Si el piloto era seleccionado, ganaría diez mil dólares por cada episodio siguiente.

En el camino hacia mi cuarta audición, pensé en el contrato, miré a mi padre y, con una risa incrédula, le dije:

—Papá, ¿te imaginas si obtuviera este papel? ¡Seríamos ricos!

Quince mil dólares era más de lo que ganábamos en todo un año.

Sin vacilar, mi papá dijo con su voz baja y grave:

—Mijo, si lo consigues, muy bien. Y si no lo consigues, también.

El mensaje era claro: él me amaba y me apoyaba de todas formas.

En el pasillo de la cuarta audición, vi a una chica alta de cabello rubio rojizo. Se estaba presentando para el papel de un personaje llamado Donna. También vi a una actriz de mediana edad con el cabello hasta los hombros que se estaba presentando para ser la madre de la familia de la serie. Creí reconocerla de alguna parte, tal vez había tenido un pequeño papel en *Quisiera ser grande* con un joven Tom Hanks, pero no estaba seguro.

Pensé que no tenía nada que perder, así que me la jugué. Empecé a hablar con la voz nueva que había hecho reír a Stephanie y todos se reían tanto en la sala de audiciones que no podía escuchar a la directora de *casting* leer las líneas conmigo. Realmente tuve que leerle los labios y esperar a que se detuviera para poder decir mis líneas.

En la primera escena, un grupo de amigos adolescentes pasaban el rato en un restaurante. Una de las chicas necesita ir al baño e insiste en que una amiga la acompañe. Esa era mi entrada. Me puse de pie, miré al protagonista y dije: «Yo también debo ir al baño... ¿Eric?». Todos en la sala se rieron. La persona que leía la parte de Eric negó con la cabeza y respondió: «No funciona así con los chicos». De nuevo, todos se rieron.

En la siguiente escena, estaba sentado en un sótano en un círculo con otros tres chicos, comiendo algo. Estábamos pasando el rato en una habitación misteriosamente llena de humo, aunque nunca se explicaba de dónde venía. (Podría haber sido el humo de un refrigerador. ¿Quién sabe?). Los muchachos se quejaban del alto precio de la gasolina mientras discutían la posibilidad de que el protagonista usara la camioneta de sus padres. Dos de los chicos se refirieron a la camioneta como un «bote», a lo que pregunté con inocencia, «¿Quién va a comprar un bote?». Todos en la sala se echaron a reír.

Uno de los muchachos se preguntó en voz alta si podía pedirle prestado dinero para la gasolina a su novia, a lo que Eric sacudió la cabeza con disgusto y le dijo: «Eres una zorra». La cámara me enfocó y le pregunté a Eric, pensando que esta era una palabra que los hombres estadounidenses usaban para dirigirse a otros hombres: «¿Cuándo llega el bote, zorra?». Todos en la sala estallaron de risa.

En la escena final de la audición, el grupo de jóvenes estaba varado en una gasolinera porque su auto se había averiado. El protagonista comentó que había tenido que escuchar a una de las chicas quejarse durante una hora, a lo que respondí adrede en un inglés casi ininteligible: «Una hora demasiado larga». Todos rieron.

Otro personaje, el que tenía novia, también estaba sintiendo la tensión de la espera y dijo sin expresión alguna: «Dios me odia». Y yo le contesté con mucha inocencia: «¿Cómo puedes decir que Dios te odia? Al menos tienes el amor de una mujer. Sé feliz..., zorra». Todos se reían a carcajadas.

En esta cuarta audición, lo di todo. Es decir, dejé el alma. Cuando terminé, una de las creadoras del programa se puso de pie y comenzó a aplaudir. No sabía a qué se refería. Tal vez era una ovación de pie de parte de una mujer, o tal vez pensó que me faltaba un tornillo y quería hacer algo cortés para que me fuera de allí rápido. «Muchas gracias por venir hoy» fue lo único que dijo.

Yo seguía muy asustado. Salí de la sala de audiciones y empezó la espera, porque al principio nunca te dicen nada. Papá y yo volvimos a subir a su auto y fuimos a comprar una pizza de noventa y nueve centavos para cenar en familia.

No estaba seguro de si alguna vez me llamarían. Si lo hacían, solo había una pequeña posibilidad de que fueran buenas noticias, pero lo más probable era que fueran malas, al igual que los resultados de todas mis otras audiciones.

Esa misma noche, poco después de que mi familia terminara la pizza, sonó el teléfono. Le lancé una mirada a papá. Él miró a mamá. Ella miró a mis hermanas. Corrí a atender. Con gran tranquilidad, el agente dijo: «Oye, Wilmer, quieren que vuelvas mañana…».

Suspiré, luego me estremecí. Tal vez solo querían que volviera a ir para otra audición.

Antes de que pudiera preguntar, el agente continuó: «… y quieren que vuelvas al día siguiente… y al día siguiente… y al día siguiente».

Solté el teléfono y grité la noticia. «¡Me dieron el papel!». Mamá y papá se abrazaron. Marilyn comenzó a gritar. Stephanie empezó a llorar. Todos nos abrazamos. Todas nuestras emociones se mezclaron. Llanto… aplausos… gritos. Era un caos absoluto. Este era el sueño americano que nos aguardaba, el próximo paso crucial en nuestro ascenso. Respiré hondo y miré por la ventana al cielo nocturno de Los Ángeles. Una bandera estadounidense ondeaba frente a la casa de nuestro vecino y, por una fracción de segundo, me detuve en el enorme simbolismo de ese momento. Ahora lo sabía. Lo sabía sin ninguna duda. Todo era posible en nuestro nuevo país. El sueño americano era alcanzable para todo aquel que viniera a este país con una esperanza que no era posible en el país que había dejado. Mi puerta se había abierto. Lo único que tenía que hacer era que no me despidieran del piloto. Incluso si no seleccionaban el piloto, acababa de ganar quince mil dólares. Eso era el alquiler para nuestra familia por el resto del año. ¡Éramos «ricos»!

Fui al pequeño dormitorio que aún compartía con mis hermanas, me miré en el espejo y me hice otra promesa: «No decepcionaré a mi familia. Se me ha dado la increíble oportunidad de sacarnos adelante y no la desperdiciaré. Cada interpretación que haga será la mejor que alguien haya visto. Pronto compraremos un auto nuevo, una casa nueva y volveremos a comer en restaurantes». Lo sabía.

Fui al piloto y puse todo mi corazón en cada escena. Cuando terminó de grabarse, esa misma tarde llevé a mi madre a un supermercado normal, no a uno de descuentos. Allí pudo comprar todas las marcas que quería, no las imitaciones. Eso fue un comienzo. Después, con el alma en vilo, todos esperamos a ver si seleccionaban el piloto.

La primera noche no llamaron. Tampoco la segunda ni la tercera. Pasó una semana. Luego otra. Esto no era bueno. Quizás uno más que se había escapado.

Por fin, me llamaron. Sin embargo, cuando el agente empezó a hablar, no parecía optimista. Me dijo:

—Bueno, me temo que tenemos buenas y malas noticias.

Se me encogió el corazón.

—¿Cuáles son las malas noticias? Dámelas primero.

—Lamento decirte que *Teenage Wasteland* ya no existe —Hizo una pausa larga—. Cambiaron el nombre de la serie a *That '70s Show*.

Esperé. Las malas noticias no parecían tan malas.

Continuó, con su voz cada vez más entusiasmada:

—La buena noticia es que la serie fue elegida para hacer trece episodios. ¡Felicitaciones, Wilmer, te vas directo a la televisión!

CAPÍTULO 5

That '70s Show

Más allá de que mi madre ya podía comprar en la cadena de supermercados Ralphs, la vida no cambió mucho para nuestra familia inmediatamente después de que comencé a trabajar en *That '70s Show*, conocido en español como *El show de los 70*. Todavía me quedaba un año más de escuela secundaria y le había prometido a mi papá que sí o sí la terminaría. Él no había podido terminar la secundaria, por eso yo soñaba con subir al escenario en la graduación, recibir el diploma, bajar del escenario y entregarle el diploma a mi padre como agradecimiento. No estaba seguro de cómo iba a combinar la escuela secundaria de jornada completa con un trabajo de tiempo completo, pero me prometí que no lo defraudaría.

Justo antes de rodar el piloto, los productores habían invitado a todo el elenco a una cena en un restaurante de lujo en Studio City. Esta cena fue en la primavera de 1998 antes de comenzar los ensayos o las pruebas de vestuario o de que nos encontráramos en un estudio de grabación. Yo ya tenía mi licencia de conducir, pero papá decidió llevarme esa noche. Nos detuvimos junto a la acera en la vieja camioneta Ford Taurus que papá había intercambiado por aquel entonces, y me dejó bajar. El color del capó no coincidía con el de la carrocería del vehículo, pero era la limusina de nuestra familia. Me quedé mirando a mi papá por un largo rato. Yo presentía que se avecinaba una nueva etapa en mi vida, una que podía beneficiar mucho a toda nuestra familia. Él no dijo nada, tan solo asintió con la cabeza, de hombre a hombre, como si estuviera orgulloso de mí. Eso fue más que suficiente. Cerré la puerta de la camioneta y entré al restaurante.

El lugar estaba lleno de extraños. Enseguida reconocí al chico que había abierto la nevera en las audiciones y había tomado la botella de agua. *No puedo creer que le dieran el papel,* pensé. Su nombre era Topher Grace y lo habían elegido para el papel principal de Eric Forman. Me saludó con una cálida sonrisa. Tal vez se iba a comportar bien después de todo.

Reconocí a la chica alta de cabello rubio rojizo de las audiciones: Laura Prepon. Había sido elegida para interpretar a Donna Pinciotti, una vecina que pretendía a Eric Forman. Al hablar con ella más tarde, me enteré de que era oriunda de Nueva Jersey. Su padre, un cirujano ortopédico, había muerto durante una operación de corazón hace cinco años. Laura tenía trece años cuando él falleció, entonces supe que la muerte de un padre es bastante dura para un niño. Ese hecho difícil de la vida de Laura me hizo sentir afecto por ella de inmediato. No podía identificarme con la pérdida de un padre, pero desde luego sabía lo que era para mis padres pasar por momentos difíciles.

La mujer de mediana edad de las audiciones se paseaba cerca de la entrada del restaurante. Debra Jo Rupp había sido elegida para interpretar a la madre, Kitty Forman. Me contó que había nacido en California, pero que en los últimos años había vivido en Nueva York donde había protagonizado un montón de obras de teatro dentro y fuera de Broadway. De inmediato me di cuenta de que tenía una personalidad genuina y optimista, y una risa amistosa. Me agradó desde el principio y, cuanto más la conocía, más se parecía a una madre en la vida real.

Miré hacia la barra y no podía creerlo: sentado de forma despreocupada en un taburete estaba nada más y nada menos que Kurtwood

Smith, el malo de *RoboCop*. Pensé que quizás estaba visitando a alguien en el restaurante, porque estaba hablando con uno de los guionistas de la serie como si lo conociera. No me pasó por la cabeza que podía formar parte del elenco. Tenía que ir a hablar con él. Mientras me acercaba, mis manos comenzaron a sudar, ya que no sabía bien qué decir. El guionista parecía conocerme, pues me presentó a Kurtwood, y yo logré balbucear: «Señor, me sé todas las líneas de *RoboCop*», y empecé mi mejor interpretación:

—Oye, espera un segundo. Espera un momento. ¿Te estás tomando esto como algo personal? Vamos, hombre. Por favor. Me estás poniendo nervioso. ¡Vamos, no puedes hacer esto! ¡Vamos! ¡No juegues conmigo![1]

Kurtwood se rio con fuerza, me estrechó la mano y dijo asintiendo con la cabeza: «I'm looking forward to it» [lo espero con ansias]. Sin embargo, ese era uno de esos modismos en inglés que aún no entendía. Estaba a punto de preguntarle qué había querido decir, pero un productor nos llamó a todos a la mesa para comer. ¡Sorpresa! Kurtwood se levantó de su taburete y empezó a caminar conmigo hacia la mesa, como si fuéramos viejos amigos. Mi mente daba vueltas y me preguntaba: *¿Por qué está Kurtwood Smith caminando a mi lado?* En la mesa, me acercó la silla que tenía a su lado y me indicó que me sentara. Y yo me preguntaba: *¿Por qué Kurtwood Smith quiere que me siente a su lado?* Estaba tan nervioso que no podía preguntarle nada.

Un productor se levantó para hacer un brindis, pero primero nos pidió a todos que dijéramos nuestros nombres reales y el personaje que interpretábamos. Uno a uno, todos se ponían de pie. «Hola, soy Mila Kunis e interpreto a Jackie Burkhart». «Hola, soy Ashton Kutcher e interpreto a Michael Kelso». «Hola, soy Wilmer Valderrama e interpreto a FES». Kurtwood se puso de pie. «Hola, soy Kurtwood Smith e interpreto a Red Forman, el padre de la serie».

¡¿Tú estás en el programa?! —grité en mi mente—. *¿El mismo programa que yo? ¡Creo que esta serie va a ser genial!*

Esa noche fue solo el comienzo de vivir mis sueños. Estar en el mismo programa que una leyenda de la pantalla de mi infancia en Venezuela era el mejor regalo de toda la experiencia. Después de que se grabó el piloto y se eligió la serie, Kurtwood y yo nos hicimos grandes amigos. Yo lo llamaba y le dejaba mensajes en el contestador automático, solo por diversión, interpretando a un magnífico Clarence Boddicker de *RoboCop*.

«¿Puedes volar, Bobby?».

HASTA EL DÍA DE HOY, TANTOS AÑOS DESPUÉS, NO estoy seguro de cómo nació *That '70s Show*. He escuchado historias a lo largo de los años y quizás se hayan colado algunos mitos en la narración, porque así es como son las cosas en Hollywood. No obstante, lo que he logrado entender es que los programas de televisión tienen árboles genealógicos y uno de nuestros primeros antepasados fue *Saturday Night Live*.

Al principio, los esposos Terry y Bonnie Turner fueron los guionistas principales de *Saturday Night Live*. Ellos escribieron guiones para los mejores comediantes de esa generación, como Dan Aykroyd, Jane Curtin, Chris Farley, David Spade, Mike Myers, Dana Carvey y Phil Hartman. Luego, los Turner dejaron *Saturday Night Live* y se aventuraron a escribir una serie de películas exitosas, como *El mundo según Wayne*, *Los Coneheads*, *Tommy Boy* y *La tribu de los Brady*. En el camino, los Turner adquirieron una gran afinidad por la década de 1970. Les encantaba el estilo maravilloso de la época, las camisas teñidas, las flores, los abalorios y los pantalones acampanados. También habían creado un exitoso programa de televisión llamado *La tercera roca*, justo antes de crear el nuestro. Uno de los guionistas consultores de aquella serie había sido el siempre brillante Mark Brazill, un antiguo comediante que también amaba los años setenta.

Los Turner y Mark decidieron crear una serie moderna sobre la mayoría de edad ambientada veinte años antes; es decir, una serie de la década de 1990, pero ambientada en los 70. De la misma forma que

Días felices se había escrito en la década de 1970, pero estaba ambientada en los 50. Cuanto más compartía Mark su historia personal con los Turner, más se inspiraban estos en la vida real de Mark, quien había sido un niño solitario y se había convertido en un hombre común, sincero y afectuoso que luchaba por encontrarse a sí mismo. El Mark Brazill de la vida real se transformó en el personaje de Eric Forman.

Bonnie había crecido en las afueras de Toledo, en el típico pueblo rural donde un grupo de amigos de secundaria no tenía nada mejor que hacer que pasar el rato juntos. Su pueblo natal se convirtió en la inspiración para el ficticio Point Place de Wisconsin, el escenario de *That '70s Show*. Ese tipo de lugar no requería tramas llenas de aventuras como, por ejemplo, el escenario de *Miami Vice*. En cambio, ofrecía introspección. Point Place invitaba a sus personajes a sentarse en un sótano y hablar. Brindaba una oportunidad infinita para que los personajes crearan su propia diversión.

Terry y Mark habían sido criados por padres duros, malhumorados y sin pelos en la lengua, así que sabían lo que era ser hijos de un padre así. Eso se convirtió en la inspiración para Red Forman, el padre de Eric. Los otros personajes principales (una hermosa vecina, una animadora engreída, un porrero, un deportista ingenuo tan guapo que tenía problemas por ello) eran arquetipos que se encontraban en todas las escuelas secundarias de Estados Unidos y se convirtieron en los personajes de Donna, Jackie, Hyde y Kelso. En la escuela secundaria, Bonnie había sido amiga de un estudiante de intercambio. Este se convirtió en la inspiración para Fez, mi personaje. (En realidad, al principio el nombre era FES, un acrónimo en inglés de «Estudiante extranjero de intercambio»).

Los Turner y Mark unieron fuerzas con Marcy Carsey y Tom Werner, quienes habían fundado una productora llamada Carsey-Werner. Ese era el otro lado del árbol genealógico de nuestro programa. Marcy y Tom se habían formado como ejecutivos de programación en ABC y habían dirigido éxitos como *Días felices*, *Barney Miller*, *Mork y Mindy*, *Taxi*, *Dinastía* y *Enredo*. Según me contaron, Marcy se había decidido a crear una empresa propia. Cuando oí hablar de ello por primera vez, tomé notas en mi mente, preguntándome si algún día yo podría hacer algo similar. En 1980, Marcy dejó ABC, pidió un préstamo y comenzó su propia productora. Eso requería valentía, sin duda. Menos de un año después, Tom se unió a la compañía y pronto tuvieron una serie de éxitos como *Oh Madeline* (protagonizada por Madeline Kahn), *El show de Cosby* y su secuela, *Un Mundo Diferente*. Luego *Roseanne*, *Grace bajo fuego* y *Cybill*. También produjeron *La tercera roca*. Más personas participaron en la creación de nuestro programa, pero esos son los principales.

Cuando fui a la primera audición, me enteré de que los creadores de nuestro programa tenían como objetivo elegir a desconocidos, pero luego me di cuenta de lo lejos que habían buscado. Habían hecho audiciones en Nueva York, Miami, Chicago, Washington D. C., Dallas, Hollywood... en todas partes. Habían entrevistado a miles de chicos y terminaron con un elenco lleno de potencial, según nos dijeron poco después de que la serie fuera elegida. *That '70s Show* tenía todo a su favor desde el principio. En cuanto a los actores, cada uno de nosotros tenía el potencial para triunfar y convertirse en una estrella. Lo más importante, podíamos ser parte de algo que valía la pena.

A veces las personas escuchan la palabra «sitcom» o «comedia de situación» y piensan que está en el extremo inferior de la cadena alimentaria del entretenimiento, pero he aprendido que una comedia de situación puede ser mucho más intelectual e influyente de lo que la gente piensa en un primer momento. Nos dijeron que teníamos la oportunidad no solo de reflejar una cultura de una época pasada, sino de opinar y dar forma a la cultura actual de la que formábamos parte. Si una comedia de situación se convierte en un éxito, puede influir en la moda, el estilo y la cultura. Los dichos se infiltran en el lenguaje y se convierten en los chistes internos de una generación. Las comedias de situación pueden reunir a familiares, vecinos y colegas. En las cafeterías de todo Estados Unidos se habla de las comedias de situación la mañana siguiente a su emisión.

Las *sitcoms* pueden incluso moldear los valores. Pueden desmantelar y reconstruir visiones del mundo. Pueden introducir personajes que representan a las minorías y a los grupos marginados, a los que quizás Estados Unidos no les había prestado atención antes, y popularizarlos.

Tal vez lo más importante sea que las comedias de situación existen para hacer reír a la gente. En esencia, mejoran la vida al brindar alegría al público.

Teníamos la oportunidad de hacer todo eso, de hacer algo realmente importante y además divertido.

EL ESTRENO DEL PRIMER EPISODIO DE *THAT '70S SHOW* estaba programado para el 23 de agosto de 1998, todos nos pusimos a trabajar como locos para prepararnos para la grabación. Hay mucho que aprender al principio, por eso cada uno se puso manos a la obra para descubrir las complejidades de nuestros personajes y cómo podíamos lograr una mejor interacción entre todos.

Se suponía que éramos estudiantes de secundaria y nos faltaban un par de años antes de graduarnos. En la vida real, Topher estudiaba en la Universidad del Sur de California y cumpliría veinte años en julio. Yo tenía dieciocho años y estaba terminando el undécimo grado. Ashton tenía veinte y había estudiado Ingeniería Bioquímica en la Universidad de Iowa. Laura acababa de cumplir dieciocho años y ya había trabajado como modelo en sesiones fotográficas en París, Milán y Sudamérica. Danny Masterson, quien interpretaba al porrero, Hyde, era el mayor con veintidós años y el único de los chicos con experiencia en comedias de situación, ya que antes había interpretado a un personaje llamado Justin en *Cybill*.

La verdad sobre la edad de Mila no salió a la luz hasta más tarde. Durante las audiciones, cuando le preguntaban cuántos años tenía, decía con una sonrisa: «Voy a cumplir dieciocho». Había pronunciado todas sus líneas a la perfección y consiguió el papel. A los creadores del programa les encantaba para ese personaje. Era ideal. Sin embargo, cuando llegó el momento de firmar su contrato, pidió en la letra pequeña tener un «profesor de estudio». Uno de los productores le preguntó:

—¿A qué te refieres exactamente?

—Oh, ya sabes —dijo Mila, encogiéndose de hombros—. Necesitaré un profesor en el estudio porque, bueno..., en realidad, tengo... catorce años.

Por lo que escuché, muchos se quedaron boquiabiertos.

Mila insistió en que no había mentido. No técnicamente. Un día, dentro de unos años, explicó, iba a cumplir dieciocho.

Bonnie y Terry Turner la respetaban tanto como actriz que la mantuvieron en el programa.

UN DÍA LIBRE EN LA PRIMAVERA DE 1998, CERCA DEL final del undécimo grado, me reuní con todos mis profesores y les expliqué que iba a trabajar a tiempo completo en una nueva *sitcom*, y todos me informaron que si entregaba mi trabajo y rendía los exámenes y los aprobaba, podía faltar a clases cuando necesitara estar en el estudio, lo cual sería mucho. No estaba seguro si me iba a dedicar a la actuación. Valoraba la educación y quería terminar la secundaria. Me gustaba mucho la psicología, ese era un campo que estaba considerando. También me encantaba la idea de ser piloto de la Fuerza Aérea de Estados Unidos y sabía que para eso necesitaba un título universitario. Por el momento, era actor y lo estaba haciendo con toda mi pasión.

La verdad es que esa primavera, y durante todo mi último año, mi vida fue una locura. El programa se filmaba todos los días durante dos semanas. Luego teníamos una semana libre. Luego, tres semanas de grabación, una semana de descanso, dos semanas de grabación, una semana de descanso, y así sucesivamente. Iba a la escuela en mis semanas libres. Durante las semanas de grabación, Marilyn se comunicaba con mis profesores y averiguaba lo que tenía que hacer, luego me apresuraba a hacer todos mis deberes y Marilyn los llevaba a la escuela por mí.

El transporte siempre era una complicación, sobre todo porque Taft no era la escuela a la que se suponía que Marilyn y yo debíamos ir, por lo que no había autobuses escolares que fueran de nuestra casa al colegio. Eso nos daba dos opciones: el transporte público o papá. Yo todavía no tenía mi propio vehículo y, aunque amaba los autos, dudaba en comprarme uno tan pronto. Desde luego, no me compraría uno antes de que el programa fuera elegido, e incluso después de eso sería cauteloso. La serie podía cancelarse en cualquier momento. ¿Cómo repercutiría eso en la economía de mi familia?

A papá le gustaba llevarnos cada vez que podía. Algunas veces me dejaba conducir su auto a la escuela o al estudio, pero a menudo tomaba el autobús y tenía que hacer transbordo a mitad de camino y tomar dos autobuses diferentes para ir al colegio. Esa primavera, papá estuvo muy ocupado, así que yo tuve que viajar mucho en autobús. Por otro lado, la cadena de televisión estaba haciendo mucha publicidad del programa. Una mañana, subí al autobús para ir a la escuela y, no es broma, ese apestoso autobús estaba todo recubierto con un enorme anuncio de *That '70s Show*. Me bajé cerca de mi escuela, ¡y mi cara estaba en el mismo autobús en el que viajaba! Los chicos no podían creerlo.

Esa primavera de 1998, la comedia *Seinfeld* estaba terminando su novena y última temporada. El programa tenía un éxito arrollador y, según se decía, Jerry Seinfeld era el primer actor de televisión en ganar un millón de dólares por episodio. Había oído a algunos amigos en la escuela decir que *Seinfeld* se grababa en Nueva York, lo cual asumieron porque el programa se desarrollaba en esa ciudad; pero, en realidad, tanto *Seinfeld* como *That '70s Show* se filmaban en CBS Studio Center en Studio City (Los Ángeles), uno al lado del otro. *Seinfeld* se emitía por NBC, y *That '70s Show*, por cadena Fox.

Cada mañana, durante el resto de esa primavera, Jerry Seinfeld y yo llegábamos al CBS Studio Center casi a la misma hora. Era amigable en persona y a veces me saludaba con la mano mientras se dirigía a la puerta, aunque a mí me paralizaba hablar con él. Todavía sentía un estigma por mi marcado acento y, aunque mi personaje también lo tenía, seguía intentando reconciliar mis orígenes y mi identidad con mi situación en ese momento. Durante mucho tiempo la gente me había dicho de manera sutil y no tan sutil que si tenía acento debía de ser un tonto. Era una mentira espantosa, por supuesto, pero todavía estaba tratando de quitarme ese sistema de creencias defectuoso.

Sin embargo, lo que me causaba risa eran las diferencias en cómo Jerry y yo llegábamos al trabajo. Yo iba en el autobús de la ciudad o en el viejo Ford bicolor de papá. Jerry parecía manejar un Porsche diferente todos los días. Quiero decir, no solo todos los días de la semana, sino un Porsche diferente cada día del *mes*. Moví en silencio la cabeza, pero por dentro soñaba con ese tipo de estabilidad económica. En el duro mundo de las comedias de situación, Jerry estaba en la cima y yo me acercaba a la grandeza, literalmente, a menos de seis metros en algunas ocasiones. Di gracias a Dios porque pude ganar quince mil dólares con el piloto.

El piloto resultó ser un éxito y nuestra serie fue seleccionada para la primera temporada. Hicimos un episodio sobre el cumpleaños de Eric, otro sobre nudismo y otro en el que Eric consigue un trabajo en una hamburguesería. Hubo un montón de risas y le pusimos mucho corazón. El vehículo que conducía Eric, un Oldsmobile Vista Cruiser de 1969 abollado y estropeado, pronto se transformó en un ícono de la televisión, con todos nosotros, los chicos, subidos en él escuchando música rock a todo volumen durante la secuencia de apertura del programa.

Llegó el otoño de 1998 y yo comencé mi último año en Taft. Cuando el programa comenzó a transmitirse con regularidad, supuse que me convertiría en el nuevo chico popular de la escuela, pero estaba tan equivocado. El peinado que tenía en el programa no era el mismo que tenía en la vida real. En la serie usaba ropa de moda, pero no era la que comúnmente usaban los chicos de mi edad. Y ya sabemos que los chicos son chicos. Mis compañeros de clase me hacían muchas preguntas, pero pocas eran elogiosas. La pregunta: «¿Eres tú el de la tele?» era quizás la más amable. También me preguntaban: «¿Por qué hablas así?, ¿por qué suenas tan tonto?, ¿por qué te ves tan feo en el programa?» y «¿por qué no eres el lindo?».

Algunos de mis profesores vieron el estreno y me felicitaron. Sin embargo, a medida que avanzaba el otoño y comenzaba el invierno, otros profesores empezaron a quejarse de que, desde luego, no iba mucho a clases. Me llegó el rumor y me sentí triste porque pensé que lo teníamos todo resuelto. Un par de profesores querían reprobarme y otros empezaron a decir que no se me debería permitir graduarme, a pesar de que todavía hacía los deberes, entregaba todas las tareas y obtenía buenas calificaciones en los exámenes. Aunque había representado muchas obras de teatro escolares en años anteriores y me encantaba la clase de actuación, cuando obtuve el papel en la *sitcom*, me pareció que la profesora de teatro quería reprobarme. No podía entender los motivos, pues yo la respetaba mucho.

Por fortuna, otro profesor, Edwin Tucker, puso las manos en el fuego por mí. Enseñaba Formación Ciudadana, Historia de Estados Unidos y Economía, las cuales también eran algunas de mis clases favoritas. El señor Tucker era un hombre de raza negra, alto, bien vestido, calvo y con anteojos, una mezcla entre Samuel L. Jackson y Malcolm X. Todos los días usaba camisas de vestir y pantalones con tirantes, también llevaba un bastón, solo porque le daba un aspecto distinguido. Al entrar al salón de clases, exclamaba: «¡Oh, alabado sea el Señor! ¿Quién está aquí para aprender hoy?». Yo me sentaba adelante y levantaba la mano para casi todas las preguntas que hacía.

El señor Tucker me había conocido unos años antes, cuando mi inglés era horrible, y se había tomado el tiempo para preguntarme sobre mi historia, mi llegada a Estados Unidos, las dificultades de mi familia y la necesidad de aprender inglés. Cuando se enteró de que yo estaba interpretando un personaje en un programa de televisión, se sintió tan orgulloso y me dio todo su apoyo. Organizó una reunión con el resto de mis profesores y los ayudó a ampliar su visión. No estuve presente en la reunión, pero más tarde me enteré de los detalles.

«¿Que están haciendo? —había preguntado—. ¿Quieren detener a este joven mientras vive el momento más importante de su vida? Tienen que darse cuenta de que, al estar él en este programa, no solo está cambiando su vida, sino también la de toda su familia. Les aseguro que, si este chico fuera blanco, le pondrían su nombre a la escuela. ¡¿Pero ustedes quieren desaprobarlo por inasistencia?!».

Al parecer, hubo tal silencio que se podía escuchar la caída de un alfiler. Le debo mucho al señor Tucker porque, después de su reunión con los otros docentes, el problema se resolvió. Además de lograr que los otros profesores cambiaran de opinión, su confianza y fe en mí me dieron el impulso para saber que iba por buen camino. Alguien creía en mí, además de mi mamá, mi papá y mis hermanas. Me ayudó a profundizar mi determinación de hacer un gran trabajo. Había gente que se había sacrificado por mí. Podía ver más allá y soñar con confianza porque estaba parado sobre los hombros de gigantes. No podía decepcionarlos.

Cuando terminé el último año, mis calificaciones eran excelentes. El señor Tucker me convenció de que invitara a mi graduación a mis compañeros de elenco, a los productores y a los guionistas. Vinieron muchas personas del programa, entre ellos Ashton, Topher, Mila, Danny, Kurtwood y Debra Jo. Estaban todos sentados junto a mi familia en el campo de fútbol americano, viéndome cruzar el escenario y recibir mi diploma. Cuando bajé del escenario, busqué a mi padre y le entregué el diploma.

Ambos lloramos.

TODOS LOS VIERNES POR LA NOCHE SE FILMABA *THAT '70s Show* en un estudio en vivo ante una audiencia de 325 personas. Cada semana era un golpe de adrenalina y pronto descubrí que me encantaba la intensidad y la energía del público en vivo. La serie se filmaba en película de verdad y la película era costosa, así que teníamos la presión de decir bien nuestras frases a la primera. Al principio necesitábamos mucho tiempo de ensayo, por lo que a menudo volvía tarde a casa. Cuando nos acostumbramos a nuestros roles, los tiempos de ensayo se redujeron.

Topher interpretaba a Eric, el personaje central de la serie, un chico íntegro, con miedo de romper las reglas y un poco tonto. Los amigos de Eric pasaban tiempo con él sobre todo porque tenía un sótano genial y sin supervisión. Sin embargo, cuanto más veía actuar a Topher, más crecía mi respeto por él. Era en verdad un actor fantástico que sabía cómo idear una broma a la perfección. A veces, el personaje central de un programa no tiene las frases divertidas, ya que solo a los personajes más exagerados les dan líneas con los finales graciosos. Sin embargo, Topher llegó al punto en que podía hacer cualquier cosa divertida, incluso las puestas de cámara. Era simpático y uno se podía identificar con él en la vida real. Sus actuaciones eran impecables.

Fuera del programa, Topher y yo nos hicimos amigos de inmediato en torno a cosas de cerebritos. A los dos nos encantaban los bolos, los juegos de mesa, la película *Volver al futuro* e ir al restaurante Jerry's Famous Deli en Beverly Boulevard por la noche cuando terminábamos de grabar y cenábamos filetes de pollo con aderezo ranchero. Yo pedía limonada y él agua, porque era lo único que bebía. Se convirtió en un buen amigo. Una vez, más adelante, me invitó a viajar con él a Connecticut para conocer a su familia, personas súper inteligentes, hermosas y muy amables.

Laura interpretaba a Donna, la linda vecina pelirroja. La premisa era que ella resultaba demasiado atractiva para estar con alguno de nosotros (lo cual también era cierto en la vida real). No obstante, su personaje tenía defectos encantadores y peculiaridades. Su padre, interpretado por Don Stark, era un italiano torpe con una permanente rizada, una cadena de oro y un overol de los años setenta. Su madre, interpretada por Tanya Roberts, era una ama de casa rubia y despampanante que intentaba encontrar su camino en la vida. Don tiene una amplia experiencia en teatro, danza, culturismo y artes marciales, e interpretó su personaje a la perfección. Tanya era una activista por los derechos de los animales y una excelente actriz. Apareció en la última temporada de la serie de televisión *Los ángeles de Charlie*, protagonizó la exitosa película de superhéroes *Sheena* y fue una chica Bond en la película *En la mira de los asesinos*.

Laura llegó a ser como una hermana para mí. Teníamos una hermosa conexión. Para divertirnos, tratábamos de hacernos reír mutuamente en el set. A veces, en temporadas posteriores, los dos nos reíamos tanto que teníamos que correr al baño para orinar; nos costaba mucho aguantarnos. El fabuloso David Trainer, que dirigió todos los episodios del programa excepto el piloto, a veces nos hacía sentar en lados opuestos de la sala porque bromeábamos mucho.

Kurtwood interpretaba al padre de Eric, Red Forman, y Debra Jo a su madre, Kitty. Tanto en la vida real como en el programa, ambos tuvieron la abrumadora tarea de moldear a un grupo de adolescentes cavernícolas para que se convirtieran en buenos ciudadanos. Fueron grandes figuras paterna y materna tanto dentro como fuera del plató.

El personaje de Red había luchado en la Marina de Estados Unidos durante las batallas de Guadalcanal, Okinawa e Iwo Jima en la Segunda Guerra Mundial, y luego en Corea, por lo que su personaje era patriótico, político y duro. Le gustaba la caza y la pesca, y estaba convencido de que las nuevas generaciones eran blandas. A menudo llamaba a su hijo «tonto» y hacía una serie de amenazas del tipo «mi pie en tu trasero» contra cualquiera que lo molestara. En la vida real, Kurtwood era una persona fácil de tratar, brillante y excelente. Podía pronunciar cualquier frase de forma muy relajada y podía mantener su cara imperturbable mientras decía las frases más divertidas, incluso cuando todo el elenco reía a carcajadas a su alrededor. Como actor, yo quería ser tan genial e impecable como Kurtwood.

Kitty era la típica mamá de los setenta a la que le encantaba cocinar, recibir invitados en su casa y chismosear. Como actriz, Debra Jo podía hacer divertido cualquier ambiente. Confiaba en su risa para darles fin a las bromas, lo cual era brillante.

El personaje de Hyde era desconfiado, listo y sarcástico, y a menudo hablaba de teorías conspirativas del tipo «el gobierno viene por ti». Danny parecía espontáneo en su técnica de actuación. No se movía por el estudio ni se basaba en acciones para decir sus líneas. La mayoría de sus bromas las hacía tumbado en una silla. Hyde se convirtió en el favorito del público y podía hacer bromas improvisadas que eran excelentes.

Ashton interpretaba a Kelso, el deportista ingenuo que es el primero en abrir la boca y el primero en equivocarse. Ashton era mucho más inteligente en la vida real que el personaje que interpretaba y se tomaba mucho más en serio el arte de actuar de lo que parecía. Siempre llegaba al plató súper preparado, al igual que yo, y pronto desarrollamos una rivalidad amistosa para ver quién conseguía que el público se riera más en la primera toma.

Debo decir que cuando el público escucha una broma por primera vez, la risa siempre es más fuerte. Si uno se equivoca en la primera toma e intenta reírse más fuerte en la segunda, la broma pierde intensidad. Si hay que hacer una tercera o cuarta toma, es mejor olvidarlo. Por lo tanto, hay que lograrlo en la primera toma. Ahora bien, incluso si uno lo hace bien la primera vez, el director hará una segunda toma de todos modos, por las dudas o para un segundo ángulo de cámara. Así que Ashton y yo nos llamábamos «los de las dos tomas», lo que significaba que siempre tratábamos de lograr la primera a la perfección y luego hacíamos la segunda toma solo por diversión.

Quizás la competencia entre nosotros no era del todo justa. Ashton podía ser muy divertido, pero mi personaje fue creado genéticamente para provocar risas. Podía obtener una respuesta del público con solo contorsionar mi rostro y usaba los absurdos de mi personaje como un arma. Ashton también lo hacía. Así que supongo que nunca sabremos con certeza quién ganó.

Jackie Burkhart, el personaje de Mila, era egocéntrica, adinerada, controladora y privilegiada. En el piloto, se fijó que ella sería la mejor amiga de Donna y la novia de Kelso, pero a medida que avanzaba la serie, ella y Kelso tuvieron una relación intermitente. Con el tiempo, Jackie salió con Hyde y, mucho después, con Fez. Era la chica popular de la escuela, la animadora, y siempre vestía ropa linda.

En la vida real, Mila no se parecía en nada a su personaje, excepto por ser popular. Era una persona encantadora, honesta, inteligente, amable y directa, sin ser manipuladora. Estaba aprendiendo español en la escuela y era tan buena que incluso podía comunicarse con mi madre. Marilyn solía visitar el estudio, así que ella y Mila se hicieron grandes amigas. Quiero mucho a Mila, seremos amigos y hermanos para toda la vida.

NUESTRO PROGRAMA RECIBIÓ UN GRAN REGALO. *THAT '70s Show* se estrenaba los domingos por la noche a las 20:30, justo entre dos grandes éxitos, *Los Simpson* y *Los expedientes secretos X*. No podríamos haber pedido un horario mejor; era la mejor franja horaria de la televisión en ese momento. Sin embargo, nuestro programa no se convirtió en un éxito de la noche a la mañana, ya que en los primeros años surgieron muchas polémicas en torno a la serie.

A los productores de *Los expedientes secretos X* no les caíamos bien porque comenzamos con un nivel de audiencia demasiado bajo. Creían que no les estábamos dejando un público lo suficientemente fuerte. Nuestros guionistas intentaban siempre ir más allá de lo que podíamos decir y hacer. Varios de los personajes adolescentes del programa fumaban, bebían y tenían relaciones sexuales. En poco tiempo la serie se hizo famosa por ser provocadora y cruda. Una parte de Estados Unidos estaba lista para escuchar lo que el programa tenía que decir, y otra parte no.

El infame «círculo» se convirtió en un constante punto de discusión entre los críticos. En concreto, todos los adolescentes se sentaban en círculo en el sótano de los Forman, contaban chistes y hablaban de cualquier cosa. La habitación siempre estaba llena de humo y nunca se corroboró si algo se estaba quemando o no. Solo buscábamos que el público se quedara con la duda. Que nuestra serie estuviera en el horario de máxima audiencia e insinuara que los adolescentes fumaban «algo» era una novedad que ningún programa de televisión había hecho antes. Creo que esa fue una de las razones por las que los adolescentes se identificaron tanto con el programa. El tema no era en realidad que fumaran «algo». Lo principal era que los adolescentes estaban siendo adolescentes. Esta serie no era tan inocente como *La tribu de los Brady* o *Déjenselo a Beaver*. Mostraba a los adolescentes siendo tontos, experimentando con el lado más atrevido de la vida, cometiendo errores y aprendiendo de ellos. ¿Puede alguien de veras decir que en su adolescencia fue completamente ingenuo? Así que había realidad en ello, incluso dentro de la comedia. El programa tendía puentes entre los chicos y sus padres. «Oye, papá, ¿alguna vez hiciste eso cuando eras adolescente?».

Filmar las escenas del círculo requería una técnica de cámara innovadora. Ponían a un camarógrafo en medio de nosotros con un trípode que giraba 360 grados. A medida que el trípode giraba, el camarógrafo pasaba de un personaje a otro muy rápido. Los actores teníamos que esperar una fracción de segundo cuando la cámara se acercaba a nosotros y luego decir nuestra frase en el momento justo y de corrido. Todo debía ser superrápido y sin interrupciones, así que el director David Trainor nos enseñó a no dejar que la risa se apagara antes de comenzar la siguiente broma. David fue uno de los mejores mentores que podría haber pedido al principio de mi carrera. Me formó como actor, día tras día, temporada tras temporada. Llegó a un punto en el que podía confiar en todos nosotros. Se tomaba en serio el oficio, pero también nos permitía divertirnos en el set, sin olvidar nunca que nuestro objetivo era hacer reír.

La serie también solía ser ingenua y dulce. Todos los personajes se llevaban bien y la mayoría de las sonrisas que se tenían entre sí en la pantalla también eran genuinas fuera de ella. Ninguno de nosotros dio por sentado el programa. Seguíamos siendo humildes en la vida real, aunque con el tiempo comenzamos a darnos algunos gustos una vez que acababa el día de trabajo. Cada semana, quizás hasta la sexta temporada, nos preocupaba que nos cancelaran en el acto, pero seguimos regresando, semana tras semana, actuando con todo nuestro corazón.

Parecía que cuanto más nos conectábamos en la vida real y más bromeábamos entre tomas, más divertida resultaba la serie. Los momentos entre las escenas impulsaban la energía que se plasmaba en la grabación. Nos reíamos, nos divertíamos, nos hacíamos bromas. Surgió una gran camaradería entre los miembros del elenco. Íbamos a los ensayos y a las escenas de los demás solo para mirar, incluso si no teníamos que estar allí. Como coprotagonistas, nos convertimos en los fans número uno de los otros. Cuando comenzamos, todos éramos muy inmaduros; pero después de un par de temporadas, nuestra confianza se afianzó y cada semana lográbamos provocar las mayores carcajadas del público en vivo.

Nuestras bromas en el plató eran todas payasadas. Es decir, eran cosas típicas de un campamento de verano de la escuela secundaria. Nos agazapábamos en los armarios para poder saltar y asustarnos unos a otros; nos acostábamos en silencio debajo de las camas, a veces hasta por media hora, solo para agarrar las piernas de alguien cuando comenzaba una escena, nos escondíamos en los asientos traseros de los autos de la vida real solo para saltar cuando la persona se deslizaba en el asiento del conductor y decir: «Oye, ¿te importaría dejarme en Jerry's Deli?».

Con el tiempo, las grabaciones de *That '70s Show* se convirtieron en el lugar de encuentro ideal. Parecía que todo Hollywood pasaba por ahí los viernes por la noche y muchos se convirtieron en nuestros amigos. Actores famosos se sentaban entre el público y se reían a carcajadas. Bruce Willis, Mark Hamill, Anne Hathaway, Jessica Simpson, Katherine Heigl, Erika Christensen. Después, todos nos juntábamos y disfrutábamos de bebidas, postres y música en nuestros camerinos. El detrás de escena de *That '70s Show* se convirtió en el lugar ideal para pasar el rato. Mila había comenzado la serie con dos camerinos porque uno era para sus deberes escolares, pero al tiempo nos dijo que no necesitaba todo el espacio, así que, en el camerino adicional, instalamos una mesa de dados secreta y allí jugábamos todos los viernes por la noche después del programa.

A medida que la serie iba creciendo, otros actores famosos comenzaron a aparecer como invitados. No los recuerdo a todos, pero la lista era larga y los nombres muy conocidos. Tommy Chong se convirtió en un personaje recurrente y un favorito de los fans; apareció en sesenta y cinco episodios. Brooke Shields participó en siete episodios. Dwayne «La Roca» Johnson hizo un cameo. Don Knotts. Luke Wilson. Jim Gaffigan. Morgan Fairchild. Bobcat Goldthwait. Dick Van Patten. La increíble Betty White. La legendaria Mary Tyler Moore. Marion Ross y Tom Bosley de *Días felices*. Tom Poston de *Newhart*. Howard Hesseman de *Sintonía de locura*. Shirley Jones y Danny Bonaduce de *La familia Partridge*. Gavin MacLeod de *El crucero del amor*. Barry Williams, Eve Plumb y Christopher Knight de *La tribu de los Brady*. Los músicos Alice Cooper, Paul Anka, Ted Nugent y Roger Daltrey de The Who. Fue increíble conocer a estas leyendas.

A pesar de todos los extras en el set, nos mantuvimos unidos como elenco. A menudo salíamos después del trabajo y cenábamos juntos. Viajábamos en giras promocionales y pasábamos horas juntos en autobuses y aeropuertos. A veces parecía que pasábamos más tiempo con nuestra familia del elenco que con nuestras familias de la vida real. Sin embargo, nunca olvidé mis orígenes.

Al final de la primera temporada, cuando estaba a punto de graduarme de la escuela secundaria, ya había aparecido en veinticinco episodios, incluido el piloto, y llevaba ganado, antes de pagar los honorarios de la agencia y los impuestos, 255 000 dólares. Mamá y papá estaban anonadados. La temporada siguiente, los representantes negociaron un salario un poco mejor para nosotros y este siguió subiendo año tras año. Fuimos muy bendecidos. Hice que mi familia se mudara de nuestro alquiler de dos dormitorios a uno un poco más grande. Y nunca olvidaré el día en que pude comprarle a mi familia una casa propia. No era grande, pero nos mudamos a un lugar del que mis padres volvían a sentirse orgullosos. Unas negociaciones más tarde, gané mucho más. Tenía veinte años. No tenía cuarenta y seis Porsches, pero me compré un Cougar de 1999 para ir al trabajo todos los días. No más autobuses. Temporada tras temporada, nuestro programa se renovaba. Nuestros índices de audiencia se mantenían sólidos. En nuestro apogeo, entre diez y doce millones de personas veían *That '70s Show* todas las semanas. Pronto, mis ingresos eran tales que mis padres nunca más tuvieron que preocuparse por la comida o el techo. Como familia, empezamos a tomar vacaciones y a experimentar cosas nuevas que ni siquiera habríamos imaginado. Papá no volvió a conducir un Lincoln Continental, ya que, al poco tiempo, le compré un gran BMW sedán de cuatro puertas.

Los años pasaron volando. Parecía que parpadeaba y estábamos en la temporada tres. Parpadeaba de nuevo y estábamos en la temporada cinco. Parpadeaba de nuevo y habíamos hecho ocho temporadas. Fui nominado cinco veces al premio American Latino Media Arts Award al mejor actor y tres veces gané el premio Teen Choice Award al actor favorito. La serie fue nominada dos veces a los premios People's Choice Awards a la comedia televisiva favorita. El vestuario estaba tan acertado que nuestro departamento ganó un premio Primetime Emmy. Además, el programa fue nominado a otros quince premios Emmy y a una gran cantidad de otros premios.

Después de una serie de negociaciones de contrato exitosas, mi vida y la vida de mi familia habían cambiado por completo. En la octava temporada, cuando tenía veinticinco años, compré la casa de Chuck Norris en California. Necesitaba algunas remodelaciones, pero no me preocupaba. Para entonces, éramos de los actores mejor pagados de la televisión. No éramos ricos como Jerry Seinfeld ni como el elenco de *Friends*, pero a todos nos iba muy bien. Yo había pasado de la pobreza a la riqueza, de comer pizzas de noventa y nueve centavos a hacer inversiones y comprar negocios. ¿Cómo podía pasar eso? Solo en Estados Unidos.

A VECES, HOY EN DÍA, LEO SITIOS DE CULTURA POP QUE intentan analizar *That '70s Show*. Tanto nuestro público como los críticos apoyaron el programa durante su emisión, por lo que nunca escuché muchos comentarios negativos cuando estábamos en el aire. En estos días, se oyen un poco más. Los tiempos han cambiado y algunos de los chistes que en ese entonces sobrepasaban los límites hoy no funcionan en la televisión. Está bien. Las épocas cambian y también lo hacen nuestras perspectivas a medida que seguimos creciendo.

Aun así, creo que el programa tiene una calidad atemporal que lo atraviesa. *That '70s Show* ayuda a las personas a navegar la incomodidad de la adolescencia. Las invita a revivir sus momentos más vergonzosos o triunfantes. En resumidas cuentas, muestra lo sencillo de la vida, donde uno puede curarse las heridas, reflexionar sobre las propias experiencias o simplemente reírse de la vida misma. Eso es lo que la serie mejor hace.

A medida que avanzaban las temporadas, sabíamos que nuestros personajes estaban creciendo, así que teníamos que crecer con ellos. No podíamos ser adolescentes para siempre. Nunca quise que mi personaje envejeciera o caducara, así que todos los años tenía una conversación con los guionistas y productores: ¿Qué más queremos que haga Fez? Con el tiempo, hice que Fez pasara de ser un personaje con solo unas pocas líneas por episodio a un personaje principal en todos los sentidos. Seamos honestos: Fez siempre fue un personaje relacionado con la comedia. Sin embargo, descubrí que podía evolucionar como actor al cantar, bailar y hacer más escenas. También evolucioné en la vida real. Tenía dieciocho años cuando empezamos y veintiséis cuando terminamos. Hice ejercicio y gané musculatura. Aprendí inglés a la perfección. Cometí algunos errores, pero aprendí sobre la vida en el camino.

En algún momento, creo que todos los miembros del elenco nos cansamos. Habíamos hecho ocho temporadas y veinticinco programas por temporada, un total de doscientos episodios. Durante los últimos dos años de la serie, la fatiga comenzó a aparecer. Para entonces,

Topher y Ashton ya habían abandonado el programa. Hablamos de hacer algunas series derivadas de esta, pero la gente sentía que había cumplido su tiempo. Fez era el personaje que había impulsado mi carrera y estaba orgulloso de él, a pesar de sus formas estrafalarias. Estuve en cada episodio, ayudando a crear conversaciones más profundas, ofreciendo lo mejor de mí escena tras escena. No obstante, tuvimos que cerrar este capítulo de nuestras vidas y seguir adelante.

En 2006, cuando terminamos de filmar el episodio final un viernes por la noche, miré a la audiencia. Creo que todos pensábamos que estaríamos listos para irnos, pero no era cierto. El público lloraba. Los miembros del equipo lloraban. Todos nos largamos a llorar. Poco a poco, la audiencia comenzó a retirarse mientras nosotros los aplaudíamos. Habían sido muy importantes para el éxito del programa. Sin embargo, como elenco, no queríamos irnos todavía. Los miembros del equipo comenzaron a desarmar los decorados, la cocina, la sala de estar, el sótano. Al día siguiente, otro programa ocuparía nuestro lugar en el mismo estudio. Por lo general, terminábamos a las 22:30, pero esa noche, después de concluido el trabajo, nos quedamos hasta las cuatro de la mañana. Los miembros del equipo, el elenco, los guionistas, los productores. Todos contábamos historias, reíamos, llorábamos, nos abrazábamos, nos despedíamos. Durante los siguientes diez días, fuimos a almorzar todos juntos.

Los productores nos permitieron llevarnos parte de la utilería del programa. Topher se quedó con la mesa redonda. Ashton tomó el casco de los Packers. Yo me quedé con el Vista Cruiser por quinientos dólares. No funcionaba, pero aún hoy lo muestro con orgullo en mi garaje como un ícono de una época. Con esta serie hicimos reír a tantas personas. Viví mi sueño al más alto nivel y pude llevar alegría a mucha gente. Es un honor que no me tomo a la ligera. Siempre estaré agradecido por mi tiempo en *That '70s Show*.

CAPÍTULO 6

Grandes sueños que agotan

Como actores, queremos soñar a lo grande y alcanzar importancia. Para conseguirla, tenemos que dar mucho de nosotros
mismos; el corazón debe latir a la par que la ambición. A veces parece
que sacrificamos partes nuestras para alcanzar ese sueño.

Aquí está el problema: miles de personas tienen el mismo sueño. Lo
desean con la misma intensidad y están dispuestos a trabajar igual de
duro. El sector es muy competitivo y todo el mundo intenta despegar,
llegar a lo más alto, mantenerse en la cima o reaparecer. La actuación
no es para personas tímidas. No podemos tener éxito a menos que
estemos dispuestos a cortarnos una vena y sangrar. El problema es
que sangramos y sangramos, y después necesitamos sangrar un poco
más. El rechazo se convierte en parte de nuestra vida y tenemos que
desarrollar una piel muy gruesa. Solo con el tiempo nos damos cuenta
de lo peligroso que es esto. Cuando empezamos a sangrar, no sabemos
el precio que vamos a tener que pagar. Parece una gran fiesta. Yo era
un inocente chico venezolano en la mayor fiesta de mi vida, dispuesto
a entregar mi alma. Aún no podía creer que había logrado entrar. No
tenía ni idea de lo que había que hacer para permanecer en la lista de
invitados.

Durante la primera temporada de *That '70s Show*, empecé a conocer a todos estos actores icónicos. Los admiraba mucho, pero también vi cómo la vida podía convertirse en una especie de infierno para un actor que hace un papel por mucho tiempo y se queda estancado. El éxito es una cuerda floja. Es frágil. Queremos que nuestros personajes sean memorables, pero no queremos que consuman nuestra carrera o definan lo único por lo que se nos recuerda.

Mi agente, Shani Rosenzweig, de United Talent Agency, se dio cuenta de que había trabajo por hacer. Hablamos mucho sobre la necesidad de que mi carrera siguiera evolucionando. A los dos nos gustaba Fez como personaje, pero ambos sabíamos que había muchos más papeles en mí. Le confesé a Shani el miedo que me provocaba la idea de ser Fez para siempre. No quería ser una de esas víctimas de la cultura pop que finalizan una serie de éxito, quedan encasilladas en ese papel, se gastan todo el dinero y nunca vuelven a tener la oportunidad de vivir de su arte. Tenía que seguir vigente. Por más extraño que parezca el orden de los sucesos, ya en la segunda temporada de *That '70s Show* empecé a prepararme para cuando la serie terminara.

Me encantaba la televisión y estaba muy agradecido de estar en una serie exitosa. Sin embargo, soñaba con más. Entrar en el mundo del cine era más fácil decirlo que hacerlo. En los 90 y a principios de los años 2000, los actores de televisión no ingresaban mucho a la industria del cine, no como hoy en día. Un joven Tom Hanks era una de las pocas excepciones: había pasado de *Amigos del alma* a *Splash* y a *Sintonía de amor*. Michael J. Fox había protagonizado *Lazos familiares* y luego había dado un gran salto con la franquicia *Volver al futuro*. Bruce Willis había pasado de *Luz de luna* a convertirse en una gran estrella de cine. Will Smith podía hacer de todo: canto, rap, baile, TV, cine, lo que fuera, pero él era Will Smith. Esa era más o menos la lista total.

De repente, parecía que todos los actores de mi generación estaban en la misma situación. ¿Por qué nosotros no? Nuestros contemporáneos, el elenco de *Jóvenes y rebeldes*, estaban empezando a trabajar en la industria del cine y también los actores de *Dawson's Creek*. En *That '70s Show*, nuestro grupo de fans comenzó a dispararse. Éramos versátiles y polifacéticos, capaces de interpretar una gran variedad de personajes. Solo necesitábamos una oportunidad. Ashton consiguió papeles en *Coming Soon, Prueba de amor* y *Doble traición*. Mila apareció en *La tribu de los Krippendorf* y *Milo*. Topher participó en *Tráfico* y *La gran estafa*. En cambio, no surgió nada para mí, ni siquiera algo pequeño.

Shani tuvo la brillante idea de mostrarme a los conocedores de la industria para que supieran lo que podía hacer, aunque no hubiera papeles para mí en ese momento. «Solo tenemos que darte a conocer», me dijo. Le debo mucho por su interés y su fe en mí. Ella empezó a organizar reuniones con todos los productores y directores de programas que conocía y me hizo participar de sesiones de lectura para los principales estudios. Quería que me conocieran para que, cuando surgiera un papel adecuado, se acordaran de mí.

Empecé a asistir a esas reuniones, una tras otra, reunión tras reunión, lectura tras lectura. La agenda fue cuesta arriba y, a veces, se hacía difícil que los productores incluso me dejaran entrar en la sala. Cada vez que iba a estas reuniones, hacía cualquier cosa para no parecerme a Fez ni sonar como él. Me ponía una chaqueta linda y pantalones de vestir, me peinaba con estilo, usaba gomina y no hablaba con el acento de Fez. Sonreía con profesionalidad y no contaba chistes tontos. Una vez dentro, cuando leía, la reacción que obtenía era algo así: «Vaya, ¿quién es este muchacho? Tú no eres Fez». Se daban cuenta de que había sido hábil e inteligente para inventar e interpretar a Fez y si podía transformarme en un personaje tan distinto de quién soy en realidad, entonces podía interpretar a cualquiera. Shani se mantuvo optimista y siguió presentándome por toda la ciudad. Yo tenía juventud y energía a mi favor, además de una agente estupenda, y no me conformaba con ser suplente.

Por fin, en el año 2000, tuve la oportunidad de presentarme a una audición para una comedia romántica de béisbol llamada *Summer*

Catch. Leí bien y conseguí el papel de Mickey Domínguez, un joven deportista con acento que llega a Estados Unidos desde Latinoamérica para jugar al béisbol. Cuanto más ingenua e inocente fuera mi interpretación, mejor, dijeron los productores. No hubo problema.

Volé a Carolina del Norte, donde iba a tener lugar el rodaje. Para mi sorpresa, me dieron un guante de béisbol, me señalaron un campo cubierto de césped que habían construido a propósito para la película y me dijeron que jugara por el lado izquierdo. Todas las mañanas, durante dos meses, jugamos al béisbol bajo el sol cálido del verano, preparándonos para el rodaje. Todo el elenco estaba allí: Freddie Prinze Jr., Jessica Biel, Fred Ward, Matthew Lillard, Christian Kane, Brittany Murphy, Marc Lucas y otros. Por las tardes, ensayábamos nuestras líneas y nos consolidábamos como equipo. Me sentía bien por jugar al béisbol todo el verano, pero era mi debut en el cine y tenía mil preguntas. Freddie fue de gran ayuda. Jessica, amable y hermosa, se convirtió en otra hermana para mí. Tuvimos muchas buenas charlas. Matthew, Christian y Marc cuidaron muy bien de mí. Los demás actores y jugadores de béisbol me aceptaron enseguida y fueron de gran ayuda. Nunca olvidaré el honor de trabajar con Brittany Murphy, a quien para siempre consideraré una hermana.

Mi personaje fue sacado de los titulares de la vida real. Cuando los jóvenes jugadores de béisbol vienen a la ciudad para participar en las ligas de verano, suelen alojarse con familias anfitrionas. Por lo general, no hay problemas. No obstante, el guion pedía que se subiera la temperatura. Mi madre de acogida era interpretada por la legendaria Beverly D'Angelo, cuyo personaje tenía la reputación de hacer que los muchachos se convirtieran en hombres. Después de rodar la escena, el chiste recurrente era que yo había perdido mi virginidad en pantalla con la esposa de Clark Griswold, que era sin duda lo más icónico que se podía decir de un actor que alcanzaba la mayoría de edad en mi época.

En realidad, era increíble trabajar con Beverly: hermosa, con gran talento y magnífica. Además de su papel como la señora Griswold en la película *Vacaciones familiares*, era una actriz prestigiosa, nominada a los Globos de Oro que había interpretado a Patsy Cline en *La hija del minero* y a Stella Kowalski en *Un tranvía llamado deseo*. Considero un gran privilegio haber trabajado con ella.

Cuando terminó el verano y volví a Los Ángeles, reflexioné sobre el tiempo que había pasado trabajando en mi primera película. El elenco se había llevado bien enseguida. El ambiente durante el rodaje había sido de enfoque y diversión. A los productores y al director les había encantado mi actuación y había interpretado a un personaje que no era Fez.

Puedo hacerlo —pensé—. *Esto de las películas va a suceder de verdad.*

Todo el elenco de *That '70s Show* fue al estreno conmigo para decirme «bien hecho».

LUEGO DE ESO, APARECIERON OFERTAS DE PELÍCULAS, pero no fue un diluvio. Alguien quería que interpretara a un extranjero ingenuo con acento, pero mi agente y yo lo rechazamos. Otra persona quería que interpretara a (gran sorpresa) ¡un extranjero ingenuo con acento! También lo rechazamos. No queríamos que yo interpretara siempre el mismo personaje.

Soñaba con convertirme en un actor camaleónico, siempre cambiar y desaparecer en los papeles, con la esperanza de que no me reconocieran en la pantalla grande. Mis amigos me decían que eso sonaba raro, lo contrario a cómo se veían las carreras actorales por aquel entonces. Sin embargo, yo quería caracterizar a mis personajes de forma tan convincente que después mis amigos me preguntaran: «¿Estuviste en esa película? ¿Dónde? No te vimos». Para mí, eso significaba el éxito.

Guion tras otro, leía buscando a los próximos personajes ideales para mí, pero no era fácil encontrarlos, sobre todo los papeles que encajaran conmigo y también con la imagen que los productores tenían de mí. Para complicar aún más las cosas, solo podía trabajar en películas durante los veranos, cuando nos tomábamos un descanso de la grabación de *That '70s Show*. Al menos, eso me decía al principio.

En el año 2002, hice una audición para el papel de DJ Keoki en el drama biográfico independiente *Party Monster*, una película mucho más seria de lo que el título insinuaba. Era un guion impactante y artístico que mostraba los peligros de las adicciones, basado en la historia real de un promotor de discotecas que, al parecer, había matado a su traficante. Conseguí el papel y volé a Nueva York. El protagonista era Macaulay Culkin, que tiene más o menos mi edad. Me pareció un tipo agradable, de voz suave y divertido y un actor formidable. De niño se había convertido en una megaestrella por su trabajo en *Ricky Ricón*, *Mi primer beso* y la comedia navideña *Mi pobre angelito*, pero como adulto quería dedicarse a la actuación más seria. La polifacética Chloë Sevigny, que había sido nominada al Óscar por su trabajo en *Los muchachos no lloran*, también participó en la película, junto con Seth Green, que fue mi ángel de la guarda durante el rodaje, Dylan McDermott, Wilson Cruz, Diana Scarwid, Natasha Lyonne y Marilyn Manson.

Party Monster se hizo con un presupuesto ajustado. Almorzábamos Big Macs y papas fritas. Ninguno de nosotros tenía su propia casa rodante. Colgaban sábanas de una pared a otra para nuestros camerinos y nuestros decorados eran depósitos harapientos donde a menudo se veía una cucaracha correr por la pared. A veces, rodábamos de noche, quizás hasta las cinco de la mañana y no nos íbamos a la cama hasta las ocho, luego dormíamos hasta que el sol calentaba. No me importaban las condiciones. Solo pensaba: *Esto es lo que hacen los actores de verdad.*

No lo podía creer cuando me enteré de que la película se estrenaría en el Festival de Cine de Sundance de Robert Redford. Es un certamen muy prestigioso en el que los cineastas independientes pueden obtener su gran oportunidad. Volamos todos a Utah y visitamos los puntos turísticos. Caminar por las calles del festival con todos esos jóvenes actores extraordinarios me pareció espectacular e insólito a la vez. Yo era uno de ellos. Las jóvenes estrellas. Ninguno de nosotros había hecho esta película por dinero; la hicimos porque era buen arte y creíamos en el buen arte.

Al tiempo, *Party Monster* se proyectó en el extranjero, en Cannes, sin duda el festival de cine más notable de la industria, aunque no pude viajar. El público aplaudió la película y nos contaron que fue una de las más comentadas ese año en Cannes. A pesar de la buena recepción, se consideró una película demasiado oscura para ser aceptada por el público general y no tuvo mucho éxito en la boletería. Sin embargo, no le di importancia. Sin duda, estaba avanzando hacia la cima.

El verano siguiente hice algo diferente a propósito. Le di voz a Rodrigo, un chihuahua de gran corazón, en la película infantil animada *Clifford el gran perro rojo*, basada en los personajes del libro clásico homónimo. Me encanta la animación y siempre había querido interpretar a un personaje de dibujos animados. Mirando atrás, podría haber sido un estereotipo que yo, como latino, interpretara a un chihuahua, pero en aquel momento tenía sentido. Los papeles para actores latinos en películas de animación no eran frecuentes. Eran los tiempos anteriores a *Encanto*.

En 2005, un amigo, Bille Woodruff, que dirigía una comedia llamada *Salón de belleza*, una serie derivada de la franquicia cinematográfica *La barbería*, me llamó y me dijo:

—¿Preferirías hacer un cameo con Queen Latifah o con Kevin Bacon?

—Queen Latifah es lo máximo —le dije—, pero si tengo que elegir, elijo a Kevin.

Hay un viejo juego que se llama «A seis grados de Kevin Bacon» y ahora yo podía estar a un grado en la vida real.

Estar en esa película fue tan surrealista. El personaje de Kevin, Jorge Christophe, es un gurú de los salones de belleza que termina lavándole el pelo a mi personaje. Entre toma y toma, Kevin me dijo que era un gran fan de *That '70s Show* e incluso bromeamos diciendo que se había inspirado en Fez para algunos de los ademanes de su personaje. Tuvimos una linda conversación y tuve que pellizcarme. Había alcanzado nuevas alturas. En la historia del universo, ¿cuántas personas pueden decir que Kevin Bacon les ha lavado el pelo con champú?

QUERÍA PARTICIPAR EN UNA PELÍCULA QUE TUVIERA un impacto profundo en la sociedad. La oportunidad se presentó en 2005, cuando faltaba un año para que finalizara *That '70s Show*. El periodista Eric Schlosser había escrito un libro titulado *Fast Food: El lado oscuro de la comida rápida,* en el que investigaba la industria de la comida rápida, examinando todo desde los mataderos y las plantas de envasado de carne hasta los restaurantes que producen en masa las hamburguesas con sabores artificiales y los anuncios de televisión dirigidos a los niños. Lo que encontró no fue nada alentador y se puso como objetivo exponerlo en el cine bajo esta premisa: «Miren, ¿se dan cuenta de que esto es una basura?».

El director de cine Richard Linklater se asoció con Eric para producir una película basada en el libro. No era un documental, sino una serie de historias ficticias en una sola película que se entrelazaban y mostraban los temas del libro, es decir, lo tiránica que podía llegar a ser la industria de la comida rápida.

Una de las historias era la de una joven pareja que cruzaba a escondidas la frontera de México con Estados Unidos en dirección a Colorado con la esperanza de encontrar trabajo en un matadero. Aunque parezca raro, me presenté para hacer una audición para el papel de Raúl en inglés, sabiendo que el papel era el de un hispanohablante. Lo conseguí. Catalina Sandino Moreno interpretaba a Sylvia, mi esposa. Ana Claudia Talancón interpretaba a su hermana, Coco, que también viajaba con nosotros. Nuestra trama, a raíz de que mi personaje, Raúl, tiene un accidente en el trabajo, refleja las injusticias que pueden sufrir las familias si no hablan inglés o no tienen dinero. La película también muestra la realidad de los cruces fronterizos desesperados, cómo los padres a veces cruzan las fronteras primero en busca de un salario digno y luego envían a buscar a sus hijos, quienes deben viajar solos, a veces con tan solo ocho o nueve años. En las demás historias, la película contó con un desfile de actores emblemáticos, como Kris Kristofferson, Greg Kinnear, Patricia Arquette, Ethan Hawke, Avril Lavigne, Luis Guzmán, Paul Dano y Bruce Willis, entre otros.

La película se rodó en un estilo provocador y no convencional, y se estrenó en el Festival de Cannes de 2006. Esta vez viajé al lugar y fue un acontecimiento de gala increíble, con yates y realeza, todo lo que se pueda imaginar. Sin embargo, dentro de mí tenía un sentimiento difícil de describir. Allí estaba yo, de pie en la alfombra roja, entonces tuve lo que puede llamarse «una revelación». Había llegado muy lejos desde los días en los que hurgaba hasta la última moneda para que mi familia pudiera comprar una pizza de noventa y nueve centavos. No obstante, me sentía raro, nunca me había sentido así. Estaba eufórico, feliz, ansioso y motivado, todo al mismo tiempo. Me estaban pasando tantas cosas en ese entonces y no sabía qué iba a suceder luego.

PARA EXPLICARLO MEJOR: MIENTRAS TRABAJABA EN películas durante los veranos libres de *That '70s Show*, empecé a aceptar papeles en otros programas de televisión. Sin embargo, esas experiencias culminaron en Cannes en 2006.

En 2002, unos amigos me invitaron a participar como estrella invitada en los programas de televisión *Grounded for Life* y *MADtv*. Todo era divertido y fue un momento muy productivo. En esa misma época, Ashton Kutcher se unió a MTV y creó *Punk'd*, un reality show de cámaras ocultas en el que le hacía bromas pesadas a todos sus amigos y a un montón de otras personas. Aparecí en tres episodios de *Punk'd*, conocí a mucha gente de MTV y terminé ayudando a Ashton a contratar a nuestros amigos para el programa. (Luego, esos amigos dejaron de aceptar mis invitaciones a cenar). Ver lo mucho que le gustaba a Ashton el trabajo de productor me inspiró a hacerlo yo también.

Crear un programa para MTV requería un proceso de análisis más complejo. La industria de la televisión tenía su propia jerarquía en aquel entonces y si actuabas en un programa en el horario de mayor audiencia, no hacías cosas en la televisión por cable, porque la sabiduría convencional decía que no había dinero en el cable, además de que el contenido no se consideraba «de calidad». Sin embargo, como a Ashton y a mí eso no nos importaba, hablamos entre nosotros y llegamos a la conclusión de que una oportunidad era una oportunidad. Nos gustaba MTV porque conectaba con nuestra generación y los dos solíamos hacer videos promocionales en el programa *Total Request Live* (conocido como *TRL*). Ahora solo necesitaba una idea para un programa. Tenía que ser barato, porque MTV no gastaba mucho dinero en los programas de aquel entonces, y tenía que ser bastante sencillo, porque yo seguía trabajando a tiempo completo en *That '70s Show*. Y, sobre todo, tenía que ser muy entretenido. El programa debía captar el interés de esta generación nueva de espectadores de MTV, conocidos por cambiar rápido de canal si algo no les gustaba.

Una noche, mientras estaba en casa cambiando de canal, empecé a ver la película *8 millas* y vi al personaje de Eminem en una batalla de rap en la cultura callejera del *hip hop*. Pensé: *¡Qué bueno! Esto es bien divertido y urbano*. Me recordó a mis días de niño en Venezuela. En aquel entonces, si alguien insultaba a mi madre, me ponía furioso. Sin embargo, desde que llegué a Estados Unidos, aprendí que insultar a propósito a la madre de alguien, en determinadas circunstancias, es una forma de arte cómico aceptable. Las personas que insultan no les están faltando el respeto a las madres de los demás y los insultos no se toman de manera personal o literal. El estilo se basa en el ingenio y la rapidez mental, todo con el objetivo de hacer reír a la gente.

Surgió a partir de un antiguo juego callejero llamado «The Dozens», que existía desde hacía décadas, en el que dos personas se insultaban entre sí, a modo de competencia, hasta que una era declarada vencedora. Los sociólogos más brillantes del mundo han escrito tesis doctorales sobre este juego. Eso me dejó pensando. Cambié de canal y estaba mi película *Summer Catch*. Hay una escena en la que dos jugadores de béisbol se dicen tonterías y uno de los chistes es: «Tu madre está tan gorda que, cuando lleva tacones, extrae petróleo».

Fue como si se me encendiera una lamparita. Llamé a mi agente y le dije con prisa: «Tengo una idea. Es muy simple. Creo que puedo crear un programa entero sobre contar chistes de madres. Las personas vendrán al programa e insultarán a las madres de los demás. Será un torneo de insultos bien intencionados y el que cuente los mejores chistes ganará algo de dinero. Eso es todo el programa. Quiero presentárselo a MTV. ¿Qué te parece y cómo lo hago?».

Mi agente se rio y me dijo: «Despacio, Wilmer. No es mala idea, pero primero debes tener una productora». Yo no la tenía, pero ella me enseñó cómo empezar una. No era tan difícil como parecía. La empresa que creé era solo yo en aquel momento y la llamé WV Productions, bien básica. Tuve algunas reuniones con ejecutivos de MTV donde les presenté mi sencilla propuesta. Planeaba viajar a todos los barrios de Estados Unidos, reunir a los talentos más graciosos y hacer que hablaran mal de las madres de los demás. La competencia no se trataría de humillar al otro concursante. Sería una exposición de humor popular en la que mostraríamos el mejor arte cómico original de todo el país.

Los ejecutivos de MTV sonrieron, de forma genuina y amistosa, y dijeron, casi palabra por palabra: «Sabes, Wilmer, es una idea estupenda. Apreciamos los bajos costos de producción. Lo de premiar el mal comportamiento tiene su encanto».

Me asocié con otra productora llamada Evolution Film and Tape, que había hecho *Gran Hermano* y *Factor Miedo*. Sabían mucho más que yo sobre cómo poner en marcha un programa. Rodamos el piloto en Los Ángeles, nos contrataron enseguida y empezamos a emitirlo de manera regular en 2006. Al principio estuve con otros presentadores como Jason Everhart y Sam Sarpong, y más tarde con Destiny Lightsy.

Nos dieron la franja horaria justo después de *TRL*, lo cual fue un gran acierto. Nuestros escenarios eran estacionamientos y callejones reales. Los muchachos representaban a sus barrios y competían por ser los más graciosos. Juzgábamos en función de cuatro factores: «originalidad, entrega, rapidez y picardía». El espectáculo era rápido y rítmico, y aunque parezca sorprendente, lleno de respeto. Resultó tan divertido, lo pasé muy bien. A veces, nos presionamos tanto en estos trabajos que nos olvidamos de divertirnos. Sin embargo, «diversión» era, sin duda, el espíritu de mi programa. Lo hacía porque me encantaba. Estos son algunos de los chistes:

Tu mamá es tan vieja que se embarazó y tuvo nietos.

Tu mamá es tan tonta que se tropezó con su teléfono inalámbrico.

Tu mamá es tan pobre que para Navidad trajo a casa una grabación de otras personas abriendo los regalos.

Tu mamá es tan gorda que la llevaste a una exposición en tercer grado y nunca llegaste a terminar de mostrarla.

Tu mamá es tan tonta que me llamó el otro día y me dijo: «¿Qué estás haciendo, hijo?». Y le dije: «Viendo *That '70s Show*, ese programa de los 70». Ella me preguntó: «¿Cuál? ¿*Buenos tiempos* o *CHiPs*?».

El último me hizo reír mucho. En seguida, el programa *Yo Momma* se convirtió en un fenómeno en las secundarias y universidades urbanas de todo el país. Al parecer, yo no les caía muy bien a los profesores. Me contaron que mientras recorrían sus escuelas, se enojaban porque lo único que oían era a gente hablando mal de las madres de los demás. Sin embargo, al público le encantaba el programa, y *Yo Momma* pronto se convirtió en un gran éxito de MTV. Emitíamos cinco programas por semana. Cada viernes, los ganadores de los programas de la semana se volvían a enfrentar. Al poco tiempo, tuvimos de jueces a los íconos urbanos, músicos y raperos más populares del país: E-40, Method Man, Jermaine Dupri, Ne-Yo y muchos otros. Hicimos una temporada en Los Ángeles, otra en Nueva York y otra en Atlanta. También organizamos batallas entre la Costa Este y la Costa Oeste. Incluso hicimos versiones internacionales del programa.

En total, grabamos sesenta y cuatro episodios en Estados Unidos y muchos más por todo el mundo.

En lo personal, me pareció un paso estratégico para mi carrera porque les demostró a los espectadores que, como personaje televisivo, podía ser algo más que Fez. El programa era moderno y provocador para la época, y yo llegaba al plató en un Chevy Lowrider, me bajaba y me mezclaba con gente de mi generación. En aquella época, MTV era el lugar para hacerse ver. *Yo Momma* se convirtió en el programa de la tarde número uno de la emisora. Eso me introdujo en un grupo demográfico de espectadores totalmente diferente. La gente por fin sabía cómo era cuando no tenía el pelo de Erik Estrada.

A un nivel más amplio, por mucho que el programa se dedicara a insultar a otras personas, creo que ayudó a expandir el panorama cultural. Fue bueno para nosotros como nación. Muchos de los programas de MTV de la época presentaban a chicos de Laguna Beach que llevaban un estilo de vida muy privilegiado. En nuestro programa, aparecían chicos que no eran ricos ni de la élite cultural. Eran chicos de barrios marginales, muy listos, divertidos, con talento, fuertes y bellos, a los que *Yo Momma* les brindaba una plataforma.

A un nivel aún mayor, les mostraba a los espectadores más jóvenes que se podían resolver las disputas sin peleas ni armas. Parte del atractivo de *Yo Momma* era ver cómo los artistas mantenían la compostura después de ser insultados. Algunas bromas eran personales y, a veces, traíamos a los familiares para ver cómo reaccionaban los concursantes cuando se insultaba a sus seres queridos. No obstante, eso solo generaba más respeto, tanto entre los concursantes como entre el público y los artistas. Al igual que los boxeadores después de un combate, los concursantes solían abrazarse al final del espectáculo. Lo importante era el desempeño, la pasión y llegar hasta el final.

Es difícil describir el profundo amor que nuestros fans sentían por el espectáculo. Cada vez que aparecía en Atlanta (el programa ya llevaba un tiempo al aire), la recepción era increíble. Los vecinos se reunían y organizaban barbacoas improvisadas con la mejor comida sureña que jamás había probado. Invitaban a todo el mundo: jueces, equipo, concursantes. «¡Wilmer está aquí! —decían—. Toma un plato de comida». Aquellos fueron momentos preciosos de mi carrera.

Hoy, muchos años después, a veces, cuando voy por la calle, la gente se detiene y me pregunta cuándo vamos a reestrenar *Yo Momma*.

Mi frase habitual, con una sonrisa, es: «Oye, cuando tu mamá me devuelva la llamada».

A PESAR DE QUE MI AGENDA ESTABA REPLETA: ERA EL presentador de *Yo Momma*, protagonizaba *That '70s Show* y filmaba películas cada verano, encontré tiempo para interpretar papeles en otros programas de televisión. *Los héroes de la ciudad* fue una de esas pequeñas y divertidas oportunidades. Para entonces, ya había nacido mi sobrino Christian y estábamos muy contentos de tenerlo en nuestra familia. Es el hijo de Marilyn, a quien honro siempre. Mi hermana es una madre soltera fuerte y hemos tenido la bendición como familia de poder estar con ella, abrazarla y sostenerla. Mi sobrino es un niño de ensueño, el más amable, divertido, respetuoso y genial de todos. Por su bien, me alegré de aparecer en un programa para niños. No era un papel importante, pero a Christian le encantó.

Mi amigo Seth Green creó un alocado programa de animación cuadro por cuadro para adultos en Adult Swim llamado *Robot Chicken*. Era divertidísimo y se convirtió en un exitoso programa de cultura pop. Parte de su atractivo era que Seth conocía a todo el mundo y todo el mundo lo quería. Podía llamar a cualquier famoso de Hollywood y aparecería en su programa. Un episodio era una parodia de *That '70s Show*, y yo hice la voz de Fez.

En 2006, me interpreté a mí mismo en la exitosa serie policial de HBO *Los Soprano*. Dos de los protagonistas están en Hollywood presentando una película, entran por casualidad en una suite de regalos, una de esas habitaciones de hotel donde les dan cosas gratis a los famosos y allí se encuentran con un actor conocido. Así que los productores me llamaron y me pidieron que actuara de mí mismo. Fue un halago. *Los Soprano* había ganado un Emmy y un Globo de Oro en su sexta temporada y tenía una audiencia enorme; por lo tanto, que conocieran el nombre de Wilmer Valderrama fue como una gran palmada en la espalda. Sir Ben Kingsley actuó como invitado en el mismo episodio. Dos años antes, habíamos hecho una lectura estelar con fines benéficos del guion de *El ocaso de una vida* en el teatro Pantages de Hollywood. Después de todo, Hollywood es una ciudad muy pequeña.

Justo cuando *That '70s Show* estaba llegando a su fin, una noche, mientras miraba la tele con mi sobrino de cinco años, me di cuenta de que muchos de los programas que le gustaban estaban llenos de chistes sobre caca y pedos. Al ver que no tenían sentido y no dejaban ninguna enseñanza, murmuré: «¿Qué basura estás viendo?». Puede que suene raro para alguien que acababa de crear *Yo Momma*, pero era mi lado más profundo el que salía a la luz y me pregunté si un programa para niños pequeños podía ser entretenido y educativo al mismo tiempo.

Mis agentes y yo fuimos a Disney y charlamos sobre la idea de que yo hiciera un programa para niños. Ellos estaban desarrollando un programa infantil de animación por computadora llamado *Manny a la obra* y estaban buscando a alguien que fuera la voz del personaje principal. Era un empleado de mantenimiento y, conmigo en el medio, nos preguntamos si un empleado de mantenimiento latino podía ser demasiado estereotipado, incluso ofensivo. Sin embargo, yo vi en este personaje una gran oportunidad para presentar a los niños a un hombre trabajador y dueño de su negocio que también es el héroe de su comunidad. *Manny a la obra* puede reparar cualquier cosa, aparece cuando se lo necesita y es latino con orgullo. Todo eso me pareció muy positivo.

Disney y yo trabajamos juntos para ayudar a expandir aún más el personaje. Tiene un equipo de herramientas parlantes y todos son una gran familia. Quería que *Manny a la obra* fuera tan reflexivo como divertido y que hablara mucho de cultura. Además, él tiene una chica que lo quiere y reflejan una buena relación. Era la primera vez en la historia de Disney, en concreto en su división preescolar, que presentaban a un personaje bilingüe que hablaba inglés y español a la perfección. El programa resultó espectacular. El grupo Los Lobos interpretó la música de apertura y mis compañeros de *That '70s Show* hicieron cameos.

Justo antes de su lanzamiento, promocioné el programa como si fuera a estar en el horario de mayor audiencia. Empecé con una aparición en *Live! with Regis and Kelly*, seguida de varios programas de opinión. Hice entrevistas en inglés y español, y le dije al mundo que estaba cansado de ver las cosas sin sentido que mi sobrino veía. Junto con Disney desarrollamos algo de lo que podíamos estar orgullosos y que a mi sobrino y a otros niños de su generación les encantaría. *Manny a la obra* se estrenó un sábado a las 9 de la mañana y lo vieron 8,8 millones de personas. Es una cifra increíble.

Los ejecutivos de Disney estaban eufóricos. Rich Ross, Gary Marsh, Nancy Kanter pronto se convirtieron en mis mentores y amigos. Durante la siguiente temporada de mi vida, me enseñaron a pensar en la programación, en la familia y en lo que estábamos diciendo con estos personajes. Surgió una confianza entre nosotros para toda la vida y pronto se abrieron puertas a nuevas oportunidades. *Manny a la obra* se convirtió enseguida en el mayor programa preescolar de la historia de Disney. Se emitieron 113 episodios, desde 2006 a 2013, y fue un gran éxito.

ASÍ QUE ALLÍ ESTABA YO, EN MEDIO DE ESE MOMENTO DE locura, de pie en la alfombra roja más grande del mundo. Tenía veintiséis años. Justo cuando empezó *Manny a la obra*, también se estrenó la película *Fast Food: El lado oscuro de la comida rápida* y viajé a Francia para estar en la alfombra roja de Cannes junto con Ethan Hawke, Patricia Arquette, Bruce Willis, Kris Kristofferson y Catalina Sandino Moreno, todos ellos estrellas de cine en esa película. Luego de la proyección de nuestra película, el público la ovacionó durante nueve minutos.

Fue entonces cuando todo cobró sentido para mí. No podía creer el éxito que estaba teniendo. ¿Quién era yo para estar en esta alfombra? Era el niño que, sentado en el regazo de su padre, conducía el tractor en un polvoriento campo venezolano. Era el estudiante de primaria que se retrasó un año por su falta de habilidades lingüísticas, que se sentaba en un rincón del comedor con su hermana y no se atrevía a hablar con nadie. Era el adolescente que trabajaba en un restaurante al que le gritaron por no saber decir «agua» en inglés.

Aquí estaba yo en Cannes. Al mismo tiempo, el programa preescolar *Manny a la obra* tenía un gran éxito en Disney, *Yo Momma* era el número uno de la tarde en MTV, *That '70s Show* era una gran comedia en televisión, *Fast Food: El lado oscuro de la comida rápida* acababa de ser ovacionada durante nueve minutos, la revista *Entertainment Weekly* acababa de escribir un artículo largo sobre mí, ya que al año siguiente iba a revivir el papel de Ponch en una versión cinematográfica de *CHiPs*, y el futuro parecía más que prometedor. Yo era feliz. Si se pudiera definir el sueño americano, entonces seguro mi vida era el ejemplo perfecto.

¿No es así?

Intenté imaginarme a mí mismo en cinco años y lo que más quería era ser uno de los artistas más influyentes de la industria del entretenimiento, pero era un sentimiento muy contradictorio. También me sentía abrumado y superado, pues sabía que tenía que seguir remando contra la corriente. Era posible que por ahora avanzara sin problemas, pero podía empantanarse de un momento a otro si bajaba la guardia y dejaba de remar. El impulso podía desvanecerse. Necesitaba seguir demostrando mi valía, y no solo una vez, no solo por una década, sino seguir demostrando, demostrando y demostrando.

Es muy difícil describir la totalidad de ese sentimiento. Todas esas emociones se mezclaban en mi interior. Me di cuenta de que estaba viviendo de una manera que se ha descrito de forma apropiada como trabajar sin descanso. Mantenía a mi familia desde los dieciocho años. Me quedaba despierto hasta tarde todas las noches y salía con amigos a discotecas. Todas las mañanas, me levantaba temprano y me iba al rodaje, ya que en todo momento estaba repleto de trabajo. Había desarrollado una pequeña tos seca y recurrente a causa de un resfriado del que no podía librarme y siempre tenía ojeras.

Me di cuenta de que este era un lugar peligroso: todo el mundo tiene un límite, y yo había llegado al mío. Había llegado, sí, pero estaba cansado, agotado, exhausto. Y ahora tenía que continuar.

CAPÍTULO 7

¿Cuál es la prisa?

Un grupo de actores y personas afines vuelan de regreso a Hollywood desde Nueva Orleans después del Super Bowl, pero este vuelo no es nada tranquilo. Una tormenta invernal azota los cielos, el estado de ánimo a bordo es inestable. Estamos en un pequeño avión alquilado en el que van Colin Hanks, Ashton Kutcher, Danny Masterson y un par de otros amigos y colegas. No puedo ver nada a través de la ventana. Afuera no hay más que oscuridad y aguanieve. El avión cabecea arriba, abajo, de lado a lado… me siento mareado… me cuesta respirar. Las máscaras de oxígeno caen del techo, entonces me pregunto si es por las turbulencias o por otra cosa.

—Oye —le grito al piloto—. ¿Tenemos que ponérnoslas?

Desde el asiento delantero gira hacia nosotros. Ya lleva puesta una máscara completa de la Fuerza Aérea, mucho más grande que las nuestras, y nos grita con una voz resonante que suena como si tuviera un tazón de cereales de plástico sobre la boca:

—Sí, yo lo haría.

Buscamos a tientas nuestras máscaras. Sin duda, algo no está bien con este avión. Colin agarra con fuerza los reposabrazos de su asiento. Ashton está paralizado. El capitán nos explica que una válvula de oxígeno se atascó y que nuestro avión se está llenando de monóxido de carbono.

—No puedo sentir mi brazo —se queja Danny a través de su máscara.

—Qué raro —dice Ashton.

—No, lo digo en serio —dice Danny—. No tengo sensibilidad en el brazo.

—La manguera de oxígeno debe de estar obstruida —explica el capitán.

Ashton y yo decidimos compartir una máscara y darle la otra a Danny. Aspiro una bocanada de oxígeno, me quito la máscara y se la doy a Ashton. Él respira hondo y luego me la devuelve.

—¡Vamos a aterrizar! —grita el capitán.

No, esto no es bueno. No es bueno para nada. Todavía estamos lejos de casa. En un instante, trato de recordar qué tipo de geografía hay debajo de nosotros y me pregunto si estamos volando sobre una de las muchas cordilleras nevadas de Nuevo México. Hago un esfuerzo por imaginar el mejor de los casos si nos estrellamos en lo alto de una montaña y no pueden encontrarnos. Ashton se preguntará a quién comer primero. Es probable que sea yo, porque le encanta la comida latinoamericana. Mientras tanto, el capitán está hablando en sus auriculares a una torre de control en algún lugar. El avión está descendiendo demasiado rápido. Nuestro viaje se vuelve demasiado turbulento. Una bolsa de papas fritas revienta debido a la intensa presión de la cabina. Nuestro avión se está cayendo.

Minutos después, las ruedas tocan la pista y todos gritamos de la emoción; se siente como si acabara de pasar toda una vida. No es una emoción feliz. Es una emoción vacilante, como si todos estuviéramos tratando de procesar lo que acaba de suceder. El avión se dirige a la terminal privada y todos nosotros nos quedamos en silencio, pensando en lo que podría haber ocurrido. El avión se detiene. No puede volar y no puede arreglarse esa noche. El capitán anuncia que hemos realizado un aterrizaje de emergencia en El Paso (Texas) y que tendremos que esperar a que otro avión venga a recogernos para poder regresar a California. A mí no me importa cuánto tiempo tarde. Me alegro de que estemos en tierra. Lo primero que hago es llamar a mi madre. No le cuento lo que pasó. No quiero preocuparla. Solo le digo: «Te amo».

Unos días más tarde, un montón de medios de comunicación difunden la historia contándola tantas veces que en su última versión todos estábamos desmayados y Ashton nos había dado reanimación cardiopulmonar a todos. Puedo confirmar que eso no sucedió porque habría recordado sus labios. Damas, ¿tengo razón o no?

Hablando en serio, todavía pienso en aquella noche que estuvo al borde del desastre. Aún hoy sigo repitiendo los acontecimientos en mi mente, preguntándome qué podría haber pasado si no hubiéramos aterrizado a salvo.

EL INCIDENTE DEL AVIÓN OCURRIÓ UNOS AÑOS después de haber comenzado a grabar *That '70s Show* y necesitaba cierto espacio para reflexionar sobre preguntas de ese calibre, pero no tenía un espacio en mi vida. Los pensamientos me acompañaron durante algún tiempo, pero no tenían adónde ir. Solo los escondí mientras seguía trabajando y saliendo. Después del final de temporada de *That '70s Show* en mayo de 2006, por fin sentí que podía respirar un poco y comencé mis años de «receso», los llamaba así porque, por un tiempo, no aparecí todas las semanas en televisión, más allá de *Manny a la obra*. Necesitaba comprender de qué se trataba la vida. ¿Qué hacía que valiera la pena vivir? ¿Qué era lo que más valoraba?

Tenía veintiséis años cuando terminó la serie y, aunque estaba agradecido por el éxito que había logrado, por alguna extraña razón sentía que me había perdido muchas de las supuestas experiencias normales de un joven adulto. Había pasado gran parte de los últimos años de adolescencia y los veinte consumido por el trabajo, memorizando diálogos, presentándome en platós, dando entrevistas a personalidades de los medios para promocionar proyectos, recorriendo largas distancias por las autopistas de Los Ángeles, tocando puertas y reuniéndome con productores y guionistas. Sentía que había perdido el contacto con la gente. No había ido a la universidad, pero esa ventana parecía cerrada para mí, al menos por un tiempo. Claro, había volado de regreso del Super Bowl en un avión privado, lo cual sabía que era una experiencia privilegiada, pero no sabía lo que se sentía ir a un partido de fútbol universitario normal con mis amigos de la fraternidad o pasar el rato en un edificio del centro de estudiantes del campus. El rumbo que llevaba me alejaba cada vez más de la posibilidad de tener esos recuerdos.

Incluso durante el receso y mientras intentaba procesar estas preguntas tan profundas, decidí que nunca iba a dejar de trabajar en cine y en televisión. El trabajo estaba arraigado en mi mentalidad. Por cómo me habían criado, *no* trabajar no era una opción para mí. De hecho, incluso aceleré el paso, aunque algunas actividades eran diferentes. El incidente en el avión no disminuyó mi entusiasmo por viajar; al contrario, al no estar en la televisión todas las semanas pude escaparme aún más. Por primera vez me sentí como un espíritu libre. Viajar se convirtió en mi receta para superar el agotamiento. No quería hacer menos; quería hacer *más*. Mi plan era seguir hasta que no pudiera más, porque tal vez no volvería a trabajar y nunca recuperaría mi juventud.

No me quejaba de los años intensos que acababa de tener. Estaba más que agradecido por estar donde estaba, por lo que había hecho y por las oportunidades que se me habían presentado. Muchos de mis contemporáneos de veintitantos años trabajaban en puestos básicos, tratando de avanzar en sus profesiones. Se afanaban por ganar dinero para poder pagar los préstamos estudiantiles o juntar el efectivo suficiente para hacer el pago inicial de una casa. Yo había logrado impulsarme y salir adelante. Había llegado allí antes que la mayoría.

Entonces, ¿por qué no hacer un viaje espontáneo? ¿O unos cuantos? No estoy del todo seguro de cuándo comenzaron estos viajes. Estaba reunido con cuatro o cinco amigos y Tadao Salima, mi guardaespaldas, que también es un gran amigo, y les dije: «Vayamos a algún lado. No haremos nada durante los próximos días. Viajemos a algún lugar el fin de semana». Mi motivación era la generosidad, la diversión, tener una aventura juntos y compartir lo que había construido. Trato a todos como familia y disfrutaba de la gente que tenía a mi alrededor. Alquilamos un avión y volamos a Miami por un par de días. Comimos en excelentes restaurantes, paseamos por la playa, fuimos de compras, vimos espectáculos y fuimos a discotecas. El siguiente fin de semana, dije: «Chicos, ¿quieren ir a Las Vegas?». Y así nos fuimos. El fin de semana siguiente manejamos hasta el aeropuerto, verificamos los vuelos disponibles y nos fuimos a Chicago por puro capricho.

Al principio, los viajes eran por Estados Unidos: Nueva York, Chicago, Dallas, Las Vegas, Miami, Atlanta, Austin. Luego los viajes comenzaron a ser más largos. Nos volvimos internacionales: Londres, París, Ibiza. Más de una vez llevé a un grupo de amigos a Japón por un par de días. Me atraía la aventura, la prisa, la diversión. A veces solo viajábamos Tadao y yo. Empecé a vivir la gran vida.

Las personas que me rodeaban eran amigos de verdad. No era un séquito, no llevaba a extraños. Los amigos que viajaban conmigo me apoyaban. Eran profesionales que ganaban su propio dinero. Muchos eran actores, guionistas, productores, gente del mundo del espectáculo. Hacían las cosas que hacen los verdaderos amigos. Ayudaban a mi papá a subir un nuevo televisor por las escaleras o a mi mamá a mover un refrigerador. La mayoría de los amigos de aquella época siguen siéndolo hoy.

La época de los viajes frecuentes y espontáneos duró varios años. Viajar se convirtió en mi educación universitaria. Descubrí que la exposición a diferentes países y culturas ayudaba a ampliar mis experiencias de vida. A veces incluso parecía que se trataba de una investigación. Cuanto más veíamos, cuanto más sabíamos, mejor vivíamos. Me encantaba hablar con gente en el extranjero. Viajar me hizo un mejor intérprete en el sentido de que pude conectarme con el público internacional. *That '70s Show* y *Yo Momma* se habían emitido en todo el mundo y la gente me reconocía en cada país al que iba. Esos viajes fueron algunas de las aventuras más desinteresadas y egoístas que me he dado. Desinteresadas, en el sentido de que invitaba a un montón de gente. Pagaba cenas, bebidas y vuelos, así como me había enseñado mi papá. Si tienes dinero, no divides los gastos con los amigos. Si puedes pagar la cuenta, lo haces. Sin embargo, los viajes eran egoístas, porque cada dólar que gastaba era para regalarme un conjunto inolvidable de perspectivas. La alegría era mía primero, pero esperaba que también fuera la de ellos. Llevar a la gente conmigo en viajes de aventura únicos me daba una gran satisfacción.

Cuando estaba en casa, en Hollywood, comíamos en nuestros propios lugares. A mis veintitantos años ya había invertido en varios restaurantes, así como así. Un día, en una charla con Ashton, dijimos: «¿No sería genial si pudiéramos decirle a la gente: "Ven a mi restaurante"?». No era para fanfarronear; simplemente pensamos que era genial y por hospitalidad. Amamos a las personas. Amamos la comunidad. No íbamos a escondernos detrás de nuestro éxito. A veces los actores dicen: «Oh, no, los *paparazzi*, los fans, escondámonos». Nosotros decíamos: «Genial. ¿Quieres una foto? Ningún problema». Éramos normales y auténticos porque todos habíamos tenido comienzos difíciles y veníamos de lugares y temporadas de la vida donde sabíamos lo que era no tener nada. Abrí estos restaurantes para que todos pudiéramos celebrar juntos. Era como decir: «Ven a mi casa y comamos juntos». Tuve un par de lugares en Los Ángeles, un bar deportivo en Hollywood, un asador en Las Vegas, un par más en Atlanta. También fui dueño de una bolera. Los restaurantes, al menos los de Hollywood, duran unos diez años si son buenos. Tuvimos suerte de que los nuestros lo fueran. Cumplieron su ciclo y, cuando terminaron, puse mi dinero en otras inversiones y seguí adelante.

Dondequiera que íbamos en nuestros viajes, se convertía en una fiesta, pero no una fiesta oscura. Nunca me drogué y además nos encargábamos de que no hubiera drogas cerca de nosotros. Tadao estaba a cargo de eso. Yo tenía terror de perder lo que había construido y, peor aún, de perderme a mí mismo. Solo eran fiestas para pasarla bien. Tengo que agradecer a Tadao por mantener gran parte de la atmósfera del lugar. Él se convirtió en mi guardián, mi tatuado protector samoano, mi ángel de la guarda. Con él a mi lado, siempre me sentía seguro.

Un par de veces probamos nuestra suerte y fuimos a lugares que quizás no deberíamos haber ido, bares y fiestas en Long Beach o en el barrio pobre. No nos preocupaba, a mí me iba bien en el barrio. Era mi gente y yo los quería. No obstante, podía pasar que alguien bebiera demasiado o la gente que nos rodeaba actuara mal y yo no podía asumir que todos tendrían las mismas herramientas que les permitieran esquivar las cosas malas. Alguien empezó a hablar de más en un club de Miami y estalló una pelea. Tadao los separó y les dijo que se largaran. Un extraño en un bar de Nueva York comenzó a insinuársele a la novia de un amigo. Tadao le dijo que se fuera. Cuando hacíamos estos viajes, no me sentaba con todos de antemano y repasaba una lista de reglas y normas; pero si alguien se pasaba de la raya, Tadao se le echaba encima en un segundo y lo sacaba del lugar. Ninguno de nosotros quería esas cosas negativas alrededor. No teníamos nada que demostrar, y no éramos personas conflictivas. Estábamos allí para festejar, para celebrar el éxito. Tadao, con su tamaño y su presencia, podía imponer con facilidad. Mi hermana Marilyn estuvo con nosotros algunos de esos años y, como siempre, yo sentía que debía protegerla. No quería que le presentaran nada malo.

Por lo general, no era más que diversión. Volábamos a Nueva York y bailábamos toda la noche. A las cuatro de la mañana terminábamos en una cafetería, comiendo queso gratinado y sopa de tomate. Íbamos a un club en Miami y me subía a la cabina del DJ, agarraba el micrófono y animaba al público. Todos en la pista de baile se volvían locos. Eso me encantaba y a la gente también. En otra ocasión, bailábamos toda la noche y por la mañana todos íbamos al David's Café en Lincoln Road y comíamos sándwiches cubanos. Yo no era el tipo más famoso del lugar, pero estaba en MTV y había estado en *That '70s Show*, así que la gente solía reunirse alrededor nuestro en los clubes si me sentaba en una mesa en el suelo. En Hollywood, Nueva York, Las Vegas y Miami conocíamos a muchos de los dueños de los clubes y restaurantes, ellos nos daban las mejores mesas y el mejor servicio.

A veces, el restaurante nos pagaba toda la comida y la bebida. Otras veces, yo pagaba la cuenta. El lugar ponía la música que me gustaba y todos pasábamos un gran momento.

Me encantaba estar con los DJ. Podía quedarme en una de esas cabinas durante horas. Me gustaba hacer girar los discos y hablar con los DJ o agarrar un micrófono y animar la noche. Al poco tiempo, conocí a los mejores DJ del mundo: DJ Vice, DJ Steve Aoki, DJ Eric Dlux, DJ JusSke, DJ Samantha Romson, DJ XXXL. Artistas icónicos que trabajaban duro para ayudar a organizar las mejores noches que las ciudades más grandes del mundo podían ofrecer. El difunto DJ AM solía mezclar su versión de «Sweet Home Alabama» con una pista de Run-DMC. Era un espectáculo. Fue la época en que la vida nocturna era realmente genial. Cuando llegábamos a los clubes, se abrían las puertas y los DJ nos daban la bienvenida para participar de la mejor energía. Eso me encantaba, me revitalizaba, traía claridad a mi mente.

Sin embargo, la vida nocturna comenzó a cambiar. Todo se redujo a tomarse una *selfie* o a ver a cuántos famosos uno podía conocer. Eso me quitaba la energía. A veces el ambiente se volvía una completa porquería. La vida nocturna puede llegar a ser así, ya que una gran multitud puede ser parte de la diversión, pero también podía volverte claustrofóbico. Tadao intentaba alejar un poco a las personas que querían sentarse conmigo porque en nuestra mesa había buena onda, pero yo no los conocía y ninguno de mis amigos los conocía tampoco. Eso me parecía una intromisión, lo cual sucedía muchas veces. O alguien que no conocíamos invitaba a todos sus amigos diciendo: «Vengan a tomar algo, pues estoy sentado con Wilmer Valderrama», lo cual me parecía falso, como si el tipo estuviera presumiendo. O alguien más que no conocíamos se tomaba las bebidas gratis de nuestra mesa y yo pensaba: *¡Cuánta sed tiene este tipo!*

Soy alérgico a esta clase de comportamiento. Así como soy extrovertido, también me gusta la soledad, incluso en medio de una fiesta. Durante un par de años, lo acepté sin quejarme. Para entonces había salido mucho y ya no quería salir más, pero soportaba las mesas abarrotadas. A menudo me encontraba sentado con una bebida en la mano mientras todo parecía moverse en cámara lenta. Llegaba a dar la mano a doscientos desconocidos en el transcurso de una noche.

Con el tiempo, comencé a poner mejores límites en mi vida. Dejé de salir por las noches y empecé a ir más al gimnasio. Entonces todo fue prosperidad, me concentré en construir un imperio, aunque también tuve algunas frustraciones y grandes decepciones. Por ejemplo, nunca pude interpretar a Ponch en la versión cinematográfica de *CHiPs*, un proyecto que me tenía ilusionado y que podría haberme hecho subir de nivel en el camino que tenía por delante. A pesar de que ese proyecto se puso en desarrollo, en un verdadero giro hollywoodense, la película se vino abajo por razones que solo Hollywood y yo conocemos. Al final, terminaron haciendo una película de todos modos. No era la película que yo hubiera hecho. Fue una verdadera decepción para mí no haber podido hacer *CHiPs*.

¿Me arrepiento de los dólares gastados en mis años de receso? Por supuesto que no. Invertí en mis lecciones de vida y estoy agradecido por todas ellas.

CUANDO UNO VIENE A ESTADOS UNIDOS, LO HACE EN busca de una vida mejor. Yo tuve esa vida mejor, pero me costaba definir esa «vida mejor» cuando no estaba trabajando. Sabía cómo trabajar bien y amaba el trabajo. El trabajo era lo que tenía más sentido, así que seguí haciéndolo.

Después de hacer *Fast Food: El lado oscuro de la comida rápida* en 2006, actué en una película llamada *Menores sin control*. Paul Feig había creado la serie de televisión *Jóvenes y rebeldes*, que se convirtió en un clásico de culto, y ahora quería incursionar en el cine. Yo era fan de lo que hacía Paul y estaba súper entusiasmado. Era una comedia navideña y volamos a Utah en el invierno para filmarla. Paul era un director atemporal que llegaba al set todos los días con un traje completo de tres piezas, incluso en medio de una tormenta de nieve. A veces rodábamos al aire libre con un frío polar y Paul se ponía un traje de nieve inflado, pero cuando entrábamos, se abría el cierre y debajo estaba su traje de tres piezas.

Lo respetaba por eso. Era un director brillante, divertido, creativo y era un placer trabajar con él. Aportaba elegancia a su trabajo y eso se notaba incluso en la ropa que vestía. Parecía como si estuviéramos en el antiguo Hollywood, me recordaba el estilo que llevaba mi papá en Venezuela. Paul y yo nos volvimos muy unidos a causa de sus trajes de tres piezas. En el segundo año de *That '70s Show*, algunos de nosotros nos enamoramos del antiguo Hollywood y decidimos que todos los lunes y los viernes nos presentaríamos en el set vistiendo trajes a modo de homenaje. Solo éramos jóvenes adolescentes y veinteañeros, pero parecíamos gánsteres de Hollywood.

Mi papel en el *thriller* sobrenatural *El Muerto* en 2007 también fue un gran puntapié. La película se produjo de forma independiente y se basaba en un cómic. Protagonicé el papel de Diego de la Muerte, un joven que muere camino a la celebración del Día de los Muertos y luego es resucitado por los dioses aztecas. Fue mi primer protagónico y me metí de lleno en el personaje. El guion era sólido y las posibilidades parecían ilimitadas, pero a mitad de la producción la película se quedó sin dinero, por lo que al final los efectos visuales no fueron lo que debían haber sido. A pesar de eso, hice grandes amigos y aprendí mucho. Años después, Angie Cepeda, la mujer que interpretó a mi enamorada en *El Muerto*, interpretaría a Julieta Madrigal, mi esposa en la película *Encanto*.

A partir de ese mismo año, 2007, tuve un par de altibajos en el mundo del cine. Eran situaciones en las que me encantaba el proyecto y trabajaba duro, pero no tenía control sobre el resultado final. Le puse mi voz al personaje principal de Tony Valdez en la película animada *El Cóndor*, donde el legendario director Stan Lee construyó un superhéroe latino desde cero. Todos estaban muy esperanzados. Mi personaje, Tony, es un *skater* muy simpático. Conocer a Stan Lee y trabajar con él fue increíble.

En 2008, interpreté el personaje de Danny Boy, el villano, en la película independiente *Días de ira*, junto con un elenco repleto de estrellas de cine y raperos. La película trataba sobre las despiadadas guerras de pandillas entre negros y latinos en el este de Los Ángeles. Sería difícil decir si una película como esta se podría hacer hoy, a menos que se hiciera como una película de época. Las guerras de pandillas se han reducido bastante y ahora podría considerarse contraproducente mostrar a estos dos grupos en guerra. Sin embargo, en aquel entonces, la película tenía sentido.

Era la primera vez que interpretaba a un villano, lo que puede ser complicado, pero me metí de lleno en el papel con la esperanza de presentarles a mis fanáticos algo nuevo. Me afeité la cabeza, me dejé una barba que me daba un aspecto duro y tenía muchos tatuajes. Todo parecía y sonaba auténtico. Nuestros consultores eran expandilleros, tipos malos redimidos que me veían ensayar y luego decían: «Te ves y suenas como este "vato" que conocí. Diablos, ese tipo estaba loco».

Para prepararme, me ejercité mucho y me puse en buena forma. Mi personaje era completamente despiadado. Iba por el mundo creyendo que era imparable. Fue uno de esos papeles en el que mis amigos me veían durante las proyecciones y luego me decían: «¿Tú estuviste en la película? ¿Dónde? Vaya, eso es versatilidad». Llevé a mi mamá a una de las funciones y, al final de la película, cuando mi personaje muere de forma agonizante, ella miró hacia abajo y dijo muy preocupada: «No quiero volver a verte morir».

Se proyectaba que la película sería enorme, pero debido a algunos desacuerdos sobre la distribución, el director decidió archivar el proyecto. *Días de ira* nunca se ha mostrado en cines ni en DVD, y hoy en día, incluso con todas las opciones para ver películas, nadie puede verla. Todavía se puede encontrar el tráiler en Internet, pero eso es todo. Es muy decepcionante. A veces pones tu sangre, sudor y lágrimas en un proyecto solo para que se desmorone. Eso es desalentador. No estoy seguro de si alguna vez he llegado a estar en paz con eso. Nada de lo creativo está a salvo.

Ese mismo año, 2008, actué en un drama policial llamado *Un día de suerte* con Val Kilmer. Hombre, una persona increíble y muy inspiradora. Yo filmaba las escenas a un metro de Val y tomaba notas sobre su técnica. Él podía desaparecer de forma muy convincente en cualquier papel. En este punto de su carrera había interpretado a Iceman en *Top Gun*, Madmartigan en *Willow*, Jim Morrison en *The Doors*, Doc Holliday en *Tombstone*, Simon Templar en *El santo*. Les había puesto su voz a los papeles de Moisés y Dios en *El príncipe de Egipto*. Y, por supuesto, hizo de Batman. Tanta versatilidad. Nuestra película no era perfecta, pero nos arriesgamos y al final me alegro de haberla hecho.

Fui uno de los cuatro protagonistas de la película *De Prada a Nada* en 2011, una comedia romántica latina independiente basada en una versión adaptada de la novela *Sensatez y sentimiento*, de Jane Austen. Es una película dulce y conmovedora que filmamos en México y en Los Ángeles, la cual se convirtió en un clásico de culto en la comunidad latina.

Había estado filmando muchas películas independientes, así que mi gerente comercial un día me llamó y me dijo: «¿Por qué no tomas algo donde paguen un poco más?». Me pidió que me reuniera con los productores de un programa de televisión que se emitía en el horario de mayor audiencia porque era más lucrativo, pero lo rechacé, ya que no quería hacer algo solo por dinero.

Una semana después, hice una audición para una película llamada *El amor llama dos veces* y me volvieron a llamar. Así que fui a los estudios y me senté en la sala de espera de un pequeño *bungalow* que iba a ser la oficina de producción. Miré a la pared y ya habían colgado las fotos de todos los actores que iban a estar en la película. Tom Hanks y su esposa, Rita Wilson; la increíble Julia Roberts; Bryan Cranston, quien había hecho un excelente trabajo interpretando al padre en *Malcom* y quien más tarde ganaría un montón de premios en el megaéxito *Breaking Bad*; Cedric the Entertainer; Rami Malek; Jon Seda; Gugu Mbatha-Raw; Pam Grier y muchos más. También estaba mi foto en la pared. Yo me preguntaba: «¿Qué estoy haciendo allí? Solo estoy aquí para una segunda audición».

Desde el final del pasillo, escuché el sonido inconfundible de la voz de Tom Hanks. No lograba verlo, pero él gritó con esa maravillosa voz cantarina que a veces tiene: «¿Dónde está Wilmer? Wilmer, ¿dónde estás? ¿Dónde está Wilmer?». Cuando logré verlo, agregó: «Oh, ahí estás. Todos, saluden a Wilmer». Me reí.

Me llamó a una habitación lateral y cerró la puerta. Solo él y yo. Abrí el guion que llevaba conmigo, pensando que íbamos a leerlo para ver si congeniábamos.

—Oye, ¿cuánto tiempo hiciste *That '70s Show*? —me preguntó—. Todos eran tan divertidos.

—Muchas gracias —respondí—. Ocho años. Doscientos episodios. *(Vaya, me ha visto en el programa)*.

—Conoces a mi hijo Colin, ¿verdad?

—Sí, claro que lo conozco.

Y así continuamos.

La conversación fluyó a partir de ahí y, durante los siguientes cuarenta y cinco minutos, me hizo preguntas sobre mi vida: de dónde venía, qué había estado haciendo en el último tiempo. Yo intentaba responder a todo con la mayor fluidez posible, pero dentro de mi cabeza durante todo este tiempo, estaba pensando: *Eres Tom Hanks. Eres un ícono cultural.* Tom comenzó en la televisión como yo. Luego, de forma lenta y segura, su éxito se disparó y empezó a triunfar en todas partes: películas, miniseries, comedias, dramas, como productor, director y guionista. Yo pensaba: *¡No lo puedo creer! ¿En qué se ha convertido mi vida que ahora estoy sentado frente a mi ídolo Tom Hanks? Y él me habla como si fuéramos viejos amigos.*

—Oh, no te preocupes por el guion —me contestó cuando le pregunté al respecto—. Vamos a divertirnos en el set. Cada vez que grite «acción», vamos a ver qué sale. Estoy muy feliz de que estés con nosotros.

—Espera un momento —le dije—. ¿Tengo el papel? Pensé que solo iba a leerte el guion.

—¿Nadie le dijo a Wilmer que obtuvo el papel? —exclamó Tom por encima del hombro preguntándole a una audiencia invisible—.

Oh, eso es cruel. Sí. Bienvenido a bordo. Eres nuestro Dell Gordo. Tenemos que mostrarte tu ciclomotor.

Traté de estar tranquilo, pero por dentro no podía creer que esto acabara de suceder.

Cuando comenzó el rodaje, estaba en verdad impresionado con Tom, la forma en que trataba a su equipo, el respeto que le daba a la gente, la forma en que alternaba sin esfuerzo entre director y actor. A todos les gustaba estar en el set. Tomé notas para mi propia empresa incipiente, ahora llamada WV Entertainment, sobre el tipo de energía y ambiente que quería crear algún día cuando comenzara a producir proyectos más grandes. Tom creaba una maravillosa sensación de armonía y confianza. Nada era estresante para nadie. Él gritaba: «Acción». Luego saltaba a una escena y empezaba a actuar. Luego gritaba: «Corten». La escena quedaba perfecta, luego él nos decía a todos como si estuviera totalmente impresionado: «Ahora, ¿qué hubo de malo en eso, eh? ¡Estuvo excelente! Revisemos que la película esté bien y sigamos adelante.

Tom Hanks fue mi mentor en ese rodaje y me brindó algunas de las mejores lecciones sobre la vida y el profesionalismo que jamás había tenido. Se podía tener una carrera con propósito y vivir con excelencia y aun así divertirse en el trabajo. Tom me lo demostró. *El amor llama dos veces* terminó siendo un éxito de taquilla. Tom Hanks y yo nos hemos mantenido en contacto desde entonces.

NO HA PASADO MUCHO TIEMPO DESDE EL INCIDENTE del avión. Sigo trabajando sin descanso y estoy exhausto. Esto fue antes de mis años de receso. Todavía trato de entender más sobre dónde voy a terminar en la vida y de esto voy a hablar con mis dos agentes. (Tracey Jacobs de UTA se asoció con Shani Rosenzweig y ambas están al frente de nuestro equipo de representantes).

—¿Qué sigue? —les pregunto—. ¿Cuál debería ser nuestro plan ahora? Siento que necesitamos una estrategia para aprovechar al máximo este momento.

—Tomémonos un momento —dice Tracey—. Quiero que conozcas a alguien. Otro cliente mío. Te agradará.

Dejo mi auto estacionado en UTA y ella me lleva a Walt Disney Studios en Burbank. Le pregunto:

—¿Con quién me voy a reunir?

—Ya verás —me responde.

Cruzamos la entrada, estacionamos y salimos. Frente a nosotros hay cuatro grandes estudios de grabación con un montón de gente trabajando en una gran producción. Empiezo a reconocer telones de fondo y accesorios que he visto en las películas, entonces le digo:

—Espera. ¿Esto es de...?

Pero antes de que pueda decir la siguiente palabra, Tracey contesta:

—Exacto.

Están en medio del rodaje de *Piratas del Caribe: El cofre de la muerte*, la segunda película de la megaexitosa franquicia. Johnny Depp está en el apogeo de su carrera, una de las estrellas más grandes de Hollywood. De repente, él sale de uno de los escenarios vestido de Capitán Jack Sparrow y regresa a su caravana.

—Hola, Tracey —le dice a ella, y a mí me saluda inclinando la cabeza.

Lo seguimos hasta su caravana y Tracey me presenta. Él nos trae bebidas y todos nos ponemos cómodos y nos relajamos. Al menos eso intento. No puedo creer que esté con Johnny Depp.

—Wilmer quiere hacerte algunas preguntas sobre su carrera —dice Tracey—. Deberían conversar.

Después de conversar un rato sobre cosas cotidianas, le confieso a Johnny:

—No quiero ser el personaje secundario para siempre. *Fast Food: El lado oscuro de la comida rápida* acaba de estrenarse en Cannes. Mi programa en MTV es el número uno. A *Manny a la obra* le está yendo muy bien en Disney. *That '70s Show* es el programa número uno de Fox. Siento que necesito mantener la pelota rodando mientras todo está en marcha, ya sabes. Me preocupa que, si las cosas se enfrían, ya no existan todas estas oportunidades.

Johnny sonríe y se recuesta en su silla.

—Wilmer, ¿cuál es la prisa?

Todo su ser transmite tranquilidad.

—Sí —añade—. Solía sentirme así a veces. La gente solía querer que hiciera el papel de galán, pero yo quería interpretar a todos estos otros personajes. Mientras yo quería ser Eduardo Manostijeras, nadie quería verme de algo distinto. Así que decidí tomarme mi tiempo. Necesitaba confiar en mí mismo, en que era lo bastante bueno para interpretar los papeles que quería, aunque al principio nadie me veía para esos papeles. Wilmer, tienes que apostar por ti mismo. Enfócate en un personaje a la vez, y te encontrarás siempre.

Johnny mira el reloj de la pared. Tiene que irse. Nos despedimos. Tracey me acompaña a su auto.

En el viaje de regreso a UTA, pienso en aquellas preguntas más profundas de la vida. Pienso que a algunas de ellas las podemos responder a medida que avanzamos, viajamos, salimos, creamos negocios, trabajamos y respetamos a los demás. Nos relacionamos con gran cantidad de personas durante muchos años y a veces cometemos errores, pero si aprendemos de ellos, nos volvemos más sabios. Hay que esforzarse, pero también divertirnos mientras lo hacemos.

Tracey entra en el estacionamiento de UTA, se detiene y hace un gesto con la barbilla hacia mi auto.

—¿Cuál es la prisa, Wilmer? —dice, con una pequeña sonrisa.

Le doy un abrazo, ella también me abraza y me dirijo a mi auto. Por un momento me siento al volante antes de encender el motor y pienso: *¿Y si mi vida hubiera terminado ese día en el avión?* Todos vamos a morir algún día y tenemos que prepararnos para lo que sigue, pero también es importante vivir aquí y ahora. Tenemos que vivir el presente y saber cómo hacerlo, porque este momento puede ser muy hermoso.

Sigo pensando en estas cosas mientras pongo mi auto en marcha y me dirijo a casa.

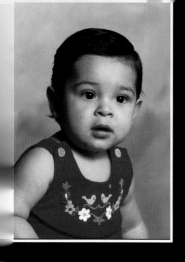

Sí, ¿y qué? Me encantan los pájaros.

Marilyn y yo. Mamá solía exagerar con los trajes. Yo no podía opinar, de ahí mi cara.

Monté a caballo en Disneylandia, sin saber que en pocos meses estaría montando uno de verdad en Venezuela.

Graduado de segundo grado. (Acarigua, Venezuela)

Mi primera
actuación.
(Acarigua,
Venezuela)

La razón por la que todavía tengo
acento. (Muholland Junior High, Van
Nuys, mediados de 1990)

Mi primera obra
de teatro. Tengo
que admitir que
solo entendía
la mitad de las
palabras que estaba
representando.

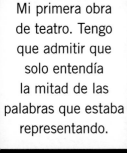

Mi clase de inglés de la secundaria
Taft, a mediados de los 90. Tenía un
nivel suficiente, o quizá bueno.

Viajo por el mundo con los tres hombres que más respeto: Shaun White, Matt Fraser y Milo Ventimiglia.

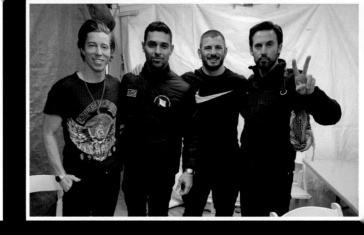

Mi hermano, mi mentor y un icono de nuestra comunidad: Sr. Robert Rodriguez.

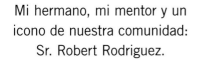

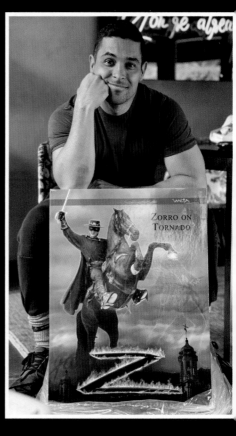

En cuanto se firmaron los derechos en Disney, John Gertz me sorprendió con este épico regalo.

Creando uno de nuestros mayores recuerdos para compartirlo con nuestra querida Tracy. (La Jolla, San Diego, California).

Solo nosotros, viviendo nuestro cuento de hadas (aun en medio del calor).

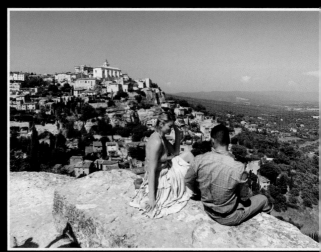

Mi pequeña familia.

(Créditos fotográficos: Giedre Gomes)

Uno de mis ángeles de la guarda, Sir Marrok.

Le mostré a mi madre que Colombia puede ser más en la pantalla.

Otro hito: la grabación de *Encanto* de Disney.

(Créditos fotográficos: Jesse Grant/Getty Images Entertainment vía Getty Images)

Cinco de Mayo en la Casa Blanca en compañía de mis amigos y mi madre.

Todo el mundo decía
que era imposible, pero
tengo a Mark Harmon
en Instagram.

*NCIS*verse

Recuerdo de
la gira con
la USO.

La USO organizó una gira del Blue Angels para mi cumpleaños.

Maj Nathan Miller   Lt Dan McShane

Blue Angels

Tareas en la USO.
¡Vaya que hace frío!

Qué honor para un artista poder dar las gracias a las personas que hacen de este país uno de los mejores del mundo.

Llevo las voces y los anhelos de muchos en mi cultura. Con cada acto de lucha, nos acercamos a un futuro más brillante.

(Créditos fotográficos: Kris Connor/Getty Images Entertainment vía Getty Images).

CAPÍTULO 8

Causas en las que creer

E stoy en una habitación llena de mis héroes, con un porro en la mano. ¡Zas! El corazón me late con fuerza. Todos en la reunión en la suite del hotel me miran, por lo que siento un fuerte impulso de hacer como Zack Morris en *Salvados por la campana* y gritar «tiempo muerto». Por lo general, cuando Zack tenía que resolver algún problema grave, como por arte de magia congelaba a todos a su alrededor, miraba a la cámara y pedía consejos. Ese soy yo ahora mismo con el porro en la mano. ¿Qué hago?

Permíteme retroceder.

Dos actores latinos a los que siempre he admirado mucho son Anthony Quinn y Antonio Banderas. Anthony es de México y tiene un talento y una versatilidad increíbles. Ha interpretado en el cine a todos los personajes que pueda uno imaginarse. Cuando Antonio entró en la industria, no tuvo complejos. A muchos actores latinos solo se les permite interpretar a los malos, sobre todo hace veinticinco años. Sin embargo, él se pasó al otro lado e interpretó al bueno, incluso sin perder su acento. Fue uno de los primeros actores que me hizo sentir que podía conservar mi acento y seguir formando parte de la cultura popular predominante de Estados Unidos. Siento un gran respeto por Antonio Banderas.

En los comienzos de *That '70s Show*, fui a Washington D. C. como presentador de los Premios de la Herencia Hispana. Me di cuenta de que Anthony Quinn y Antonio Banderas estaban allí. No podía creer que estaba en el mismo auditorio con mis dos ídolos. Presenté el premio y todo salió bien. Después de la ceremonia, un grupo de personas se dirigió a la suite presidencial de un hotel para una fiesta posterior y me invitaron. Sentía que era una estrella. El mundo acababa de estallar para mí.

La suite estaba llena de música y gente. Yo no bebía en ese entonces, pero casi todo el mundo, excepto yo, bebía *whisky*. Con Anthony Quinn tuvimos una linda conversación y yo no podía creer que estuviera en la misma fiesta que él, a tan solo un brazo de distancia. Al rato, se fue a su habitación a dormir. Fui a la sala de estar donde un grupo de gente contaba chistes e historias, y me hicieron señas para que me acercara. Tampoco podía creerlo. Me parecía fantástico.

Mientras todos hablábamos y reíamos, el porro empezó a recorrer el círculo y, de alguna manera, llegó a mi mano.

Allí estoy sentado, pensando: *¿Qué hago? Nunca he fumado nada en mi vida. Ni siquiera había tenido hierba en las manos hasta ahora. No quiero fumar. (Ni siquiera sé cómo). No quiero meterme en problemas. Aunque, ¿debería mostrar experiencia frente a mis ídolos? ¿Debería fingir que le doy una fumada? ¿Debería probar la hierba por primera vez? Si alguna vez voy a probarla, este es el mejor momento.*

Muy lejos, al otro lado de la sala, está Antonio con su presencia intensa e icónica. Hago una pausa, trago saliva y le digo a la persona que me ha pasado el porro:

«No, gracias».

Cuando dije que no, nadie me avergonzó ni me despreció, sino que respetaron mi decisión.

Mirando atrás, veo que mi respuesta también decía algo fuerte de mí, porque cuando devolví el porro, ese se convirtió en un momento crucial de mi vida. Me di cuenta de mi fuerza. Acababa de demostrarme que no tenía que hacer nada que no quisiera. Ni en aquel entonces, ni ahora, ni nunca. Me quedé allí sentado, contando chistes e historias, pensando en que si juntas un poco de fuerza cuando es más importante, ese es el momento en que la vida cambia para ti. Nada puede sujetarte. Puedes tomar tus propias decisiones. Puedes ser tú mismo. Ese tipo de confianza puede llevarte a cualquier parte.

ESOS PEQUEÑOS MOMENTOS DE FUERZA TAMBIÉN aparecieron en otros lugares para mí; aunque no siempre. No obstante, tenían una forma de entrelazarse a lo largo de mi carrera y, cuando supe aprovecharlos, tomé buenas decisiones que me llevaron a otras cosas buenas. Seguí trabajando en el cine, manteniendo a mi familia. Después de que *El amor llama dos veces* terminara en 2011, y durante los siguientes años de mi receso, aparecí en otra serie de películas, entre ellas *The Brooklyn Brothers Beat the Best*, *The Girl is in Trouble* y *Retales de una vida*. Todas fueron buenas experiencias y seguí conociendo a gente increíble.

También seguí apareciendo en televisión, sobre todo como invitado. Trabajé en *Los hechiceros de Waverly Place*, *El show de Cleveland*, *Royal Pains*, *NTSF:SD:SUV::* y *Fuera de lugar*. Sin embargo, no todos los papeles eran como invitado. Interpreté al detective Efrem Vega en trece episodios de la onírica serie policial *Awake*, que marcó mi regreso a la televisión, esta vez haciendo algo que mis fans no me habían visto hacer. Tuvo un buen estreno y fue un éxito en cuanto a la crítica y al público, pero su audiencia no fue suficiente para que la cadena la mantuviera, así que, por desgracia, la cancelaron. Eso pasa a menudo en el mundo de la televisión. También aparecí en *Oso: agente especial*, *Are You There, Chelsea?* y *RuPaul's Drag Race*, que me encantó hacer. El programa es pura magia.

Interpreté al personaje de Ricardo Montes cuatro veces en la serie *Raising Hope*, lo cual fue muy divertido porque mi personaje es el pretendiente de Melanie Griffith, quien entonces estaba casada con Antonio Banderas. Melanie es una leyenda, y es muy agradable trabajar con ella. En una escena, nuestros personajes se besan (lo cual me intimidaba porque había visto *La balada del pistolero* muchas veces).

En 2014, supongo que mis años de receso habían terminado de manera oficial porque volví a la televisión regular con una buena racha, aparecí como Carlos Madrigal durante tres temporadas (veintitrés episodios) en la saga de crímenes sobrenaturales *Del crepúsculo al amanecer*, basada en una película de Quentin Tarantino y Robert Rodríguez. La serie de televisión ampliaba los temas y los personajes, y presentaba una trama intrincada y sangrienta que incluía a atracadores de bancos, secuestros, vampiros y la mitología azteca. Yo interpretaba a uno de los villanos principales, lo que implicaba mucha pólvora, sangre falsa y colmillos cada noche de rodaje. Grabamos las dos primeras temporadas en Austin y la última en Nuevo México. En aquella época estaba muy ocupado, así que los guionistas me mataron al final de la segunda temporada y me resucitaron para que hiciera un par de episodios más de la tercera. Robert Rodríguez era el productor ejecutivo y el director de la serie, y fue estupendo trabajar con él. Era capaz de crear personajes latinos, icónicos y bien rudos como nadie. Ha puesto en alto a la comunidad latina, ha puesto de moda los acentos y nos ha hecho formar parte del cine convencional. Hoy en día, seguimos siendo amigos.

Una de las razones por las que estaba tan ocupado era que, más o menos a mitad de la serie *Del crepúsculo al amanecer*, también empecé a aparecer como Will Blake en el drama futurista *Minority Report*. Trabajaba en dos series al mismo tiempo. Era la primera vez que Steven Spielberg permitía que una de sus películas, *Minority Report*, se convirtiera en una serie de televisión. Aparecí en los diez episodios, pero fue cancelada tras una sola temporada.

Luego vino mi paso por *Grey's Anatomy*, el programa guionado de mayor duración de la ABC en horario de máxima audiencia. Estaba al aire desde 2005, y en 2016 me llamaron para interpretar al personaje de Kyle Díaz, un enamorado de Stephanie Edwards, residente de

cirugía en el Grey Sloan Memorial Hospital. Mi personaje es un gui-
tarrista profesional, pero le acaban de diagnosticar esclerosis múltiple,
por lo que le ha aparecido un temblor en la mano que detiene su gira.
Los productores me ofrecieron unos cuantos episodios, el personaje
gustó a los fans y acabé haciendo cinco episodios antes de que Kyle
contrajera una infección y muriera.

Fue una época tan intensa en la vida real, pero estaba muy agradecido por la atención que recibía mi personaje. *Grey's Anatomy* tenía
muchos fans, tanto en aquella época como ahora. Cuando caminaba
por un aeropuerto, la gente me miraba y se ponía como loca. «¡No
podemos creer que te hayan matado! —exclamaban—. ¡Queríamos
que vivieras!».

OTRA RAZÓN POR LA QUE MI VIDA EMPEZÓ A IR A TODA
marcha era que mi agenda se había llenado de proyectos de
voluntariado, causas que me tocaban el corazón. Ahí es donde,
de verdad, una fuerza interior puede brillar. Aunque resulte extraño,
a pesar de estar tan atareado, no me sentía demasiado ocupado, sobre
todo cuando trabajaba como voluntario. Sentía que nada que pudiera
hacer era suficiente. Se había encendido un fuego en mi interior, un
impulso que me hacía seguir adelante, día tras día.

El voluntariado se intensificó en las vísperas de las elecciones presidenciales de 2004. Mi amiga Rosario Dawson me llamó por teléfono
y me contó que en Estados Unidos había muy pocos latinos registrados
para votar. Hoy en día, los latinos son el segundo mayor bloque de
votantes del país, pero en ese entonces, no era así. Además, muchos
latinos tenían miedo de participar en el censo nacional de ese año. Las
barreras lingüísticas y las diferencias culturales se interponían en el
camino, y algunos latinos percibían el censo más como una conspira-
ción, preocupados de que el gobierno les hiciera preguntas indiscretas
sobre su vida privada o su ciudadanía.

Rosario quería asegurarle a la comunidad latina que un censo era en realidad algo bueno. Al participar, los latinos podían contribuir a que la información enviada al gobierno sirviera para que las escuelas, los hospitales, las carreteras y los servicios sociales recibieran la financiación necesaria. A la hora de registrarse para votar, todos los ciudadanos de Estados Unidos mayores de dieciocho años tienen derecho al voto. Los latinos debían acudir a las urnas y ser tenidos en cuenta.

Rosario, la activista política María Teresa Kumar (quien se convirtió en mi mentora) y varias personas más estaban formando una organización llamada Voto Latino. Me pidieron que me uniera a su primera campaña de empadronamiento. Así que comenzamos a trabajar para registrar a los votantes y animar a los latinos a participar en el próximo censo. En esa época, había pocas redes sociales, pero hicimos una campaña en MTV que tuvo bastante éxito. Realizamos festivales en la calle y seminarios, y empecé a viajar por todo el país dando charlas para la organización. Participé en conciertos y debates con artistas, actores y deportistas. Empecé a reunirme con políticos y viajé varias veces a la Casa Blanca y al Capitolio de Estados Unidos. También apoyaba los esfuerzos locales de la organización, hablaba con la gente cuando salía de las tiendas y los animaba a inscribirse. Además, defendía algunas de las iniciativas más difíciles de la fundación, animaba a la gente a votar a mitad de legislatura, no solo en las elecciones presidenciales.

Aunque tengo opiniones políticas específicas sobre muchos temas, en lo personal, adopté un enfoque no partidista en mi activismo, porque estaba más interesado en educar a la gente para que votara por sus intereses y con el corazón y la mente. Quería empoderar y educar a la comunidad latina, pero no quería decirles por quién votar. Hay muchos países en los que la gente no tiene derecho al voto. Así que animaba a las personas a que pensaran en el voto como un regalo. Votar era un privilegio, igual que tener la licencia de conducir es un privilegio, no un derecho. Podían ayudar a configurar el paisaje que los rodeaba y el clima de este país y, cuando votaban, se ayudaban a sí mismos. En general, quería ayudar a crear una celebración nacional de la democracia.

De aquellos años surgieron muchos resultados interesantes. Recuerdo que conocí a un niño latino en un seminario en Miami. Tendría unos ocho o nueve años y estaba con sus padres. Luego de la charla, se me acercó y me pidió una foto. Acepté, nos sacamos la foto, le firmé un autógrafo y estuvimos hablando un rato. Lo animé a dar lo mejor de sí en la vida, a agradecer las oportunidades que le brindaban sus padres, que empezara a retribuir y a desarrollar todo su potencial. Recuerdo que le dije bien claro: «Todo lo que quieras hacer en la vida, lo vas a conseguir». Pasaron los años, y hace un par de meses, cuando estaba de gira en Alemania, un joven oficial del Ejército se me acercó y me preguntó: «¿Te acuerdas de mí? Yo soy aquel niño con el que hablaste en Miami. Fuiste una de las primeras personas en Estados Unidos que me dijo que podía hacer lo que quisiera. Eso fue muy impactante. Al crecer quería servir a mi país y hoy lo estoy haciendo gracias en parte a tu inspiración». Nos dimos un abrazo y me costó mucho no llorar. Nunca se sabe a quién vas a impactar para bien en la vida.

LUEGO DE TERMINAR LA PELÍCULA *FAST FOOD: EL LADO oscuro de la comida rápida* en 2006, el director Richard Linklater y el guionista Eric Schlosser se sentaron conmigo y me dijeron: «Wilmer, tienes una gran oportunidad. Las generaciones más jóvenes te escuchan y también lo hace Washington. Tienes la oportunidad de hacer algo bueno». Los dos eran unos apasionados de las causas en las que creían y fueron mis mentores en el área del activismo y me ayudaron a crecer. Adoptaron la postura de que, así como en Estados Unidos se nos da mucho, también debemos dar mucho. Depende de nosotros hacer algo que valga la pena con las oportunidades que se nos presentan y que nosotros mismos creamos.

El personaje que interpreté en *Fast Food: El lado oscuro de la comida rápida* estaba basado en hechos reales. Era a quien quería honrar: a un inmigrante indocumentado que cruza la frontera con miembros de su familia, en busca de una vida mejor. Consigue trabajo en un matadero donde tiene un accidente y su jefe lo echa. ¿Dónde encuentra la esperanza para alcanzar sus sueños?

Así que trabajé para entender los problemas a fondo y no dejé de ir a Washington. A veces, hablaba en debates junto con otros líderes, actores y activistas. En otras ocasiones, iba solo. Hablé en almuerzos del Congreso y en el pleno del Congreso. Hablé con senadores y con la prensa. Hablé en el escenario de varias giras, cumbres y eventos. A lo largo de los años, empezando por Bill Clinton, he conocido a todos los presidentes en ejercicio, excepto a uno. Cuando el presidente Obama estaba trabajando en la reforma inmigratoria, me invitó a hablar en un debate y a colaborar con sus iniciativas. Después me reuní varias veces con él para hablar de los temas que más le preocupaban. Fue un verdadero honor y, con el tiempo, el presidente Obama y yo terminamos trabajando mucho en la reforma migratoria.

Coincidíamos en que los inmigrantes indocumentados también tienen derechos. Es demasiado fácil para la gente subirse a una tarima y gritar que todos los trabajadores indocumentados deben volver a su país. Está claro que esa no es la respuesta. En Estados Unidos, los inmigrantes indocumentados realizan muchos trabajos legítimos y necesarios. Existen industrias enteras que dependen de ellos, industrias que proporcionan bienes y servicios de los que todos los estadounidenses se benefician y disfrutan. Queríamos ayudar a que la gente viera que los inmigrantes pueden ser una ventaja, no un problema.

Una forma de ayudar es garantizar que los latinos y otras minorías tengan permiso para estar en el país y que se los proteja y compense mientras realizan estos trabajos. Necesitamos una democracia inclusiva en la que todas las personas estén representadas y sean valoradas. No podemos seguir pagando a los trabajadores indocumentados de forma clandestina o por debajo del salario mínimo. Si un inmigrante indocumentado tiene un accidente laboral, es demasiado fácil para un empleador despedir a esta persona y contratar a un grupo nuevo de trabajadores. Parte de la solución consiste en mejorar los sistemas para optimizar el proceso de documentación de los inmigrantes. Así estarían mejor protegidos y, a su vez, pagarían de forma más constante los impuestos federales sobre la renta, lo que sería mucho mejor para el país.

Hace años conocí a una joven y valiente actriz latina llamada Diane Guerrero. Había nacido en Nueva Jersey y se había criado en Boston, por eso, había crecido con la idea de que su familia era norteamericana. Después de todo, tenía nacionalidad estadounidense. Sin embargo, una tarde, cuando tenía catorce años, regresó de la escuela y se encontró la casa vacía. Las luces estaban encendidas, la cena en el horno y el auto de la familia estacionado fuera, pero sus padres y su hermano mayor no aparecían por ninguna parte. Alarmada, corrió a la casa del vecino y se enteró de que su familia había sido detenida por agentes de inmigración y expulsada del país. Diane no sabía qué hacer.

Al parecer, los padres de Diane habían emigrado de Colombia antes de que ella naciera. Habían escapado de un clima económico desastroso y habían venido a Estados Unidos porque creían que tendrían una vida mejor. Durante años, trabajaron duro e hicieron muchos sacrificios. Mientras tanto, intentaban legalizar su situación migratoria, pero se habían quedado atrapados en un sistema lento. Y la historia empeora. Habían contratado a un abogado al que le habían pagado mucho dinero, pero este había huido y nunca lo habían vuelto a ver. Por desgracia, para sus padres y su hermano ya no había tiempo. Los habían deportado.

Me resulta increíble pensar que esto pueda ocurrirle a una niña de catorce años en Estados Unidos. Diane se quedó completamente sola. Por suerte, tuvo la ayuda de una comunidad solidaria. Aunque la habían apartado de su familia, decidió quedarse en Estados Unidos y alcanzar sus sueños. Los vecinos le ofrecieron un lugar donde vivir. Asistía a la Boston Arts Academy, una escuela de artes escénicas y el director se aseguró de que pudiera seguir estudiando. Diane pudo graduarse e ir a la universidad. Sin embargo, sus padres nunca regresaron a Estados Unidos, por lo que ella solo podía verlos cuando viajaba a Colombia.

Historias como estas (y muchas otras) demuestran que el sistema inmigratorio no funciona. Nunca se debe separar a los niños de sus padres. Diane superó los obstáculos e hizo una gran carrera como actriz, apareció en una larga lista de programas de televisión y películas. Hoy es más conocida por sus papeles en las exitosas series *Orange is the New Black* y *Juana, la virgen*. En 2021, interpretó a mi hija, Isabela Madrigal, en *Encanto*. No obstante, me pregunto hasta qué punto su vida podría haber sido aún mejor si hubiera tenido a sus padres cerca durante su adolescencia.

COMO NO ME FRENO A LA HORA DE CONTAR LAS historias más duras y como hago tanto activismo en la reforma migratoria, a veces la gente se pregunta cuál es mi postura.

Le estoy muy agradecido a este país que me ha dado el sueño americano. Estados Unidos no es un país perfecto, pero ofrece libertades que no existen en muchas otras partes del mundo. Tenemos libertad de expresión. Podemos reunirnos cuando queremos. Tenemos libertad de culto y de practicar cualquier religión. Aquí la prensa es libre de decir lo que quiera y las personas tienen derecho a un juicio justo. Tenemos educación pública gratuita, un derecho que no se concede en todos los países. Tenemos libertad para viajar, votar, tener propiedades y hacer negocios.

En definitiva, Estados Unidos ofrece a la gente la oportunidad de hacer algo por sí mismos. Aquí se puede lograr casi todo lo que uno se proponga. En lugar de quejarse, animo a la gente a que se arremangue y forme parte de la solución. Incluso el que la gente pueda vivir en este país y criticarlo es una libertad que las personas en muchas otras partes del mundo no tienen.

Varios centros de estudio elaboran todos los años un enorme

informe de cuatrocientas páginas llamado Índice de Libertad Humana. Es duro e intransigente, no tiene carácter propagandístico y utiliza más de ochenta indicadores distintos de libertad personal y económica para clasificar a los países desde el más libre hasta el menos libre.

En 2021, Suiza encabezaba la lista entre 165 países. Estados Unidos ocupaba el decimoquinto lugar. Venezuela, donde yo crecí, ocupaba el penúltimo lugar.[1]

Estados Unidos, incluso con sus defectos, sigue siendo un gran país donde abundan las libertades. No dejemos que nadie intente convencernos de lo contrario.

EN MIS AÑOS DE RECESO, PUDE COLABORAR CON muchas iniciativas de liderazgo comunitario, programas extraescolares y programas de mentores. Cuando tenía trabajo, me dedicaba a ello. Cuando no trabajaba, viajaba. En las horas libres, dedicaba mi tiempo a causas que influían en la gente para bien. Ya no tenía miedo de conocer a las personas, escuchar sus preocupaciones y hablar de las causas en las que creía.

Me convertí en el portavoz del Instituto del Caucus Hispano del Congreso, una organización que forma líderes y ofrece servicios educativos a los jóvenes. Como parte de ese trabajo, me presenté en talleres por todo el país, contando mi historia en un esfuerzo por inspirar a los jóvenes a ir tras sus propios sueños a través de la educación superior. Ayudé a poner en marcha el programa de preparación para la universidad del Caucus, *Ready to Lead*, que ayuda a los estudiantes latinos de secundaria a entender sus opciones de educación superior. Mi padre me había dicho más de una vez que recibiera la educación que él nunca tuvo. Para mí, eso significaba terminar la escuela secundaria. Para los estudiantes con los que hablaba, esperaba que eso significara la universidad. Ese fue uno de los trabajos más gratificantes que he hecho.

En una ocasión, cuando estaba en la Casa Blanca, un joven se me acercó, me contó que trabajaba para el presidente y me dijo: «Hace años diste una charla que fue de mucha inspiración». Esa era una historia impactante que todavía recuerdo muy bien. También sabía que por cada historia impactante, hay innumerables historias más silenciosas: los inmigrantes llegan a Estados Unidos; los jóvenes crecen; van a la universidad; tienen éxito en lo que se proponen; se convierten en profesores, dentistas y médicos, y contribuyen en gran manera a la sociedad estadounidense. Esas son las historias más silenciosas. A ellos era a quienes esperaba ayudar.

Empecé a trabajar como voluntario en la Fundación Christopher y Dana Reeve, que recauda fondos para tratar y curar las lesiones de médula espinal y ayudar a las familias afectadas por la parálisis. En 2010, me convertí en uno de sus embajadores. Organicé galas. Conocí a personas con lesiones medulares para escuchar sus historias y ofrecerles mi apoyo. Varias veces jugué al baloncesto en silla de ruedas en actos benéficos de la fundación. Respetaba mucho a Christopher Reeve, quien había fallecido antes de que yo me comprometiera con esto, así que nunca llegué a conocerlo, aunque conocí a varios miembros de su familia.

A lo largo de los años, recibí premios y honores por mi activismo, pero mi compromiso no tenía que ver con ganar premios. Me había vuelto adicto a ser visible y retribuir. Se convirtió en una consecuencia natural de mi carrera. Como me había enseñado mi padre, cuando uno sale con amigos a comer, paga la cuenta, da con generosidad; y no solo da su dinero, sino también su tiempo y su plataforma para difundir causas que son importantes. La responsabilidad y el éxito van de la mano, y no puedes guardarte el éxito para ti solo. Hay que devolverlo ayudando a los demás.

Tras las elecciones de 2016, hablé con America Ferrera por teléfono y le pregunté cómo se sentía. Estaba muy preocupada y yo también. Parecía como si el clima social en Estados Unidos estuviera permitiendo una postura más hostil hacia las comunidades marginadas. Algunos estadounidenses estaban malinterpretando lo que significaba ser libre. Los grupos más extremistas hacían declaraciones aterradoras y actuaban con crueldad. Muchas comunidades minoritarias se convertían en blanco de ataques y daba la sensación de que se había concedido licencia para atormentar y odiar. No estoy seguro de que todos en Estados Unidos sintieran esa tensión, pero las comunidades minoritarias por supuesto que sí.

Organizamos varias reuniones para escucharlos, espacios seguros, donde personas de distintas comunidades minoritarias se reunían para expresar sus preocupaciones. Latinos, asiáticos, negros, musulmanes, nativos americanos, LGTBI. Todos nos unimos. Varias personas dijeron que nunca se habían reunido así, pero que se sentían con fuerzas para unirse. Lo que más escuchamos fue que era un momento vulnerable para ser una minoría. Querían sentirse seguros y escuchados. Querían reunirse para revitalizarse, sanar y poner en práctica sus ideas.

A poco tiempo de comenzar el nuevo año, 2017, cofundamos una organización llamada Harness, junto con el cineasta Ryan Piers Williams. Queríamos reunir a líderes y comunidades para que compartieran sus fortalezas y queríamos ayudar a lograr un cambio que restaurara la verdadera libertad para todas las personas. La fundación sigue hoy en día marchando con fuerza. Harness se ha convertido en el espacio que les da la bienvenida a las voces de las comunidades que están sobre el terreno haciendo el trabajo. Nos esforzamos por trabajar con las comunidades marginadas para crear un mundo más equitativo en el que todos puedan prosperar.

Nuestro programa llamado «DEAR Hollywood» lucha por la igualdad de acceso y representación en las industrias del entretenimiento y las artes. Otro programa llamado «Protejamos lo sagrado» ayuda a los líderes nativos a reforzar su soberanía indígena. Una iniciativa llamada «Justicia de género» trabaja para cambiar las narrativas dominantes dañinas en torno al género en la cultura popular. Además, se han creado otras iniciativas y programas para apoyar la justicia racial, de género y cívica. En definitiva, lo que queremos es justicia, cuidados y conexión para todos.

EL AMOR PROPIO ES IMPORTANTE PARA TODAS LAS personas. Cuando nos miramos al espejo, tenemos que valorar lo que vemos. Si no nos respetamos a nosotros mismos, tenemos que poner manos a la obra y hacer cambios. A lo largo de los años de activismo, de verdad sentí que me estaba convirtiendo en el hombre que quería ser. No soy una persona perfecta de ninguna manera, pero he aprendido y crecido a partir de mis errores y continúo evolucionando. Hoy siento que me he convertido en la persona que un joven Wilmer habría admirado. Valoro mucho a mi familia, un sentimiento que también tengo por mi familia ampliada y mi comunidad latina, y me solidarizo con todos los grupos de personas marginadas. Amo a este país por las oportunidades que me ha dado y quiero que todas las personas del mundo puedan vivir con valores, respeto, progreso y libertad. Creo que todo es posible en Estados Unidos, y las únicas cosas que son imposibles son las que uno se ha dicho a sí mismo que lo son.

Aquí un pequeño ejemplo de lo acogedor y respetuoso que puede ser este país con los inmigrantes. Mi madre me apoya mucho, pero le gusta mantener un perfil bajo. Durante mis años de receso, nunca me había oído hablar de mi activismo y solo tenía una vaga idea de mis esfuerzos como voluntario, sobre todo a través de los servicios de noticias en español.

Un Día de la Madre, hace unos años, decidí regalarle un viaje sorpresa. Ella sabía cuándo nos íbamos, pero no a dónde ni a qué. Le dije que pusiera en la maleta ropa bonita. Subimos al auto y nos dirigimos al aeropuerto. Miró el pasaje y me dijo:

—¿Dallas? ¿Vamos a Dallas?

—Espera y verás, mamá —le contesté—. Vas a disfrutar mucho de este viaje.

Mi madre nunca había estado en Dallas, así que no sabía cómo era la ciudad. Cuando aterrizamos, estaba oscuro y yo seguía sin decirle dónde estábamos. Tomamos un auto hasta el hotel y la acompañé hasta su habitación. Le dije a qué hora nos veríamos por la mañana y que se arreglara. Al día siguiente, temprano, me puse un traje y fui a buscarla a su habitación.

—Primero tengo un pequeño compromiso en el que tengo que hablar —le conté —. Luego haremos lo nuestro.

Mientras recorríamos la ciudad, ella miraba por la ventanilla con una sonrisa de perplejidad, disfrutando de la aventura. Yo le había dado instrucciones a nuestro chofer para que nos llevara por la parte de atrás del edificio para que no lo reconociera cuando llegáramos a nuestro destino. Estacionamos y bajamos. Mientras caminábamos por una zona verde y frondosa, mi mamá me preguntó:

—¿No es este el jardín de Jackie?

Yo solo me reí.

Nos recibió una guía turística que nos dijo:

—Bienvenidos a la Casa Blanca.

Mi madre me dio un puñetazo en broma en el hombro.

—¡Wilmer! ¡¿Estamos en la Casa Blanca?!

Me reí.

—En realidad, volamos hasta el Aeropuerto Internacional Dulles, en Virginia.

Había otras personas cerca de la entrada. Nos indicaron que pasáramos a una sala privada, lo que era parte del plan. Junto con otras dos personas, esperamos dentro de la sala unos instantes, hasta que se abrieron las puertas de dos hojas. Dos agentes de seguridad uniformados de la Casa Blanca entraron y se colocaron a ambos lados de las puertas...

Y entraron Barack Obama y Joe Biden.

Nos saludaron como si fuéramos amigos de toda la vida.

—Wilmer, es lindo volver a verte —me dijo el presidente Obama con su voz profunda y firme, luego saludó a mi madre en español y le dio un pequeño abrazo. Ella sonreía de oreja a oreja. Le deseó un feliz Día de la Madre y luego le dijo sin rodeos:

—Debe de estar muy orgullosa de su hijo. Está haciendo un gran trabajo por su país.

Fue un momento tan surrealista. Mi madre le sonrió al presidente y luego me miró con cara de desconcierto, como diciendo: «¿Quién es mi hijo y qué tipo de trabajo hace para que el presidente de Estados Unidos sepa su nombre? ¿Y quién soy yo para que el presidente me hable en mi propio idioma?».

Nos tomamos algunas fotos y se nos acabó el tiempo. Volvimos al auto y llevé a mi madre a un almuerzo especial por el Día de la Madre. Durante la comida, estuvo callada y yo también, como si estuviéramos reflexionando sobre el asunto. Mientras cenábamos *frittatas* de jamón y queso, y bebíamos champán, me di cuenta de que no hacía tanto tiempo que mi familia había llegado a este país en busca de una vida mejor. En los años transcurridos, habíamos vivido tiempos difíciles, pero también habíamos podido cumplir nuestros sueños. Sabía que un tercio de mi corazón aún se identificaba con las raíces colombianas de mi madre. Otro tercio se identificaba con las raíces venezolanas de mi padre. El último tercio, que había crecido hasta eclipsar a los otros dos, era ahora mi espíritu y mi alma. Ese tercio estaba ligado a Estados Unidos. Respetaba mis raíces, pero estaba muy orgulloso de ser estadounidense. El futuro mejor que ahora vivíamos, esa mejor vida, es lo que deseo para todos los que vienen a este país.

CAPÍTULO 9

La USO

Al principio parecía como cualquier otro martes por la mañana. Yo tenía veintiún años y ya llevábamos un par de temporadas de *That '70s Show*. La alarma sonó, no me levanté para hacer mi rutina de ejercicio y presioné el botón de repetición varias veces antes de levantarme de la cama, meterme en la ducha, vestirme y tomar el desayuno en la cocina. Eran alrededor de las 7 de la mañana. Estaba a punto de salir por la puerta y dirigirme al estudio cuando mi localizador sonó. (Sí, por aquel entonces tenía uno).

«911».

El mensaje era de una de mis mejores amigas, quien vivía en la Costa Este. «911» significaba que quería que la llamara de inmediato.

—¿Qué sucede? —le pregunté cuando la llamé por teléfono.

—Enciende la televisión —respondió ella—. ¡Ahora!

Su voz temblaba, llena de preocupación. Nunca la había escuchado así antes. Encendí la televisión.

«Guau», fue lo único que pude decir.

Era el 11 de septiembre de 2001. Todos los canales transmitían las mismas imágenes. La primera y la segunda torre del World Trade Center habían sido atacadas por los Boeing 767 secuestrados, y la Torre

Sur acababa de caer. El humo tóxico llenó el cielo de la ciudad de Nueva York. El vuelo 77 se había estrellado contra el lado oeste del Pentágono, el centro neurálgico de las fuerzas armadas de Estados Unidos. El vuelo 93 se había estrellado en un campo cerca de Shanksville (Pensilvania). Mientras estaba parado en mi cocina en Los Ángeles y veía en vivo el ataque de la Costa Este de Estados Unidos, la Torre Norte se derrumbó en tiempo real, justo frente a mis ojos. De repente, los dos edificios más altos de Nueva York quedaron reducidos a escombros. Miles de personas estaban muriendo. Escombros y papel carbonizado llovían del cielo. Parecía imposible que terroristas pudieran atacar a Estados Unidos en nuestro propio suelo, pero así era; y todo era muy real.

Mi teléfono sonó. Era un representante del estudio que llamaba para decir que se cancelaban todos los ensayos del día. Todos necesitaban tiempo para llorar y procesar el horror. Todo el resto de ese día estuve pegado al televisor. Me sentía vulnerable, inseguro, enojado, temeroso y a la defensiva. Los presentadores de noticias especulaban que más ciudades de Estados Unidos serían atacadas. Estadios, centros de convenciones, centros comerciales, cualquier lugar donde hubiera concentración de gente. Ningún lugar parecía seguro.

A la mañana siguiente, me subí a mi auto y conduje hasta el set, solo para estar rodeado de otras personas igual de consternadas. En el camino, vi banderas estadounidenses ondeando por todas partes: en los patios de las casas, en los toldos de las tiendas, en los mástiles colocados de forma apresurada por toda la ciudad, en las antenas de los automóviles. Todo Estados Unidos estaba de luto, y todos nos dolíamos juntos.

En el plató, nada parecía igual. Ashton tenía una mirada perdida en sus ojos. Mila lloraba. Todos nos mirábamos y sacudíamos la cabeza. Tratamos de ensayar, de continuar con nuestro trabajo, pero ese día nadie podía contar bien los chistes. Ninguna de las escenas tenía ritmo.

Unos días después, el presidente George W. Bush recorrió la Zona Cero, la humeante masa de escombros que solía ser el Trade Center. Trabajó codo a codo con los bomberos, los policías y los rescatistas, quienes todavía seguían buscando víctimas entre las ruinas. Se dirigió a la multitud que se había reunido a su alrededor, usando un megáfono para proyectar su voz. Juntos, la ciudad, la nación y el mundo estaban de luto por la pérdida de casi tres mil personas que habían muerto en los atentados. Además de estadounidenses, habían sido asesinadas personas de distintas nacionalidades. La ciudad de Nueva York es un crisol para el mundo. Allí convive gente de Canadá, Australia, Argentina, Bangladesh, Brasil, Chile, Colombia, Francia, Alemania, India, China, Italia, Japón, México, Filipinas, Corea del Sur, Reino Unido, Venezuela y muchos otros países. Unos y otros habían muerto a manos de terroristas. Lo que sucedió el 11 de Septiembre no fue solo un ataque contra Estados Unidos. Fue un ataque al mundo.

«Quiero que todos sepan —gritó el presidente— que Estados Unidos hoy está de rodillas, rogando por las personas que perdieron la vida aquí, por los trabajadores que laboraban aquí, por las familias que están de luto. Esta nación acompaña a los buenos ciudadanos de Nueva York, Nueva Jersey y Connecticut, mientras lloramos la pérdida de miles de nuestros ciudadanos».[1]

En un momento que se ha vuelto famoso en la historia moderna, un rescatista solitario, que se esforzaba por escuchar al presidente desde el fondo de la multitud, gritó: «¡No lo oigo!».

El presidente respondió: «Yo sí te oigo. Te oigo. El resto del mundo te oye. Y las personas que derribaron estos edificios pronto nos oirán a todos».

La multitud vitoreó y luego se puso a corear: «¡EE. UU.! ¡EE. UU.!».

Ese día vi nacer energía, una energía que se sentía en todo el país y en muchos otros países del mundo que aman la libertad y odian el horror. Estábamos todos juntos. Estábamos unidos. Los ataques terroristas necesitaban una respuesta.

MIENTRAS REGRESABA EN AUTO A CASA DESDE EL estudio unos días después de los atentados, traté de poner mis pensamientos en orden. Mucha gente se estaba alistando, y aunque no tenía miedo de luchar por las causas correctas, nunca tuve la oportunidad de usar el uniforme, pero siempre quise servir. Si no me convertía en soldado, ¿qué podía hacer? ¿Había alguna otra forma de servir a mi país?

Esas preguntas me acompañaron por algún tiempo, aunque no sabía por dónde empezar. Un par de años después, comenzó a surgir una respuesta. Una tarde, mientras iba caminando por el aeropuerto de Newark, tres jóvenes soldados uniformados se me acercaron y me dijeron lo mucho que les gustaba *That '70s Show*. Estaban muy contentos de conocerme y no paraban de hablar. Antes de que pudiera decir una palabra, me agradecieron por mi papel en el programa.

Me dieron las gracias, *a mí*.

Me quedé sin palabras. Estaba demasiado emocionado. Aquí estaba yo, tan agradecido por lo que ellos hacían. Debería haber sido yo quien les diera las gracias.

Mientras hablábamos, me explicaron que cuando habían sido desplegados en el Medio Oriente, se habían sentido muy lejos de casa. Me contaron que nuestro programa se emitía por American Forces Network, un servicio de transmisión de radio y televisión que se envía al personal militar que se encuentra en el extranjero. Estábamos en las instalaciones en muchas partes del mundo. Los muchachos en la base coleccionaban e intercambiaban los DVD de *That '70s Show* como tarjetas. Cada vez que veían el programa, tenían la sensación de estar de vuelta en casa.

Tenía que procesar esa información. Los soldados tomaron algunas fotos. Firmé algunos autógrafos, nos dimos la mano y nos abrazamos antes de despedirnos. Mientras me alejaba, seguía sacudiendo la cabeza con incredulidad. Llegué a la puerta de embarque, y una idea comenzó a formarse. Al principio, me pareció una tontería, pero cuanto más pensaba en el intercambio que acababa de tener, la idea no parecía tan tonta después de todo. ¿Y si Fez fuera a saludar a las tropas? Podría contar algunos chistes, estrechar algunas manos.

Podría animar a algunas personas que hacen un trabajo dificilísimo. Podría llevar algo de alegría a las personas que necesitaban un poquito de su hogar.

De niño, estando en Venezuela, siempre tuve un gran respeto por Bob Hope. Solía verlo en la televisión todo el tiempo. Él se asociaba con Frank Sinatra, Dean Martin, Marilyn Monroe, Jerry Lewis, Sammy Davis Jr., muchos de los artistas emblemáticos de su época, y viajaban a las bases militares en Estados Unidos y en el extranjero para entretener a las tropas con las Organizaciones de Servicio Unido (USO, por sus siglas en inglés). Juntos organizaban espectáculos de canto y obras teatrales. Bob Hope era un personaje fuera de lo común. Parecía que su trabajo en el escenario lo realizaba sin esfuerzo. Se notaba que la pasaba bien con sus amigos y con toda la gente del público.

Sabía que la USO era como un club de apoyo para los militares. No está a cargo del gobierno federal. Está aprobada por el Congreso, pero es una organización sin fines de lucro que depende de la generosidad de personas, organizaciones y empresas para financiar sus actividades. Ya sea que una persona esté en el escenario, sirva la comida, reparta bocadillos, ayude a las tropas en la transición de un lugar a otro o acompañe a los familiares de los caídos y heridos, todo está hecho por voluntarios.

Hablé con mis agentes, ellos llamaron a la USO y al cabo de una semana un representante de la USO me estaba ofreciendo fechas para una gira de apretón de manos, algo así como un encuentro breve con el personal militar. Eso me pareció bien, pero de inmediato me pregunté si podía hacer más. *Yo Momma* se estaba emitiendo por MTV y pensé: *¿No sería genial si lleváramos todo el programa para entretener a las tropas?* Les expliqué la premisa del programa a los responsables de la USO, ellos dudaron un poco, pues no era algo habitual para ellos. Sin embargo, reconozco que fueron bastante visionarios como para ver que el programa lograba conectar con la generación más joven. A pesar de que no tenían idea de en qué se estaban metiendo con *Yo Momma*, aceptaron.

Primero llevamos *Yo Momma* a las tropas estadounidenses en Alemania. Llevé a ocho o nueve artistas, a personas que trabajaban en el espectáculo y a Frankie J, el cantante latino que había ganado varios premios. Nació en Tijuana, llegó a Estados Unidos cuando tenía dos años y está muy orgulloso de su país adoptivo. El auditorio estaba repleto para el espectáculo. Primero animamos al público con un DJ y mostramos algunos videoclips del programa. Frankie J salió e interpretó sus éxitos «That Girl» y «Suga Suga» y un par de canciones más. Luego, nuestros concursantes de *Yo Momma* salieron y subieron al escenario. Habíamos organizado un duelo de campeones entre la Costa Este y la Costa Oeste, y ahí comenzaron con los golpes verbales, las bromas y los chistes. La primera ronda contó con frases ingeniosas sobre las madres. La segunda ronda mostró insultos de estilo libre. La tercera ronda se trataba de hacer el chiste perfecto, un chiste que les ganara a todos. Fue una locura total.

Tu mamá es tan gorda que el caballo de su polo es real.

Tu mamá es tan fea que cuando entra en un banco apagan las cámaras.

Tu mamá es tan tonta que, cuando escuchó que había un asesino serial suelto, fue a su casa y escondió todos los cereales.

El público acompañó a los artistas, riendo, vitoreando y gritando en los momentos adecuados. Casi al final del espectáculo, tomé el micrófono y dije algo sencillo, pero de corazón. «Solo quería decir en nombre de todos los que estamos aquí, no solo en el escenario sino también en casa, que los extrañamos, los apreciamos y nos hacen sentir orgullosos de ser estadounidenses. Solo quiero que sepan que estaremos esperándolos en casa».

El espectáculo duró más de una hora y, cuando terminó, firmamos autógrafos, nos sacamos fotos y nos dimos la mano con los miembros de la tropa. Hice algunas preguntas, pero me detuve a escuchar más que a hablar. Escuché historia tras historia de por qué cada uno se había unido al ejército. La mayoría se había alistado porque tenían un sentido del deber, un llamado. Querían que Estados Unidos y el mundo estuvieran a salvo del terrorismo. Algunos contaron que se habían convertido en técnicos de radar o en mecánicos de objetos pesados en las fuerzas armadas; estaban felices de aprender un nuevo oficio y de servir a su país de esa manera. Muchos dijeron que el ejército les daba un sentido de propósito y de pertenencia. Eran parte de algo más grande que ellos mismos. Todos mencionaron que valoraban la libertad y las oportunidades. Yo sentía que mi perspectiva se expandía.

Más tarde me enteré de que nuestra primera presentación de *Yo Momma* ante las tropas estuvo a punto de no realizarse. Al parecer, algunos de los altos mandos estaban preocupados por el contenido de *Yo Momma*, porque tal vez no era la imagen correcta para el ejército de Estados Unidos. Sin embargo, una vez que vieron nuestro espectáculo, se dieron cuenta de que *Yo Momma* se trataba de diversión, y no de ofender a nadie de verdad. Cuando estaba en el escenario, vi a algunos oficiales de alto rango entre el público. Se estaban descostillando de la risa junto con todos los demás. El espectáculo reunió tanto a oficiales como a soldados.

Durante esa misma gira, volamos de Hohenfels a Stuttgart y actuamos para las tropas una segunda noche, luego a Ramstein para un tercer espectáculo. El Centro Médico Regional de Landstuhl fue nuestra siguiente parada donde esperaba reunirme con algunos de los soldados heridos y seguir adelante. No estaba preparado para una cirugía mayor en mi propia alma. Cuando el personal militar resulta herido en el extranjero, Landstuhl es el lugar al que suelen volar primero, donde se recuperan lo suficiente como para tomar el vuelo de regreso a Estados Unidos.

Para mí, Landstuhl fue mi momento clave. Ahí es donde ocurrió mi gran cambio interno. Al visitar a las tropas en el hospital, conocí a muchos soldados heridos, hombres y mujeres que han sacrificado muchísimo. Vi de primera mano su valentía y resiliencia. Fue como si apareciera en mi corazón una nueva sensación de querer cuidar a otros, una nueva capacidad de compasión que me golpeó sin previo aviso y con fuerza. En Landstuhl, me di cuenta de que tenía la responsabilidad de decir lo correcto, de ser considerado, cuidadoso, servicial y alentador, sin importar cuán traumática fuera la situación en la que me encontraba. Mi trabajo durante los espectáculos era entretener, inspirar, ayudar a las tropas llevándoles un pedazo de casa y tranquilizándolas. Sin embargo, en Landstuhl mi misión era curar. Alguien me dijo más tarde que cuando un fuerte sentido de compasión como ese te golpea tan duro, es Dios obrando en tu vida, ofreciéndote la oportunidad de marcar la diferencia en un mundo difícil, infundiéndote un nuevo sentido de propósito.

Unos meses después de mi primer viaje, regresé a Landstuhl con el General del Cuerpo de Marines James Cartwright, vicepresidente del Estado Mayor Conjunto; la modelo y cantante Mayra Verónica, y mi buen amigo el comediante Russell Peters. Era noviembre, justo a tiempo para el Día de Acción de Gracias estadounidense. Antes de Landstuhl habíamos realizado espectáculos en la base aérea de Bagram en Afganistán, en Camp Liberty en Bagdad y en varias otras bases antes de visitar a las tropas en Turquía y Groenlandia. Dondequiera que íbamos, expresábamos nuestro apoyo y aprecio por los miembros del servicio. Fue un viaje impresionante, y fue la primera vez que estuve en una zona de guerra real.

Afganistán e Irak eran zonas difíciles y llenas de tensión. Todos en mi familia estaban aterrados por mí antes del viaje, pero yo estaba entusiasmado. Era mi contribución al esfuerzo. En una etapa de ese viaje, mientras volábamos en un helicóptero Osprey hacia Faluya, unas bengalas salieron disparadas de los costados del avión y me pregunté por qué. Eran nuestras bengalas. Cuando aterrizamos, el coronel que flanqueaba al general dijo: «Qué raro, ¿no? Nos tenían en la mira. No te preocupes, nunca aciertan». Tuve que pensar en eso un momento. Un Osprey dispara bengalas para confundir a los misiles que buscan calor. Supuse que a alguien de abajo no le agradábamos mucho. Aun así, no tuve miedo. Mucha seguridad rodeaba al General Cartwright en todo momento, y las fuerzas armadas hacían un gran trabajo manteniéndonos sanos y salvos en las giras. A todas partes yo llevaba un chaleco antibalas y un casco.

Luego regresamos a Landstuhl.

Me tomó algún tiempo poner en palabras lo que había visto y sentido en Landstuhl en mi primer viaje. Este segundo viaje fue igual de impactante.

En una habitación, un soldado se estaba recuperando de sus heridas. Cuando la enfermera nos hizo pasar, el soldado se estaba despertando, pero aún no había abierto los ojos. El General Cartwright y yo éramos los únicos de la gira en la habitación con él. Mayra y Russell estaban visitando a otras tropas.

Se sentía solemne estar en esa habitación con él, como pisar suelo sagrado. El soldado estaba conectado a todos estos tubos y su cara estaba vuelta hacia un lado. El general Cartwright se paró en ese lado, y justo en ese momento el soldado abrió los ojos y comenzó a enfocar su visión. Es muy raro que las tropas en el campo vean a un general de cuatro estrellas. Cuando vio al general Cartwright, se puso rígido e intentó levantar la mano en señal de saludo.

—Tranquilo —le dijo el general de inmediato, luego le habló en voz baja y amable—. Nuestro país está orgulloso de ti, hijo. Tu nueva misión es ir a casa y recuperarte.

El general siguió hablándole, susurrándole palabras de aliento en un tono tranquilizador, y después de un par de minutos, la postura del soldado se enderezó y se relajó. Giró la cabeza para verme. Una mirada desconcertada apareció en su rostro y con voz entrecortada dijo.

—¿Fez?

Todos nos reímos y yo dije:

—Bueno, seguro que estás más contento de ver al general que a mí.

El soldado se encogió un poco de hombros y habló despacio.

—En realidad, también me alegro de verte, pero tengo que admitir que todavía me siento como si estuviera dormido. Este parece el momento más raro de mi vida.

No queríamos hablar demasiado ni cansarlo. Cuando nos preparábamos para irnos, le dijo al general:

—Solo quiero volver con los muchachos.

Vi una ligera mueca de tristeza en el rostro del general.

Más tarde, cuando ya habíamos salido de la habitación, me enteré de la noticia y volví a comprender que a la gente común a la que nos referimos como personal militar se le encomiendan responsabilidades muy difíciles y extraordinarias.

La unidad del soldado había recibido un fuerte ataque. Él no sabía que podía ser el único sobreviviente.

UNA VEZ, EN OTRA GIRA DE LA USO, PASAMOS LA noche en uno de los palacios de Saddam Hussein. Se llamaba Al-Faw. Nos alojábamos en Camp Liberty en el Complejo Base Victoria, cerca de Bagdad. Alrededor del complejo había una línea de muros explosivos y alambres de púas para protegernos de los ataques de los hostiles. Dentro del complejo, era una historia diferente. Las bombas hidráulicas y las centrales eléctricas funcionaban, y el agua y la electricidad que Saddam había acumulado para sí mismo durante tantos años volvían a fluir sin problemas hacia el pueblo iraquí. El brutal dictador que había aterrorizado a su nación y a tantas otras partes del mundo había muerto.

Dicen que Saddam construyó cien palacios solo para él. El que visité estaba en el centro de un lago artificial. Los patos flotaban en la superficie. Los peces saltaban desde el fondo y chapoteaban a la luz del sol. Al anochecer, una hilera de luces de tierra se encendía y brillaba hacia arriba para iluminar las paredes de hormigón del palacio, haciendo que toda la joya arquitectónica pareciera hecha de oro.

En el interior del palacio, nuestros guías nos dejaban pasear de una habitación a otra en la estructura de unos 40 000 metros cuadrados (450 000 pies cuadrados). Los diseños eran ornamentados, las habitaciones enormes y los accesorios relucientes. Al parecer, Sadam no venía mucho a Al-Faw, pero a sus hijos, Uday y Kusay, les gustaba pasar el rato allí. Antes de que sus hijos murieran en un tiroteo en Mosul, habían acumulado una serie de delitos de asesinato y violación, y los informes dicen que torturaban a deportistas olímpicos iraquíes y a miembros del equipo de fútbol si perdían un partido. Uday mandaba azotar a los deportistas en la planta de los pies, destrozándoles los huesos y dañando de forma permanente los tejidos, para que no pudieran volver a correr. Se calcula que su padre, Sadam, fue responsable del asesinato de al menos medio millón de personas. Saddam incluso ordenó que se utilizaran gas mostaza y gases nerviosos contra sus propios ciudadanos: hombres, mujeres y niños. Exterminó pueblos enteros de una sola vez. Cuando contemplé aquel palacio, recordé que nunca debía olvidar quién era el enemigo.

Más tarde esa noche, después de la cena, me senté afuera en uno de los patios con dos coroneles que flanqueaban al general. Una hilera de helicópteros Black Hawk volaba bajo sobre nuestras cabezas, sacudiendo nuestras sillas y dándome escalofríos. Cuando el cielo nocturno volvió a la calma, encendimos cigarros y contamos historias sobre nuestra infancia, cómo todos anhelábamos oportunidades cuando creciéramos. Giras como esta me recordaban que todo el esfuerzo valía la pena.

Después de recorrer el palacio, comencé a comprender mejor mi propio papel en la guerra contra el terrorismo. No era un soldado de primera línea, pero a menudo compartía las mismas zonas de guerra. Mi papel, aunque pequeño, era ayudar a nuestros defensores a superar las dificultades a las que se enfrentaban. Si podía recordarle a nuestra gente las cosas buenas de casa, tal vez infundirles fuerza y nunca dejar que olvidaran cuánto apreciamos su sacrificio, de alguna manera eso podía ayudar a nuestro personal militar a seguir adelante en los días difíciles.

Comprender esa visión me ayudó a seguir adelante. Con los años, me volví adicto a servir en la USO. Seguí visitando lugares, haciendo espectáculos. Entretuve tropas en Afganistán, Irak, Alemania, Polonia, Corea del Sur, Yibuti, Groenlandia, Noruega, Baréin, Baviera, en barcos en alta mar y en un sinfín de bases nacionales. He hecho diez giras en estos días y sigo sumando. En esas giras, he hecho más de cincuenta espectáculos para la USO. He presentado «Backstage at the USO», un evento de entretenimiento para miembros del servicio y defensores de la USO, y he apoyado las galas de la USO en Estados Unidos.

Se siente como si recién estuviera comenzando.

Las giras tienen su parte de desafíos para un voluntario. Algunas noches dormíamos solo dos horas y ese ritmo agotador se mantenía durante días y días. A veces nos duchábamos nada más que en dos ocasiones durante todo un viaje. Hacíamos diez espectáculos en cinco días y viajábamos por la noche o durante las primeras horas de la mañana a la siguiente base. Sin embargo, incluso cuando las cosas se ponían difíciles, me recordaba a mí mismo que eso era mucho más fácil que lo que hacía nuestro personal militar. Seguía recordándome el por qué: *ellos sirven a una causa mayor y yo los sirvo a ellos.* Ese es el regalo. Ese es el intercambio.

HACE UNOS AÑOS VOLAMOS A LA ESTACIÓN AÉREA DE Værnes en Noruega, de distintos lugares, para llevar un poco de hogar a los soldados y marineros desplegados allí en apoyo de la OTAN y del mando europeo de Estados Unidos. La gira tuvo lugar cerca de Navidad, en invierno, y yo me estaba congelando hasta el alma. Les preguntaba: «¿Qué diablos están haciendo aquí?». Y ellos me contestaban: «Vivimos aquí, amigo. Al menos por ahora». Todos reían y se daban la mano, y nuestro aliento salía en enormes nubes de vapor en el aire helado. Trataba de concentrarme en el momento, pero soy del sur de California. ¡Sentía tanto frío!

La intérprete musical Kellie Pickler estuvo en ese viaje y nos hicimos grandes amigos. Unos años más tarde se convirtió en Embajadora Mundial de la USO junto conmigo. Hasta ahora hemos hecho varias giras juntos. En ese viaje también se encontraban el atleta olímpico Shauwn White; la comediante Jessimae Peluso; el actor Milo Ventimiglia, el DJ J.Dayz, el cinco veces campeón de CrossFit, Mat Fraser, y el general Joseph Dunford, jefe del Estado Mayor Conjunto.

Todos nos hicimos buenos amigos. De hecho, en cada gira de la USO que he realizado, todos los voluntarios se hacen amigos. Servir juntos es una experiencia de unión increíble.

Mientras estuve en Noruega, hablé con algunos de los soldados y les pregunté si estar lejos de las familias durante las fiestas era común. Me informaron que unos 190 000 miembros del servicio tenían asignaciones fuera de casa en esas fiestas. Estaban sirviendo en tierra en lugares como Corea del Sur, Irak, Alemania y Japón, y a bordo de barcos en los océanos Pacífico y Atlántico, el mar Mediterráneo y el golfo Pérsico.

Eso me hizo sentir muy agradecido. Todos los años celebro las fiestas con mi familia, y no lo pienso dos veces. Sin embargo, no todo el mundo tiene esa experiencia. Año tras año, he celebrado cumpleaños y barbacoas del Día de la Independencia, Navidad y Año Nuevo con mi familia, y no hay forma de que me pierda el cumpleaños de mi madre. Había dado esos momentos por sentado.

Muchos militares suelen estar lejos de sus familias en ocasiones importantes. Toda la familia se sacrifica. Tal vez un padre está desplegado en el extranjero y se pierde el noveno cumpleaños de su hija. O la esposa de alguien está sirviendo a bordo de un barco en el Atlántico, y ella y su cónyuge no pueden celebrar su aniversario. Cuando los soldados se van así, los niños extrañan a sus padres; los abuelos extrañan a sus hijos adultos. Todos extrañan a todos. Cuanto más hablaba con las tropas, más entendía que estar lejos de los seres queridos era uno de sus mayores desafíos personales. Uno tras otro decían: «Sí, es muy difícil durante las fiestas».

Así que quisimos llevar algo de alegría. Allí mismo, en Noruega, celebramos una fiesta con las tropas. Todos comieron pavo y rosbif, puré de patatas y salsa, judías verdes, galletas, pasteles y tartas, jugo y ponche de huevo. Vaya, esos muchachos sí podían tomarse todo el ponche. Y luego volvía a aparecer el conmovedor «gracias». No éramos nosotros los que les daban las gracias, sino ellos a nosotros. Yo estaba sentado allí comiendo y un joven se me acercaba y me decía: «Muchas gracias por estar aquí». Y yo le respondía: «¿Estás bromeando? ¡Gracias a ti por estar aquí!». Eso sucedía una y otra vez durante la comida. Después de que me agradecieran una docena de veces, me sentí en verdad conmovido. ¿Quién era yo para quejarme del frío? ¿Quién era yo para recibir tanta gratitud?

En esa misma gira, teníamos programado dar diez funciones en seis días. Volamos de Noruega a Alemania y Polonia, luego fuimos a Baréin, Irak, Afganistán y al portaaviones USS John C. Stennis frente a la costa del golfo Pérsico. Fue mucho trajín, y todos estábamos exhaustos cuando regresamos a casa.

Yo ya había hecho algunos viajes para entonces. Cuando llegaba a casa, miraba los recuerdos que me había traído de esos viajes. En el ejército suelen dar lo que se llama «monedas de desafío» a las personas que respetan. Es una moneda especial que acuñan, no para usarla como moneda, sino para ponerla en la palma de la mano de alguien como regalo. Me han dado muchas monedas y las guardo en mi escritorio. En el reverso de una moneda, la cara de Bob Hope está impresa en plata. Eché un buen vistazo a esa moneda y dije: «Gracias, Bob. Gracias por todo lo que hiciste por las tropas, para que la gente como yo hoy pueda tener la misma experiencia».

En otro viaje, me regalaron una bandera estadounidense que había ondeado en la Zona Cero de la ciudad de Nueva York. Hoy cuelga en un marco en la pared de mi oficina. Es una de mis posesiones más preciadas.

A TRAVÉS DE LA USO, CONOCÍ A JANE HORTON, QUIEN había crecido en Cleveland y había ido a la universidad en Nueva York, donde conoció a un chico llamado Christopher. Salieron, se enamoraron y se casaron. Christopher se entrenó como francotirador en la Guardia Nacional de Oklahoma. Fue asignado al 1.er batallón del Regimiento de Infantería 279, en el Equipo de Combate de Brigada de Infantería 45 y pronto fue enviado a Afganistán.

Dos meses después de llegar al país, el 9 de septiembre de 2011, cayó en una emboscada en una parte remota del este del país. Christopher no salió con vida. Tenía veintiséis años. En ese mismo combate murieron el sargento Bret Isenhower, también de veintiséis años, de Oklahoma; y el soldado de primera clase Tony Potter, de solo veinte. La esposa de Tony estaba embarazada del primer hijo de la pareja.

A pesar de su aflicción, Jane se puso manos a la obra. Redactó un proyecto de ley para crear becas en el Congreso para las familias que los militares denominan «Estrella de Oro», es decir, personas que han perdido a un familiar mientras estaban en las fuerzas armadas: las viudas, los viudos, los padres, los abuelos y los hijos.

Ella abogó para que el personal militar tuviera una mejor atención médica y programas relacionados con el trauma. Formó parte de juntas y se desempeñó como consultora de políticas para muchos grupos de apoyo a las tropas. Trabajó para obtener becas, para que los cónyuges sobrevivientes que necesitaban trabajos más lucrativos pudieran ir a la universidad. Voló a Afganistán seis veces para continuar como podía el legado de su esposo, representando a las familias de los caídos durante sus visitas. Quería ver el país donde Christopher dio su último aliento. A veces ayudaba en orfanatos afganos. Se reunió con líderes afganos y algunos funcionarios de alto nivel le agradecieron el sacrificio de su esposo. Creó un fondo para ayudar a los refugiados afganos y ayudó a una refugiada afgana a reubicarse en Estados Unidos. Hasta no hace mucho, Jane se desempeñaba como asesora principal en la oficina del secretario de defensa en el Pentágono.

Jane dice que a veces la gente le pregunta si todo ha valido la pena. No solo el trabajo que realiza hoy en día, sino la muerte de su esposo. Al principio, su respuesta me sorprendió, hasta que comencé a pensar en ello de manera más amplia.

«Mi esposo no era mío —dijo—. Cuando fue a la guerra, fue como estadounidense. Él nos pertenecía a todos. Así que esa pregunta es la que todos debemos hacernos. Todos tenemos que lidiar con las dificultades que presenta su muerte». Aquí, me miró a los ojos y agregó: «Invito a todos los estadounidenses que valoran la libertad a preguntarse: "¿Valió la pena?"».

Entendía lo que estaba insinuando. La libertad nunca es gratis. El hecho de que podamos vivir donde queramos, tener negocios, reunirnos, votar, rendir culto como queramos o no hacerlo en absoluto... estas libertades tienen un alto costo. Su pregunta cambia la forma en que vemos las cosas; nos impulsa a cambiar nuestra perspectiva y a pasar de sentirnos con derecho a sentir gratitud. Christopher Horton fue asesinado, pero los demás seguimos aquí. No estamos destruidos. Seguimos siendo fuertes. Ese espíritu intrépido como el de Jane es inquebrantable. Al igual que ella, podemos hacer algo útil con ese sacrificio que se ha hecho por nosotros. Christopher Horton dio mucho para que nosotros pudiéramos vivir una vida con propósito.

ESTABA EN UNA BASE EN AFGANISTÁN, A LAS CUATRO de la mañana, y no me podía dormir. No recuerdo qué gira era, pero fue casi al principio. Las fechas, los años y las bases se pierden en mi memoria. Teníamos que empacar nuestras maletas temprano para poder llevarlas al C-130 y volar al siguiente espectáculo. Mi horario interno estaba alterado por el síndrome transoceánico y la diferencia horaria. Sin embargo, el desvelo que sentía esa madrugada era algo diferente. Había descansado unas tres horas en mi litera con los ojos cerrados, pero nuestro despertador no iba a sonar sino a las 5:30 de la mañana. Yo no quería volver a la cama, quería permanecer despierto.

En silencio, me vestí, me até las botas y salí con cuidado de la barraca de metal donde nos alojábamos. Afuera aún no había nada en movimiento. El desierto olía a seco y fresco, y parecía que el mundo entero estaba en silencio, excepto por el leve zumbido de los generadores de la base al otro lado del complejo. Tomé una bocanada de aire frío y fresco, y miré hacia arriba. En el desierto hay muy poca contaminación lumínica. Sobre mí, el cielo estaba salpicado de un billón de destellos de luz estelar. Durante un largo rato me quedé allí, conmovido y asombrado, maravillado por el resplandor celestial. Sabía que el sol saldría pronto y yo estaría de nuevo en el escenario. Estrecharía cientos de manos y escucharía cientos de hermosas historias, y tendría que llegar a lo profundo y dar todo lo que había dentro de mí. Ya estaba pensando en un nuevo chiste para contar cuando tomara el micrófono, pero este momento único era tan tranquilo, tan lleno de energía y paz. Quería quedarme así, al menos por un rato.

«Wilmer —susurré para mí—. ¿Qué locura es esta? Solías ver *RoboCop* una y otra vez en ese pequeño cine de Venezuela. Ahora estás en Afganistán con generales, coroneles y celebridades, entreteniendo a las tropas estadounidenses».

Seguí mirando hacia arriba, buscando en los cielos.

¿Has escuchado que a veces la gente dice que puede oír la voz de Dios? No sé si puedo decir que lo que sentía en mi corazón esa madrugada era la voz de Dios, pero estoy seguro de que la presencia de Dios se podía sentir en Afganistán como se siente en todas partes. Era como si estuviera a mi lado, allí en el desierto, bajo el vasto cielo.

Esta voz dijo: «Wilmer, recuerda esto: cuando a una persona se le ha dado mucho, se le va a exigir mucho. A ti, Wilmer, se te ha dado mucho. Por supuesto que has trabajado duro, pero se te han abierto puertas de maneras que no son coincidencias. Estás aquí por una razón. El mundo está lleno de historias oscuras, y tú has escuchado y presenciado algunas de esas historias durante estas giras, pero tu propósito es seguir esparciendo esperanza y luz, y hacer más. No te detengas. De hecho, ve más profundo y da un poco más. A tu alrededor hay seres humanos desinteresados que te inspiran, y ahora tienes la responsabilidad de inspirar a otros. Sigue adelante. Levántate más temprano. Quédate despierto hasta más tarde. Haz más con tu vida».

Cuando volví a casa después de esa gira, estaba encendido. Había visto que la vida podía ser más grande. Había visto lo que les costaba a hombres y mujeres estar en primera línea, y cuando me sinceré conmigo mismo, supe que no estaba haciendo lo suficiente; pero mi tiempo de no hacer lo suficiente había terminado.

Volví al trabajo en el estudio y al ritmo de las reuniones, las llamadas, las cenas, a estudiar los diálogos y a pasar tiempo en el set, pero se había producido un cambio en mí. Se puede crecer mucho a partir de la incomodidad. Solía levantarme de la cama, dirigirme al plató y llegar justo a tiempo. Sin embargo, después de esa gira, comencé a despertarme a las 4:30 todas las mañanas. Quería tener presente esa madrugada en el desierto afgano. Quería aprovechar cada día.

Recuerdo la primera mañana que hice esto en Estados Unidos. Me levanté temprano y fui al gimnasio de mi casa, en un edificio distinto al de la casa principal. En el camino, miré hacia el cielo. La luna estaba allí. El aire era fresco. La mañana me estaba llenando de energía. Mi batería interna personal se estaba recargando. Cuando terminé el entrenamiento, me duché y me vestí, y todavía tenía cuarenta y cinco minutos antes de tener que irme al estudio. Así que decidí ir temprano y ocuparme de un poco de trabajo extra. Cuando lo terminé, noté que la gente llegaba a la hora habitual, un poco cansada, y buscaba el servicio del desayuno, pero yo estaba en llamas. Me había levantado dos horas antes que los demás y sabía que, aun así, no tenía suficiente tiempo para terminar todo lo que quería lograr ese día.

Esas madrugadas se han quedado conmigo para siempre. Desde entonces, me despierto a las 4:30 de la mañana. Las primeras horas de la mañana me ayudan a disponer del tiempo necesario para alcanzar objetivos, realizar tareas y desempeñarme a un nivel alto y constante. Hoy en día, además de ser actor y activista, tengo varias productoras y dirijo muchos proyectos. Hago mi mejor esfuerzo para ayudar a difundir las voces marginadas, y trato de crear el espacio que nunca se me dio por completo con la esperanza de poder ver a otras personas alcanzar sus sueños.

Servir con la USO y conocer a cientos y cientos de soldados ha cambiado muchas cosas en mí. Vine a Estados Unidos como inmigrante con un sueño y, con el tiempo, llegué a apreciar la bandera estadounidense y a comprender que el sueño americano es real. Gracias a mi participación en la USO, me di cuenta de quién es responsable de proteger la oportunidad de la que me beneficio. A esta generación de militares les debo la tarea de garantizar que lo que hacen sea respetado, admirado y honrado.

Aunque no solía compartir mucho sobre mi trabajo con la USO en los medios porque era muy personal para mí, he llegado a comprender que difundir sus historias es en verdad importante. Nunca debemos olvidar lo que hacen. Transmitir y compartir sus historias es una forma de honrar a los hombres y a las mujeres que luchan por la seguridad del mundo. Puedo decir que ir de gira con la USO ha sido uno de los logros de mi carrera que más me enorgullecen.

En 2021, me convertí en Embajador Mundial de la USO y ayudo a otros a comprender lo importante que es apoyar a las fuerzas armadas, alentando a los estadounidenses en todas partes a seguir el ejemplo de nuestros héroes al alistarse y servir. Estoy muy agradecido con los hombres y mujeres de nuestro ejército. Ellos hacen mucho para que nosotros podamos hacer mucho con nuestras vidas.

CAPÍTULO 10

Tetris y NCIS

Una mañana temprano, un amigo vino a hacer ejercicio conmigo. Es un buen compañero de entrenamiento, así que ejercitamos duro con las pesas. Luego, alternamos entre una sauna caliente y una inmersión en agua fría, que puede ayudar a aliviar las dolencias y contribuye a la recuperación. Entre las dos temperaturas, me preguntó por los proyectos que no se hicieron, por los trabajos que rechacé y por qué. Hablamos de que el éxito de un actor rara vez proviene de aparecer en un solo papel. Un actor construye su carrera por partes, eligiendo con cuidado los papeles a lo largo de los años, incluso décadas, con suerte toda la vida. Decir sí a las oportunidades adecuadas es importante: pero decir no a las oportunidades erróneas, o decir no a las oportunidades adecuadas que se presentan en el momento equivocado, es igual de vital para el éxito.

En 2007, firmé un acuerdo de primera opción con Fremantle Media, que había producido *American Idol* y *El precio justo*, entre otros programas megaexitosos. Un acuerdo de primera opción se firma cuando uno crea o identifica posibles programas de televisión y luego ayuda a desarrollarlos y distribuirlos. Danny Villa, mi socio de producción en ese momento, y yo establecimos nuestras oficinas en la sede corporativa de Fremantle en Burbank. Nos pusimos en marcha y trabajamos en nuestras mejores ideas. Pasaron los meses. Ellos miraron un montón de nuestro material y nosotros miramos algo de lo de ellos. Algunas ideas comenzaron a tomar forma y algunas fueron adquiridas por las cadenas de televisión. Sin embargo, pronto llegó el momento de pasar a otra cosa.

Al cabo de dos años, mi acuerdo de primera opción fue para otra compañía de medios. Para entonces yo había producido y conducido *Yo Momma*, y había sido fundamental a la hora de dar forma y protagonismo de *Manny a la obra* para Disney, así que había gran entusiasmo en la sala. Surgió la idea de hacer un programa sobre una escuela de salsa en Miami. Los instructores de baile se meterían en la vida de los adultos que asisten a sus clases, casi como terapeutas o consejeros de vida. Algo así como la adaptación de *Fama* de Debbie Allen para la televisión moderna y con la cultura de la salsa. El tono del programa sería divertido, emotivo y cautivador. Nos adentraríamos en la vida de los personajes, todos sudorosos, divertidos y felices en clase, que después iban a cenar y juntos se enfrentaban a los asuntos más profundos.

En algún momento del proceso, surgió la idea de crear rivalidades entre los personajes. Parte del equipo quería escándalos, ataques de ira y mucho sexo casual. La idea ya no me parecía correcta. No era nada en contra de la empresa: nuestras relaciones laborales siguen intactas hoy en día y muchos programas están llenos de tensiones similares, por lo que el concepto tenía sentido en teoría, pero a mí me parecía que se había perdido una parte de su integridad. Necesitaba plantarme, ser fiel a mis instintos, así que no continuamos con ese programa.

En 2010, mis agentes se enteraron de que los productores de *NCIS: Los Ángeles* querían incorporar a un nuevo miembro al elenco y que habían preguntado por mí. Los miembros del elenco ya establecido eran todos actores fantásticos y grandes personas (Chris O'Donnell, Daniela Ruah, LL Cool J y mi amigo Eric Christian Olsen), y la serie derivaba de *NCIS*, la nave nodriza alrededor de la cual se construye la franquicia. *NCIS: Los Ángeles* era un sólido drama militar y de procedimientos policiales que sigue siendo exitoso hoy, más de una docena de años después. A pesar de esto, yo no estaba seguro de aceptar. Estaba en medio de mis años de receso y dudaba en comprometerme de nuevo con una serie en horario estelar. Todavía estaba explorando proyectos como productor con mis acuerdos de primera opción.

Mi gerente comercial me llamó y me pidió encarecidamente que me reuniera con los productores. Creía que encajaba perfecto conmigo y mis valores, además de ser un trabajo bien remunerado. NCIS son las siglas en inglés de «Servicio de Investigación Criminal Naval». En la vida real, los agentes del NCIS investigan actividades delictivas en la Armada y el Cuerpo de Marines. Los agentes son muy respetados y están muy preparados, y el programa buscaba honrar su trabajo. Mi gerente me comentó que los dramas policiales de este tipo pueden permanecer en el aire durante mucho tiempo y que también funcionan bien en la redistribución, generando un flujo de dinero constante por años.

Acepté: honrar a los militares era parte de mi misión general, por lo que me atrajo mucho y me hizo considerar seriamente la oportunidad. Sin embargo, había decidido no aceptar un trabajo de actuación solo porque pareciera atractivo o porque ganaría mucho dinero. Estaba más interesado en mantener el rumbo, interpretar personajes en programas de televisión y películas independientes en los que creía de corazón, los cuales eran más gratificantes que lucrativos.

Era difícil decir que no. Mis agentes hablaron con los productores y guionistas, y me describieron la premisa del nuevo miembro del elenco. Querían que fuera un personaje latino. Sería gracioso pero un tipo rudo, algo así como Martin Riggs en *Arma letal*. Su explicación me intrigó aún más, por lo que asistí a un par de reuniones, que estuvieron bien. Yo los respetaba tanto a ellos como al elenco, y lo que todos estaban haciendo. Sin embargo, sentía que algo no estaba bien. Vacilé mucho. Tal vez no era el momento adecuado. No lograba dar en el clavo.

Soy una persona espiritual, así que le pregunté a Dios si debía aprovechar esta oportunidad. Escuché durante un largo rato. El toque en mi hombro parecía real. Sentía como si Dios me estuviera diciendo:

«Mantente fiel a tu visión». Llamé a mis agentes y les pedí que agradecieran a los productores por esta oportunidad y que les dijeran que iba a confiar en mi intuición. Dije que no.

Tengo que reconocer a mis agentes cómo manejaron esta situación. Son personas expertas en negocios y tienen un corazón generoso. Son mis ángeles de la guarda, unidos en amistad por el oficio del arte. Me respondieron que deseaban que aceptara solo los roles en los que creía de corazón. Los roles correctos en el momento correcto. Ellos entendieron.

Pasaron un par de días. Me mantuve confiado en mi decisión, pero admito que me pregunté: ¿De veras hice lo correcto? Como actor, acababa de dejar pasar una oportunidad de oro. ¿Quién era yo para decirle que no a *NCIS: Los Ángeles*?

Lo aseguro, en esos momentos de duda, casi podía escuchar este mismo susurro:

«Mantente fiel a tu visión».

Y una semana después de rechazar *NCIS: Los Ángeles*, recibí la llamada para leer el guion de la película *El amor llama dos veces*, de Tom Hanks.

Tom es mi héroe. No tuve ninguna reserva sobre este proyecto. Dije que sí enseguida. Participar de esta película resultó ser una fiesta de alegría. Tom no fue solo un mentor increíble, sino que también aprendí un montón de cosas del coproductor Gary Goetzman, un sabio productor de Hollywood que antes había actuado en *Chicas en pie de guerra*, *Casado con la mafia*, *El silencio de los inocentes* y *Filadelfia*. Todo el elenco era maravilloso, y Tom y Gary fueron muy generosos y atentos. Pensé: *Muy bien, esto es lo que puede suceder cuando apuesto por mí mismo. Esto es lo que significa hacerle caso al corazón.*

LOS DOS AÑOS SIGUIENTES PASARON RÁPIDO. SEGUÍ apareciendo en los papeles que me interesaban. Me encantaba lo que hacía y más de una vez pensé: *Si hubiera dado mi brazo a torcer y hubiera aceptado lo que en teoría tenía sentido, no habría podido hacer todas estas otras cosas.* Ese camino me llevó a conocer muchos e increíbles actores, productores, guionistas, directores y expertos del mundo del espectáculo, quienes me enseñaron aún más el arte de contar historias y los distintos aspectos de los roles que tuve que encarnar. La variedad de personajes que interpreté me ayudó a convertirme en un actor con los pies sobre la tierra. Aprendí a confiar en mí.

Sobre todo en los tres años de 2014 a 2016 cuando hice *Del crepúsculo al amanecer,* mi vida profesional volvió a estar ocupada. Empezaron a llegarme múltiples ofertas. Un artista debe dedicar horas a afinar la técnica de su arte escénico específico. Fue una época apasionante para mí, a pesar de las largas horas de trabajo. Durante la última temporada de la serie *Del crepúsculo al amanecer,* filmada en Austin, también aparecí en la serie de televisión *Minority Report,* grabada en Vancouver (Columbia Británica); y *Grey's Anatomy,* rodada en Los Ángeles. Coordinar la logística de los viajes fue una locura. Filmaba una serie, corría al aeropuerto, tomaba un vuelo, tomaba una siesta corta y luego me despertaba para estudiar el siguiente guion. Así fue, de plató en plató y de vuelo en vuelo, semana tras semana. Como si no estuviera ya lo bastante ocupado, durante esa época también hice un piloto para CBS Studios llamado *Four Stars.* (A la gente le pareció hermoso e increíble, pero había muy pocos espacios disponibles para que el programa fuera elegido). Durante un tiempo tuve que viajar en helicóptero desde los platós hasta los aeropuertos y viceversa, para poder cumplir con el cronograma.

Una noche, en un vuelo entre Los Ángeles y Vancouver, el hombre del asiento de al lado vio que estaba leyendo un guion y empezó una conversación.

—¿Estás en la televisión? —me preguntó—. ¿Crees que los actores de televisión son respetados? Siempre creí que todos los actores solo quieren hacer películas. Dicen que ahí es donde llegas a lo más alto.

—Quizás —respondí—. Pero ¿te has planteado alguna vez lo audaz que es para un actor salir en televisión?

Se tambaleó en su asiento.

—¿Audaz?

—La gente ve una película una vez. Quizás dos veces. Un actor de cine cuenta la historia de un personaje y ya está; pero en televisión, el público vive y crece con un personaje. Cada semana. Mes tras mes. Durante años y años. Se cuentan cientos de historias y todas viven en la televisión. Un actor de televisión debe tener la resistencia necesaria para contar historias profundas y cercanas durante un largo período. Un buen actor de televisión debe ser digno de ser visto.

—Bien —Se rascó la nuca—. Nunca lo había pensado así. Entonces, ¿cuál es el gran secreto para tener éxito en televisión?

Sonreí.

—Tienes que odiar de verdad dormir.

A PRINCIPIOS DE 2016, EL CÍRCULO SE COMPLETÓ. ESTABA terminando mi trabajo en *Del crepúsculo al amanecer*, preguntándome qué podría hacer a continuación, cuando sonó el teléfono. Seis años después de la primera llamada telefónica, *NCIS* volvía a llamar. Esta vez era la nave nodriza la que me preguntaba si quería participar de forma regular en el programa. No era una de las franquicias. Era *NCIS*, el buque insignia original.

Aunque parezca extraño, lo dudé. No era porque no respetara el programa. De hecho, era todo lo contrario. La serie tenía un éxito arrollador y le iba muy bien. *NCIS* fue elegido como «el programa de televisión favorito de Estados Unidos» en 2011, y durante 2012 y 2013 fue la serie de televisión más vista en el país. A principios de 2016, cuando *NCIS* me llamó por segunda vez, el programa ya llevaba trece asombrosas temporadas y seguía siendo el programa insignia número uno de CBS Studios. En 2016, casi trece millones de espectadores veían *NCIS* todas las semanas, en un momento en que casi todos los demás programas de televisión luchaban por conseguir entre cuatro y cinco millones de espectadores. Mark Harmon, quien interpretaba al agente especial Leroy Jethro Gibbs, era el mejor.

Lo primero que pensé fue: ¡*Vaya! Esto es genial, pero no creo que el programa me necesite*. Una de mis agentes, otra de mis ángeles de la guarda, Nancy Mendelson Gates, me animó a acudir a la reunión. Esta vez, los que me querían en la serie eran el director de CBS Studios, el presidente de CBS Studios David Staff y la ejecutiva de CBS asignada a *NCIS* Amy Rosenbach (hoy presidenta de CBS Network). «Están siendo amables al solicitarte —agregó Nancy—. *NCIS* es el mejor trabajo en Hollywood en este tiempo. Esa es una oportunidad que no se presenta todos los días».

Así que me reuní con Gary Glasberg, el director del programa en ese momento (lamentablemente, fallecería unos meses después, en septiembre de 2016, a los cincuenta años). Nos reunimos en una pequeña cafetería en West Hollywood. Él era una persona directa que había visto el piloto que había hecho para CBS, el que no había sido elegido, y le había gustado mucho mi actuación. «*NCIS* necesita un cambio», me explicó y me comentó que Michael Weatherly, quien interpretaba al agente de campo Anthony DiNozzo, dejaba la serie. Sin embargo, no buscaban reemplazarlo. Querían crear un nuevo personaje con un tono diferente.

«Para ser sincero, necesitamos introducir nuevos elementos en el programa —dijo Gary—. *NCIS* ha demostrado tener un gran nivel durante todas estas temporadas, pero para sobrevivir, la serie necesita innovar».

En ese momento, uno de los pocos actores de color que habían tenido en *NCIS* era Cote de Pablo, una actriz chileno-estadounidense. Aunque es latina en la vida real, había interpretado a un personaje llamado Ziva David, retratada como un oficial del Mossad israelí convertida en agente del NCIS. Cote había dejado el programa al comienzo de la temporada once. Otro actor, Duane Henry, interpretó el pequeño papel del exoficial del MI6 británico Clayton Reeves. Duane, que es de raza negra, apareció en dos temporadas de *NCIS* antes de ser asesinado. Rocky Carroll, también de raza negra, se unió al elenco en el episodio tres como personaje secundario, pero no como protagonista.

Entendí lo que Gary estaba insinuando. CBS estaba pasando por un período de transformación.

—Nos gustaría construir un nuevo personaje desde cero —agregó Gary—. Uno que te entusiasme interpretar. Tenemos algunas ideas y queremos tu opinión. Estamos muy abiertos a la colaboración.

Me gustó lo que escuché, pero tenía una pregunta más importante.

—Hacer trece temporadas ya es increíble. ¿La gente se está aburriendo? ¿O todavía están entusiasmados de estar allí?

Gary sonrió.

—Ven al plató. Te va a gustar lo que verás.

En el camino de regreso a mi oficina, pensé en mi trabajo como activista y en todas las charlas que estaba promoviendo sobre la necesidad de ver a más latinos en los medios de comunicación. Mi personaje no sería un latino malo. Sería un buen tipo. Dondequiera que miraba, veía carteles de vacantes en la industria, y este era el momento adecuado: quería participar. Llamé a mi agente.

—Me encanta la visión que Gary me acaba de mostrar. ¿Cuál es el siguiente paso?

—Habla con Mark Harmon —me respondió—. No tendrás que hacer una lectura para ver la química, porque ya te aman y están a nada de hacerte una oferta. Aun así, tendrás que hablar con Mark. Sabe mucho sobre el funcionamiento del programa.

Mark ya era una leyenda. Todo lo que hacía se convertía en oro. En la universidad de California (UCLA), había sido el mariscal de campo titular de los Bruins durante dos años. Se graduó con honores y se diplomó en Comunicación. Después de aparecer en varios papeles menores, interpretó a Fielding Carlyle en el gran éxito *Flamingo Road*, luego consiguió un papel protagónico en la serie *Hospital St. Eligius*, aclamada por la crítica, seguido de otro papel protagonista en la exitosa serie *Chicago Hope*. Fue nominado dos veces al Primetime Emmy y ganó un montón de otros premios. En una ocasión, Mark salvó a un adolescente de un auto en llamas. Este hombre era un héroe tanto dentro como fuera de la pantalla.

Nos comunicamos por teléfono. Él también había visto el piloto que hice para CBS y le gustó mi actuación.

—Estaríamos felices de tenerte aquí —dijo Mark—, pero hay dos cosas importantes. Primero, solo sirve si quieres estar aquí.

—Me encantaría trabajar contigo, Mark —le dije—. Respeto mucho el trabajo que has hecho.

—Segundo, las cosas funcionan un poco diferente en el set —agregó—. A la gente le gusta mucho este trabajo. Han estado con nosotros durante mucho tiempo.

Hizo una pausa y luego esbozó algunas de sus expectativas para el programa.

Sentía que la llamada era solo un proceso que le daba tranquilidad a Mark. En definitiva, tuve la sensación de que no quería decepcionarlo.

Mi agente tenía razón. Después de mi conversación con Mark, llegó una oferta. Firmé por un período de dos años. Empecé a aparecer con regularidad en el programa en el otoño de 2016, al comienzo de la temporada catorce.

Nadie sabía con certeza si me consolidaría como parte del elenco. Puede suceder que se incorpore un actor prometedor a una serie y que el nuevo personaje no les agrade a los fanáticos. Al igual que cuando construí a Fez, me prometí que me arriesgaría. Me había propuesto dar pasos audaces y aportar ideas claras y únicas sobre quiénes serían mis personajes. Me preguntaba si podría hacer esto con mi nuevo personaje, el agente especial Nick Torres.

Desde el momento en que aparecí en el set, percibí una armonía inmediata. La serie ya marchaba sola. Los guionistas y los actores sabían cómo ser eficientes. Los actores de *NCIS* aparecieron, tomaron sus notas y pronunciaron sus líneas. Después eran todos amigos. Yo había estado antes en estudios donde parecía que nadie daba en la tecla. A veces nos quedábamos en el plató hasta la medianoche, rehaciendo las escenas una y otra vez. En cambio, en *NCIS*, nadie se equivocaba. Todos se iban a casa a las 6 de la tarde. No porque estuvieran exhaustos, sino porque llegaban preparados y simplemente realizaban su trabajo. Eran profesionales y de confianza.

Me estaba uniendo a un equipo de ensueño.

LOS PRODUCTORES ME INVITARON PARA QUE AYUDARA a diseñar mi personaje, pero una de las primeras ideas que puse sobre la mesa resultó disruptiva. No quería causar problemas, pero a nadie le gustó mi idea al principio. Me mantuve firme. Decidí que Nick no iba a usar la icónica chaqueta del NCIS en cámara. Todos los demás agentes especiales usan la chaqueta. Es parte del uniforme, una insignia de respeto, pero Nick Torres decidió que no la iba a usar.

Al principio, mi decisión fue recibida con vacilación en el estudio porque suponían que los fanáticos querrían verme con la chaqueta, pero yo quería que todos sintieran esta tensión por un tiempo, antes de que yo, y mi personaje, explicáramos las razones.

Nick comienza como un lobo solitario, un hombre acostumbrado a resolver problemas con la ley y su fuerza. No le gusta trabajar con otras personas y no comprende el valor de depender de otros o de confiar en los demás para su seguridad. Nacido en Panamá, Nick crece muy unido a toda su familia, excepto a su padre, quien los ha abandonado y se presume muerto. Años más tarde, Nick descubre la verdad. Su padre está vivo. Había dejado a la familia para trabajar encubierto con la CIA. Sin embargo, eso no cambia el que Nick creciera teniendo que aprender por sí mismo cómo ser un hombre, y tampoco los ayuda a reconciliarse, en particular cuando el padre de Nick vuelve a abandonarlo de adulto.

Cuando Nick se une por primera vez al equipo del NCIS, no es ajeno a las fuerzas de seguridad. Había sido un agente encubierto del NCIS durante años. Había desaparecido durante seis meses, y cuando su hermana lo buscó, puso al descubierto la identidad de Nick, poniendo en peligro a la familia. Gibbs, interpretado por Mark, trae a Nick al equipo del NCIS para ayudar a resolver el caso y mantener a salvo a su familia. Poco a poco, Nick comprende los valores de trabajar en equipo. Es indiferente al principio, pero también es cauteloso. Poco a poco, a lo largo de las temporadas, logramos que Nick aceptara que un equipo se preocupa por él. Empezamos a darle más protagonismo. Trabaja bien con el agente especial Tim McGee, interpretado por Sean Murray; con la agente especial Ellie Bishop, interpretada por Emily Wickersham; y con Gibbs. Con el tiempo, se convierte en el protector del equipo. Aprende a confiar en sus colegas en lugar de golpear primero y explicar después.

Entonces, ¿por qué Nick no usa la chaqueta?

Porque al principio, yo no creía que Nick se hubiera ganado el derecho a usarla. Llegaba como un desconocido experimentado y podía trabajar bien por su cuenta, pero seguía siendo un extraño y no podía llegar y enseguida ser uno más del equipo. Tenía que mostrarles a todos, incluido él mismo, que tenía lo que hacía falta. No le estaba faltando al respeto a su equipo al no usar la chaqueta. Todo lo contrario, era una señal de respeto.

Cuando Nick por fin se pone la chaqueta casi al final de la segunda temporada, y cuando todo esto queda explicado, es un momento de liberación. Por fin, Nick se une al equipo para siempre. Se ha ganado la chaqueta. Está orgulloso de su trabajo y todos en el equipo están muy orgullosos de él. Los superfans estaban como locos. «¡Por fin!», decían.

Al recordarlo, años después, todos están de acuerdo en que fue una decisión inteligente. Ayudó a mi personaje a emprender un viaje más personal. Creció, aprendió, sufrió y sanó. Reconozco el valor que tuvieron el director, los guionistas y los productores a la hora de apoyar esta decisión. A pesar de que al principio no entendieron mi elección sobre la chaqueta, me respaldaron, escribieron historias sólidas para mi personaje y dejaron que Nick tuviera espacio para crecer.

AUNQUE HABÍA CAUSADO CIERTA TENSIÓN, QUERÍA caerle bien al equipo de inmediato. Quería que fuera un placer trabajar conmigo desde el principio.

Mark sabía lo que quería. Era preciso y cumplidor; nos acompañó a mí y a mi personaje. Descubrimos que teníamos la misma afición por los vehículos clásicos y nos enviábamos fotos de automóviles por correo electrónico. Me contaba historias de su carrera y me encantaba escucharlas. Él siempre escuchaba; y siempre me dejó claro que estaba allí para apoyarme. Pronto nos hicimos buenos amigos.

El apoyo también apareció en la pantalla. Nick experimenta una serie de decepciones a lo largo de los años y Gibbs termina convirtiéndose en una figura paterna para él. El resto del equipo también ayuda a Nick a sobrellevar la situación. Gibbs nunca lo defrauda.

Desde el principio, todos expresaron las ganas de encontrarle un ritmo diferente a mi personaje. El elenco hizo su parte y todos agradecieron las nuevas ideas y diferencias que aporté al programa. Quería que todo fuera muy divertido en el set. Al poco tiempo, comencé a ser yo mismo, a contar chistes y anécdotas. Todos en el elenco eran geniales y se unían a la diversión. Sean Murray siempre me apoyó. Es un personaje histórico que ha estado en la serie desde el principio. Sean había trabajado duro para imprimirle a su personaje un papel de liderazgo superior a medida que pasaban las temporadas. También me encantó trabajar con David McCallum, quien interpreta al doctor Donald Mallard, el (ahora ex) médico forense jefe del equipo; Brian Dietzen, quien encarna al doctor Jimmy Palmer, y Pauley Perrette, quien interpretó a la científica forense Abby Sciuto. Fue estupendo trabajar con Jennifer Esposito, quien hizo de la agente especial Alex Quinn la primera temporada que estuve en el programa; y con la increíblemente talentosa y trabajadora Emily Wickersham.

Al parecer, durante algún tiempo Mark se había negado a que se publicaran fotos de él en las redes sociales. Insistía en que las fotos eran poco oficiales. Nuestros publicistas creían que era imposible capturar algo espontáneo de Mark y publicarlo. Yo les dije: «¿Cuál es el problema? Mark es muy agradable». Fui directo hacia él y le dije:

—Mark, ¿puedo tomarte una foto para publicarla?

—Claro que sí, Will —me respondió sin vacilar.

Dicen que tomé la primera foto de Mark en las redes sociales. Lo envié por correo electrónico a la cadena de televisión, diciendo: «¿Era tan difícil? Me deben trescientos dólares por esta foto y tienen que pagarme todo en centavos». Todos se rieron, y cumplieron. ¡Fue tremendo! ¿Alguna vez has visto trescientos dólares en centavos? Supongo que la cadena de televisión fue la última en reírse cuando tuve que llevarlos hasta mi auto.

Aparte de algunas cartas cuestionando que yo no usaba la chaqueta, la mayor parte del correo que recibimos de los fans desde el principio tenían mensajes muy positivos para Nick Torres. La verdad es que no esperaba que el público respondiera tan bien a este personaje y que le gustara tanto su presencia en la serie. Estoy más que agradecido con todos los fanáticos. Esto fue mi regreso al horario estelar, y aunque había aparecido en muchos programas después de Fez, este nuevo personaje era un cambio radical en mis raíces en la comedia. Varios fanáticos me escribieron para decirme que cuando descubrieron que había sido Fez, no podían creer que fuera la misma persona. Tomé eso como un cumplido. Quería que Nick fuera muy diferente a Fez. Estaba regresando a los espectadores de horario estelar que me conocían desde el principio, pero ahora los estaba llevando a un nuevo viaje.

Al principio, les indiqué a los guionistas y productores de *NCIS* que quería demostrar mi capacidad, y que me parecía bien abordar las escenas más difíciles que pudieran darme. En concreto, les pedí si Nick podía hacer más escenas de acción. No quería que participara en peleas de bar. Quería que hiciera cosas más peligrosas. Así que los guionistas comenzaron a proponerme distintas cosas. Así pues, las peleas, las explosiones y las escenas peligrosas se volvieron más elaboradas. Realicé muchas de mis propias escenas de riesgo, pero cuando se volvían demasiado complicadas, recurría a dobles. Como permanecía en mis escenas de riesgo durante el mayor tiempo posible, en muchas ocasiones me lastimaba, me rompía un tendón, se me salía un hombro o recibía un puñetazo en la cara. Todo eso sucedía de verdad.

Mi madre veía el programa conmigo todas las semanas. Un día me sentó y me reprendió. Me dijo que tenía responsabilidades y que necesitaba empezar a cuidarme mejor. Estaba siendo demasiado cabeza hueca cuando pedía que me lo dejaran hacer a mí.

Escuché su consejo. Hoy en día, trabajo mucho con mis dobles. Todavía hago muchas escenas peligrosas, pero a menudo son ellos lo que se caen de las motocicletas por mí, son atropellados por autos y hacen *parkour* subiendo y bajando por las paredes. Aun así, puede resultar peligroso para mí. Todavía soy Wilmer. Una vez, un garaje explotó muy cerca de mí y pude oler el vello de mi brazo quemándose. He practicado artes marciales durante años y he estudiado *kickboxing* y lucha de MMA, por lo que me siento seguro en el set cuando se trata de una pelea. Aun así, no puedo decir cuántas veces me han golpeado de verdad en medio de una escena de pelea. Va en ambos sentidos. También he golpeado a muchos dobles por error. En las películas, el actor puede ensayar durante tres meses y luego rodar las escenas. En la televisión, el actor ensaya durante una hora, a veces menos, y luego filma. No hay suficiente tiempo para coreografiar cada movimiento.

Uno de mis episodios favoritos de *NCIS* es en el que Nick tiene que infiltrarse en una red de lucha enjaulada para resolver un asesinato. El actor canadiense Zane Holtz fue la estrella invitada en el episodio, y su personaje y el mío chocaron mucho. A los fanáticos les encantó. Él y yo habíamos estado en *Del crepúsculo al amanecer*, y somos grandes amigos en la vida real. Además, soy el padrino de su hija.

En esa historia, el plan inicial es que Nick encubierto luche contra otro agente encubierto, lo que no supondría un gran peligro. No obstante, en el último minuto, Nick se ve obligado a luchar contra otra persona, una bestia enorme, musculosa y tatuada. Mientras otros agentes están monitoreando la pelea y trabajando con ahínco para resolver el crimen, comienza la pelea. Nick golpea y patea y hace lo mejor que puede, pero recibe una paliza de su gran oponente. Cuando me tiran al suelo, soy yo en la escena, y duele de verdad. También detuve muchos golpes. Cuando estaba en el suelo, el tipo me estaba golpeando de verdad, y eso dolía muchísimo. Mi doble de riesgo intervino en varias tomas, pero en la mayoría de ellas, era yo. Tengo amigos que son verdaderos luchadores de MMA, que vieron el programa y dijeron que todo parecía real. Eso me hizo sentir bien. Quería honrar a la comunidad de MMA con ese episodio.

El capítulo también tiene un nivel más profundo. A pesar de que está todo ensangrentado y magullado, Nick se niega a rendirse. Ha recibido muchos golpes en su vida, y ahora pareciera que tiene una actitud temeraria. Se niega a renunciar. Cuando parece que toda esperanza se ha ido, se levanta de la lona y sigue luchando, y al final logra vencer a su contrincante.

Más tarde, Nick le explica al doctor Jimmy por qué no se dio por vencido. Demasiada gente lo ha abandonado y quería aislarse de todos para evitar que lo volvieran a lastimar. Había perdido la esperanza, pero volvió en sí, ya fuera por dolor o por determinación, y decidió seguir luchando. La esposa de Jimmy había muerto hacía poco en el programa, y él le contó a Nick que sentía lo mismo. Juntos deciden que, si alguna vez van a sanar, deben ayudarse el uno al otro a transitar un camino mejor. Es un episodio poderoso, que muestra el beneficio de desarrollar buenas amistades.

HACIA EL FINAL DE LA TEMPORADA VEINTE, HABÍA aparecido en más de ciento cincuenta episodios de *NCIS*, y ahora estoy camino a alcanzar la marca mágica de doscientos, el mismo número que hice para *That '70s Show*. Es sorprendente que *NCIS* haya estado al aire tanto tiempo. Veinte años ahora y contando. Todavía se siguen produciendo nuevos episodios y se distribuyen en todo el mundo en distintos idiomas. Desde que me uní, hemos agregado muchos personajes nuevos, todos actores increíbles. Mark dejó el programa en la temporada diecinueve, y extrañamos su presencia, pero *NCIS* no muestra signos de desaceleración. Hasta la fecha, es la tercera serie no animada en horario estelar más longeva de Estados Unidos, solo superada por *La ley y el orden* y *La ley y el orden: unidad de víctimas especiales*. Es increíble pensar que desde su inicio en 2003 han nacido y crecido bebés que ahora van a la universidad. Sus padres vieron las primeras emisiones del programa y ahora sus hijos también lo ven.

A veces me pregunto qué habría pasado si me hubiera quedado en el mismo carril toda mi carrera. Podría haber elegido esa ruta. Después de interpretar a Fez, podría haberme quedado con la comedia, recreando el mismo personaje estrafalario. Sin embargo, por mucho que aprecio a Fez y el comienzo que me dio, necesitaba espacio para crecer. Elegí permanecer fiel a mi visión más amplia e interpretar muchos papeles diferentes. A menudo todavía me reconocen como Fez, pero no me han encasillado. Eso es un triunfo.

Me siento tan honrado de ser parte de *NCIS*. Estar en el programa nos ha dado a mi familia y a mí una hermosa estabilidad. Nos ha permitido quedarnos en Los Ángeles y no tener que movernos por el país o el mundo en distintos rodajes. Nick Torres le ha aportado mucho a *NCIS*. Los fans lo han recibido muy bien y no puedo esperar a ver qué haremos con Nick en las próximas temporadas.

El otro día pensé en la forma indirecta en que llegué a *NCIS*. Fue durante un raro momento de ocio; yo estaba descansando en mi sala de estar con una cerveza, jugando una partida de Tetris. Es ese videojuego clásico en el que las fichas de diferentes formas descienden hacia la parte inferior de la pantalla. El objetivo es que todas las fichas formen una cuadrícula continua. El Tetris parece fácil hasta que lo juegas, porque se basa en un gran rompecabezas. Cada ficha se compone de cuatro cubos unidos, pero van apareciendo con diferentes formas: cuatro cubos en línea recta, vertical u horizontal; en forma de L; en forma de Z; un bloque perfecto; una línea de tres apilada con un cubo que sobresale en el medio. Mientras jugaba, rotaba cada forma a medida que descendía y la movía para ver dónde encajaba mejor.

Esto me llevó a pensar que mi vida se ha parecido mucho a un juego de Tetris. Nunca he estado del todo seguro de dónde encajaría cada pieza, sobre todo al comienzo de una nueva etapa. Me han llegado varias piezas y me he planteado preguntas sobre qué camino tomar. He girado piezas y las he movido de un lado a otro. Cuando en el 2010 dije que no a *NCIS: Los Ángeles* la primera vez porque no era el momento adecuado, no tenía idea de que alguna vez recibiría otra llamada para estar en el programa principal de *NCIS* en el 2016. Mientras tanto, las piezas giratorias de mi vida me vieron interpretar una amplia gama de personajes y crecer como actor en una época que fue rica y fértil.

Al final, todo se conectó. Algunos lo llaman destino. Yo lo llamo fe, el reconocimiento de una mano que guía. Cuando terminé mi juego de Tetris y lo guardé para irme a dormir, pensé: *Todo se alinea. Cuando aceptamos el misterio, todas las cosas cooperan para bien.*

CAPÍTULO 11

La misma pluma

A Marrok le encanta dormitar en la alfombra cuando estoy trabajando en la oficina de mi casa. Muchas tardes lo llevo a pasear por nuestro barrio. Es un pastor belga malinois adorable pero feroz, que ya tiene unos años. Sir Marrok fue uno de los honorables caballeros del rey Arturo en la batalla contra Lucio, el emperador de Roma. Elegí el nombre de mi perro a propósito. Es fuerte, alto, de contextura imponente y leal, honorable en todos los sentidos. Podría ir a la batalla si tuviera que hacerlo para defender a los que ama. Sin embargo, él no tiene espíritu de batalla. La siesta es más su estilo. Si quiere una aventura, salimos al aire libre y jugamos en el parque. Durante un largo tiempo, cuando solo estaba yo en casa, me pasaba días enteros trabajando y luego regresaba a una casa solitaria. Marrok se volvió indispensable. Juntos veíamos películas y pasábamos el rato, solo un hombre y su perro; pero las cosas han cambiado.

Cuando Marrok y yo salimos a caminar, caen las sombras de la tarde y pienso en mi propia familia. Con mi amor, Amanda, compartimos nuestros días y noches juntos y seguimos mirando hacia el futuro. Nuestra hija de tres años, Nakano, es adorable en todos los aspectos. Tiene hoyuelos como su madre y bromea como su padre.

En unos instantes, cuando Marrok y yo regresemos a casa, besaré a Amanda con ternura y pasaremos el resto de la tarde poniéndonos al día y estando cerca. Cuando llegue el momento de acostar a nuestra hija, la llevaremos a su habitación, le cantaremos una canción, le leeremos un libro, le susurraremos una oración al oído y le diremos que la amamos hasta la luna ida y vuelta. «Te amo, mi niña».

La historia que tengo hoy con mi familia surge de lo que aprendí con mi familia de origen. Marrok también conoce bien a mis padres y suele sentarse junto a cualquiera de ellos por pura lealtad. Mi madre y mi padre son sus héroes, y también los míos. Todos somos muy unidos.

Ahora que soy adulto y tengo mi propia familia, entiendo mejor la profundidad del sacrificio y el amor que los padres sienten por sus hijos. Hoy en día, nunca subestimo lo que mis padres me enseñaron sobre la importancia de la familia. Mucho de lo que aprendí sobre el amor, sobre los aspectos más reales de la generosidad y el sacrificio por los demás, lo aprendí de ellos. Fueron para mí un ejemplo de amor marital. Mi mamá y mi papá hicieron todo lo que pudieron por nuestra familia, a menudo sacrificando sus propias necesidades y deseos para garantizar que sus hijos tuviéramos una vida mejor, una educación de calidad y más recursos que ellos. Querían que soñáramos más grande de lo que ellos habían podido y que luego cumpliéramos esos sueños. Dieron su vida por nosotros para que pudiéramos volar.

Mis hermanas y yo crecimos en un hogar lleno de amor. Por muchos años no tuvimos suficiente dinero, pero nunca nos faltó el cuidado y el apoyo. Nunca hubo un momento en el que mis padres me amargaran o reprimieran mis sueños. Por el contrario, si quería tomar clases de actuación o jugar fútbol, hacían todo lo posible para ayudarme a lograr mis objetivos. Si quería presentarme a una audición para un comercial, mi padre juntaba las monedas que le quedaban para la gasolina y me llevaba al estudio.

Ambos me inculcaron un conjunto de valores diferentes. Mi madre me enseñó a ser leal, responsable, disciplinado y a rendir cuentas. Mi padre me enseñó a ser generoso, alegre y buen anfitrión. Mis padres nunca trataban a nadie como extraño. Mamá y papá recibían a todos en su casa, y cuando alguien se marchaba, lo hacía llevándose una palabra amable y el estómago lleno, tal vez incluso salían un poco mareados por unas buenas copas de vino. Juntos, mis padres modelaron una herencia de hospitalidad y valores. Ambos son personas pacientes que dan mucho y honran a quienes los rodean.

Mis padres serían los primeros en decirme que un matrimonio exitoso se trata de una colaboración comprometida. Ellos tuvieron un matrimonio exitoso durante muchos años. Sin embargo, nada fue fácil. La tensión de vender todo en Venezuela, venir a Estados Unidos con tres niños pequeños, luchar con trabajos mal remunerados en una cultura donde se hablaba un idioma diferente y asegurarse de que cada uno de sus hijos estuviera alimentado y vestido, le fuera bien en la escuela y tuviera atención médica, todo eso les pasó factura a mis padres.

Cada día mi padre trataba a mi madre como una reina, a pesar del tiempo limitado que pasaba con ella. Trabajaba muchas horas y cuando llegaba a casa estaba cansado. Aun así, solía regalarle flores y llevaba a toda la familia a cenar afuera. Cuando él estaba, la casa se llenaba de alegría y quería que todos participaran de ella. Mi madre se encargaba de que mi padre tuviera todo lo que necesitaba. Ella también estaba cansada al final de cada día, pero la ropa de mi padre siempre estaba planchada a la perfección. Todas las noches preparaba una deliciosa cena para la familia. Se preocupaba mucho por él. Cuando éramos niños, nos dedicaban momentos especiales y celebraban todas las festividades con nosotros, esforzándose por inculcarnos un sentido de tradición y herencia.

Yo incorporé estos valores. Vi cómo tenían que ser las cosas. Recuerdo los buenos momentos de nuestra familia y los aprecio. Pienso en los momentos difíciles y aprecio los sacrificios que hicieron, los cuales me ayudaron a convertirme en el hombre que soy hoy y reflejan lo que he heredado.

El que la relación de mis padres no durara me hace apreciar aún más sus sacrificios.

Venir a Estados Unidos fue para ellos una apuesta bastante arriesgada que les exigió un nuevo nivel de trabajo duro y estrés. Fue nada menos que un trauma. Se separaron de sus amistades y de su sistema de apoyo en Venezuela, y durante varios años lucharon por nuestra supervivencia, solo para asegurarse de que tuviéramos un techo sobre nuestras cabezas. Como cónyuges, se mantuvieron unidos a través de esas dificultades, pero también sufrieron. Con el tiempo, lamentablemente, la rosa se secó. El estrés de sus nuevas vidas convirtió su relación matrimonial en una mera relación de crianza. Cuando los hijos por fin nos fuimos de casa, mis padres se miraron y se dijeron: «¿Y ahora qué?».

Hasta el día de hoy, nunca se han divorciado. Todavía están casados y ambos viven en mi propiedad, pero viven en casas diferentes y no se consideran una pareja. Yo tenía veinticuatro años cuando tomaron esta decisión. Por desafortunado que parezca este acuerdo, creo que les va mejor en estos días cuando hay un poco de espacio entre ellos. Son libres de vivir sus propias vidas. Siguen hablando de forma regular y hay respeto mutuo. Les encanta pasar tiempo con todos sus hijos y disfrutan mucho de ser abuelos. A veces me pregunto: «Si aún viviéramos en Venezuela, ¿ellos seguirían felizmente casados?». Esa pregunta nunca hallará una respuesta definitiva, pero incluso la pregunta me hace apreciar más sus sacrificios. Al llegar a su nuevo país, lo sacrificaron todo, incluso su matrimonio.

CUANDO ESTABA EN MIS TREINTA Y TANTOS, LLEGUÉ A una encrucijada personal. Siempre me había imaginado casado y con mi propia familia. Para entonces, todo parecía estar saliendo muy bien en mi vida profesional. Era un artista y empresario, un hombre dedicado a su gente, a su herencia latina y a su nuevo país, Estados Unidos. Me encantaba mi trabajo en *NCIS*, parecía que se habían desarrollado y construido muchos grandes planos e infraestructuras alrededor de mi vida. Sin embargo, sabía que aún faltaba una pieza importante, pues estaba solo.

La familia siempre lo ha sido todo para mí; había tomado las buenas lecciones de mis padres. Para construir y mantener un matrimonio exitoso, cada cónyuge debe priorizar al otro. Sabía que en el matrimonio se requiere concentración y trabajo. Mi agenda siempre estaba muy llena; no obstante, en mis momentos más tranquilos, sabía que no quería quedarme soltero. Mi vida era feliz y tenía muchos amigos. Aunque podía ir a la casa de al lado que compré para mi madre y visitarla en cualquier momento, o podía ir hasta la casa de huéspedes en mi propiedad donde vive mi papá y pasar un rato con él, o podía llamar a mis hermanas y a mi sobrino, Christian, y divertirnos juntos... me faltaba algo. Quería tener juguetes de bebé desparramados por el suelo.

Una mañana, después de ejercitarme, tuve una revelación. Mi mente se vuelve clara en esos momentos; después de cada entrenamiento, me siento lleno de energía y lúcido. Estaba sentado en un baño de sales para aliviar el dolor posterior al ejercicio, reflexionando sobre adónde había llegado mi vida, y le dije a Dios: «La verdad es que me siento cómodo estando solo. Me parece bien dedicarme a mi trabajo, si eso es todo lo que tienes para mí. Pero si no, por favor, haz que sea muy obvio».

Me duché, me vestí y conduje hasta el trabajo. Ese día fue como muchos otros, me lo pasé estudiando, en llamadas telefónicas y actuando en el set, poniendo todo lo que tenía en mi arte. Llegué a casa esa noche, hablé con mis padres, llamé a amigos y salí a pasear con Marrok. El día era el mismo que el anterior, pero podía sentir una nueva energía en movimiento. Cuando le dices a Dios que estás listo para una nueva etapa en la vida, Dios te escucha alto y claro, y responde: «Está bien, lo voy a hacer obvio. Prepárate para que tu vida cambie».

Dos semanas después de esa oración, una amiga, alguien a quien respeto y en quien confío mucho, me habló de una mujer que conocía y me mostró una foto de ella. El nombre de la mujer es Amanda. Tenía el cabello rubio y corto, y ojos azules, vestía una chaqueta vaquera de moda y miraba fijo a la cámara. Amanda era hermosa, y un brillo en sus ojos decía que también era inteligente, alegre y divertida. Sin embargo, a decir verdad, no pensé mucho en la conversación de ese día. Había olvidado mi oración.

Unos días después, mi amiga me insistió:

—¿Quieres conocerla?

Yo respondí: —Espera, ¿me dices otra vez quién es esta persona?

Ella dijo: —Amanda. Deberían conocerse.

Al principio, no estaba pensando en un romance, pero siendo sincero, también sabía que no podía quitarme de la cabeza la imagen de Amanda. Había algo en ella. Sentía que necesitaba conocerla.

Así que nos pusimos en contacto. Primero, solo intercambiamos algunos mensajes, todas conversaciones amistosas, muy casuales. Amanda vivía en Los Ángeles, pero se iba a mudar a Miami en un par de meses para poder concentrarse en su trabajo como modelo y profesora de buceo certificada. Le encanta el mar y el aire libre. Hablamos de Miami. Yo había estado allí a menudo y dialogamos sobre restaurantes, playas y los mejores lugares para comer *sushi*.

Acordamos que algún día nos conoceríamos en persona. No había nada planeado. Varias veces me recordó que pronto se mudaría al otro lado del país; ambos lo sabíamos. Sin embargo, a veces, y los dos estábamos de acuerdo, es agradable conocer a alguien y tener una buena conversación. Así puedes ver si los valores de ambos encajan. Ese es el mejor punto de partida para una amistad.

Nos encontramos el día que mejor nos convino a los dos. Yo salía de viaje por la tarde, pero me quedaban cuatro horas libres antes de tener que estar en el aeropuerto. Amanda y yo nos encontramos en un café de Los Ángeles y conversamos. Las cuatro horas pasaron volando. Ambos fuimos muy abiertos el uno con el otro y mostramos nuestros pensamientos de manera honesta y afín. A ella le gustan las puestas de sol, el béisbol, acampar y viajar, y su alma está llena de sol. Después de despedirnos, mientras me dirigía al aeropuerto, pensé: *Aunque se mude pronto a Miami, de alguna manera sé que seguiremos siendo amigos.*

Cuando regresé a Los Ángeles, volvimos a encontrarnos. Esta vez cenamos en un restaurante. Descubrí que es mitad mexicana y mitad estadounidense, y que había crecido en una familia muy unida en la que su papá hablaba español con fluidez. Después de que a su madre le diagnosticaran cáncer de ovario en etapa cuatro, Amanda se afeitó la cabeza como muestra de solidaridad y regresó a casa para cuidarla. Por desgracia, su madre falleció en el 2014, pero Amanda se ha mantenido fiel al legado de su madre y ha corrido en competiciones y recaudado dinero para apoyar la concientización sobre el cáncer de ovario y la búsqueda de una cura. Me dijo que extraña a su madre todos los días: su alegría, su sonrisa, su fuerza increíble. Cada año, en el aniversario de la muerte de su madre, Amanda va al océano para conmemorar a esta persona maravillosa.

Podía identificarme con ese amor familiar tan profundo. Haría cualquier cosa por mis padres.

En esa misma cena, pasé mucho tiempo estudiando el rostro de Amanda, el mensaje detrás de sus ojos, y aunque habíamos dicho que no buscábamos una relación en ese momento, me preguntaba si tal vez nuestra amistad llegaría más lejos. Le hice algunas preguntas cuidadosas sobre su forma de ver la vida y sobre lo que quería en el futuro, de modo que me aclaró algunas cosas importantes. En resumen, si bien ella no estaba buscando una relación, si esta se producía, no se opondría. Nos tomamos de la mano de regreso al auto y ese fue nuestro punto de inflexión, el día que nos arrojamos a lo más profundo. Miré al cielo y en silencio dije: «Guau».

Poco después, Amanda y yo fuimos al teatro del barrio con mi mejor amigo, Tadao, y su esposa, Nicole. Ellos me conocen bien y enseguida se sintieron a gusto con Amanda, y ella con mis amigos. Era como si Amanda siempre hubiera sido parte de nuestro grupo. Por otro lado, Tadao y Nicole cuidaban a la pequeña hija de uno de sus amigos. La niña había venido a cenar esa noche con nosotros y mencionó que le fascinaba el océano. Amanda pasó mucho tiempo respondiendo las preguntas de la niña, explicándole el buceo y contándole sobre el increíble mundo submarino. Por el rabillo del ojo, las observé mientras hablaban.

Amanda interactuaba con la niña con mucha facilidad y la escuchaba con atención. Fue entonces cuando supe que sería una gran madre.

Después de ese día, nos reuníamos todo el tiempo. Junto con otros amigos hacíamos excursiones de un día a San Diego. Comíamos y cenábamos juntos, y dábamos paseos nocturnos con Marrok. A la madre de Amanda le encantaba Disneylandia, así que llevé a Amanda a una cita en ese lugar. Un par de buenos amigos vinieron con nosotros y, mientras caminábamos por el parque, una hermosa mariposa se posó en la mochila de Amanda. Ella le tendió la mano y la mariposa voló hacia ella y se posó sobre su dedo. Con cuidado, llevó su mano a su corazón y durante un rato caminamos así por el parque, con la mariposa prendida de Amanda. Cuando llegó el momento de subirse a la atracción favorita de su madre, Amanda soltó la mariposa sobre unas hojas cercanas. Cuando terminó el paseo, la mariposa todavía estaba allí, así que Amanda le tendió la mano y la mariposa volvió a volar hacia ella.

«Creo que voy a llorar», susurró Amanda. Habían pasado seis años desde la última vez que su madre la había llevado a Disneylandia. Amanda vio la mariposa como una señal de que la presencia de su madre permanecía cerca de ella. Seguía rodeada de amor.

Le pregunté a Amanda si quería hacer un par de viajes más largos conmigo y me dijo: «Claro, ¿por qué no?». Era muy divertido viajar con ella. En una ocasión, volamos a París y nos relajamos en el césped frente a la Torre Eiffel en un día perfecto de verano. En otra ocasión, yo tenía que estar en Atlanta por trabajo, así que me fui solo. Amanda voló a la ciudad y me sorprendió. Fue genial verla. Visitamos Park City, Utah, y conocimos los lugares turísticos. A veces solo íbamos a las montañas al noreste de Los Ángeles y hacíamos senderismo por los bosques.

Tokio es una de mis ciudades favoritas. Me encanta la gente y la cultura. Volamos a Japón y fuimos a catar *whisky* y a recorrer un montón de pequeños bares. Fue muy divertido. Llevé a Amanda al restaurante más romántico que conocía en Tokio, un increíble restaurante subterráneo que sirve cenas de doce platos. Ahí hablamos más a fondo sobre lo que ambos queríamos en la vida. Cuando sirvieron el plato principal, ella cogió su tenedor, tomó un par de porciones de comida y me pasó el tenedor por encima de la mesa para que lo probara. Había armado el bocado perfecto, delicioso por donde se lo mirara. De forma muy relajada, comentó:

—Sabes que te amo porque te acabo de dar mi primer bocado.

—Un momento —respondí, sin poder contener una sonrisa—. ¿Qué acabas de decir?

Ella enrojeció y abrió la boca como para aclarar.

—No —dije de inmediato—. No tienes que repetirlo, porque yo también te amo.

Esa fue la primera vez que nos dijimos «te amo». Por su parte, las palabras se le habían escapado de manera inocente, impulsiva, pura. Yo no tuve ningún problema en responderlas con toda la intención. Debería haberlas dicho primero. Ambos estábamos en ese lugar en nuestro corazón.

—Nos veo teniendo un hogar juntos algún día —agregué.

—Yo también —murmuró ella.

—Y voy a ir aún más lejos —continué—. Nos veo siendo unos padres increíbles algún día.

Lo que dije me pareció arriesgado, pero no quería ocultar lo que estaba en mi corazón. Quería que Amanda supiera que lo nuestro iba en serio.

Ella sonrió.

—Yo siento lo mismo.

CUANDO LA MADRE DE AMANDA MURIÓ, LA FAMILIA esparció sus cenizas en San Diego, en un pequeño muelle de roca cerca de un restaurante de playa. Ella y su mamá solían ir allí y comer tacos y tomar cerveza. Amanda me contó todo sobre su lugar especial. Después del fallecimiento de su madre, el lugar le traía buenos recuerdos. Las olas llegan a esta pequeña ensenada y rompen contra las rocas, y cada vez que Amanda iba allí, podía sentir la presencia de su madre y recordar su sabiduría. En su mente, podía ver la sonrisa gigante de su madre y casi escuchar su pícara risa de nuevo.

—¿Cuál es tu lugar favorito en el mundo? —le pregunté a Amanda una vez.

—La playa —respondió de prisa. Luego pensó un momento y aclaró—: En realidad, esa playa de la que te hablé. Ahí es donde me siento más en casa. Cuando mi madre murió, supe que tendría que vivir gran parte de mi vida sin ella. Eso me aterrorizaba, pero cada vez que voy a esa playa, siento su fuerza. Ella me da la confianza para seguir adelante.

Con los meses llegué a amar a la familia de Amanda, y ella a la mía. Mi padre y su padre una vez conversaron en español, y eso fue todo lo que se necesitó para que comenzara su amistad. Se acercaba la Navidad y planeamos un viaje a México entre Navidad y Año Nuevo para celebrar las fiestas. Junto con unos amigos, volamos a Cabo San Lucas y jugamos bajo el sol, caminamos por la playa, montamos en cuatriciclos en la arena y disfrutamos de los espectáculos de fuegos artificiales que ofrece el resort.

Todo era tan romántico en Cabo, tan perfecto, tan hermoso, y me preguntaba si Amanda estaría pensando que podría proponerle matrimonio allí. Pero no lo hice. No en ese momento. En cambio, le propuse:

—Sería genial pasar el día de Año Nuevo con tu mamá en la playa. Podríamos ir a San Diego y visitar el sitio de tu mamá y saludarla.

—Eso sería estupendo —dijo Amanda.

El 1 de enero de 2020, caminamos hacia las rocas en esa misma ensenada donde las olas rompen y salpican. El cielo azul estaba bordado con un lazo de nubes blancas y le dije:

—Significas mucho para mí, Amanda. ¿Recuerdas cuando dijiste que te estaban pasando todas estas cosas lindas, pero que te ponía triste que tu mamá no estuviera aquí para verlas? Bueno, pensé que podríamos traerle un recuerdo.

Ella asintió, luego me miró, con la cabeza algo inclinada hacia un costado, como si no estuviera segura de lo que vendría a continuación. Señalé al otro lado del camino, y en ese momento, vimos a mi madre y al padre de Amanda caminando hacia nosotros, con una pequeña caja en la mano.

—¿Qué está sucediendo? —Amanda me preguntó y luego les dijo a ellos—: ¿Qué están haciendo aquí?

—Quería que hoy estuviéramos rodeados de familia —dije, respondiendo por ellos. Mi mamá y el papá de Amanda se acercaron a nosotros y me entregaron la caja, luego los dos se alejaron unos pasos de nosotros para que nadie, excepto Amanda, pudiera oír lo que le dije a continuación. Me arrodillé y le pregunté.

—¿Te casarías conmigo?

Amanda parecía sorprendida, pero también estaba sonriendo.

—Sí —contestó—. Por supuesto.

La caja contenía un anillo. Amanda lo deslizó en el cuarto dedo de la mano izquierda. Aparecieron nuestros amigos (yo lo había organizado antes) y todos juntos celebramos en la arena. Cuando estuvimos en Cabo, yo había llamado a su papá y le había pedido su permiso. Soy de la vieja escuela. Él estaba emocionado. Mi papá no pudo venir a la playa, pero estaba enterado del compromiso y también nos dio su bendición.

Amanda y yo comenzamos a planear la ceremonia de nuestra boda. Todo marchaba sin problemas, hasta que llegó la pandemia del COVID-19. El mundo se cerró y ya nadie se podía reunir en ninguna parte. Así que pospusimos los planes para la ceremonia hasta que pudiéramos hacerlo bien. El padre de Amanda también se mudó a nuestra propiedad para que pudiéramos estar todos juntos. Amanda y yo pasamos la cuarentena en nuestra casa, comíamos juntos y salíamos a caminar por la noche, y yo le llevaba flores cada vez que podía. Estar con ella no se parecía a una cuarentena. Incluso íbamos de paseo a la playa. La cuarentena nos acercó más, pero otra gran sorpresa estaba a la vuelta de la esquina.

EN EL DÍA DEL PADRE DEL AÑO 2020, HICIMOS UNA barbacoa para su papá y mi papá en nuestra casa. Cuando terminó la comida y los ánimos se iban calmando, Amanda me llamó al baño. Tenía un retraso en su período, así que decidió hacerse una prueba de embarazo y quería que yo estuviera allí para que pudiéramos ver el resultado juntos. Cuando la varilla se puso de color, no la miró directamente, sino que de inmediato tomó una foto del resultado con una cámara Polaroid. Luego nos quedamos mirando la foto. De esa fascinante manera al estilo Polaroid, poco a poco fueron emergiendo los detalles de la imagen.

Dos líneas.

Amanda comenzó a llorar. Yo no podía contener la emoción. Escribimos la noticia en un cartelito de cartón, pero al principio no se lo mostramos a nadie. En cambio, salimos al patio trasero y reunimos a todos para una foto grupal. Amanda y yo nos paramos en la parte de atrás del grupo y levantamos el cartelito rápidamente mientras nos sacábamos la fotografía grupal. Reunimos a nuestros padres y les mostramos la foto.

—Miren de cerca —les dijo Amanda.

Nuestros padres descubrieron el cartel. Se rieron y luego comenzaron a llorar. Todos estábamos muy emocionados. Trajimos a mi mamá para que también pudiera compartir la feliz noticia. Fue un Día del Padre para recordar siempre.

Entonces comenzó el viaje. Me gustaría poder describir la expectativa de ser padre, lo increíble y emocionante que es ese sentimiento. Amanda y yo estuvimos en cuarentena en casa durante gran parte del embarazo, fue una preciosa experiencia. Me aseguré de que Amanda tuviera todo lo que necesitaba y procuré que se riera todos los días y pudiera disfrutar cada hermoso momento de este tiempo especial.

Lo único triste fue que, debido a la cuarentena, no me permitían estar en la sala de ultrasonido con ella. Podía llevarla al hospital y quedarme en el pasillo para desde allí hacer una videollamada. Los dos usábamos mascarillas. Durante el ultrasonido de la séptima semana,

Amanda puso su teléfono cerca del vientre y así ambos pudimos escuchar los latidos del corazón de nuestro bebé por primera vez.

Eso nos pareció una locura. No es exagerado decir que nuestra vida cambió por completo con el ritmo de esa pequeña vida. Algo se despertó en mí que nunca antes había visto o reconocido. Un nuevo nivel de orgullo, alegría, amor. No importaba cuánta atención le había dado a mi carrera o cuánto éxito había tenido con ella, nada sería tan satisfactorio como escuchar los latidos del corazón de nuestra hija por primera vez.

A partir de ese momento, quería escucharlo todo el tiempo. Compré una máquina de ultrasonido portátil para la casa. Amanda se reía de mí. No le gustaba ponerse gel en la panza todo el tiempo, pero lo hacía de vez en cuando. A ambos nos encantaba escuchar este canto a la vida.

Unas semanas más tarde, celebramos una fiesta en casa para revelar el sexo del bebé. Nuestro patio trasero es grande y espacioso, pero, aun así, una fiesta no era algo fácil de lograr durante la pandemia. Todos los invitados permanecieron en el exterior, siguieron las pautas y tomaron las precauciones necesarias para garantizar la seguridad de todos. Nuestra casa fue desinfectada a fondo antes y después de la fiesta, y todos los invitados fueron examinados antes y después de la reunión. El patio trasero estaba decorado con globos y serpentinas, y pusimos un buzón de comentarios para que la gente pudiera ayudarnos a elegir un nombre.

Todos comimos barbacoa, tacos y pastel, y cuando llegó el momento de la gran revelación, ahí comenzó la verdadera diversión. Habíamos contratado un helicóptero para que sobrevolara la casa. Todos miraron hacia el cielo con el corazón abierto de par en par. Abracé a Amanda y miramos hacia arriba, anticipando un momento que quedaría grabado en nuestro corazón para siempre. Un paracaidista saltó del helicóptero. El humo de color que salía de una lata en el tobillo del paracaidista indicaría el sexo. Así comenzó a descender.

¡Es una niña!

Todos aplaudían y vitoreaban a medida que el humo rosa coloreaba el cielo. El paracaídas se desplegó y quedó de manera correcta. Amanda y yo nos abrazamos y besamos. Muy despacio, el paracaidista descendió en nuestro patio trasero. Éramos padres de una hija. Una nueva temporada había oficialmente comenzado. Amanda me dijo más tarde que había sentido mucha gratitud y paz durante la revelación del sexo. Una ola de calma había recorrido su cuerpo.

El embarazo avanzaba y nuestros amigos y familiares pronto organizaron una fiesta prenatal virtual para la bebé. Una noche, la madre de Amanda se le apareció en un sueño claro y simbólico, celebrando con nosotros. Amanda se sintió muy reconfortada y emocionada.

Unas dos semanas antes de nuestra fecha de parto, Amanda y yo tuvimos una última escapada juntos, esta vez a un resort en Ventura. Durante el almuerzo, estábamos buscando nombres y dimos con «Nakano Takeko», el nombre real de una histórica guerrera japonesa. Bien educada, honorable y hermosa, Nakano Takeko vivió y luchó con valentía en el siglo XIX. Ambos estuvimos de acuerdo en que el nombre sonaba genial, poderoso y fuerte. Podía imaginarme a nuestra hija en su primera cita. El chico le preguntaría: «¿Qué significa tu nombre?», y ella respondería con una sonrisa: «Mujer samurái. No te metas conmigo».

Así que elegimos ese nombre. Nakano. Por una parte, por la fuerza que tiene el nombre y, por otra, para conmemorar nuestro viaje a Japón, en el que Amanda y yo nos dijimos por primera vez que nos amábamos y que podíamos imaginarnos siendo padres juntos. El segundo nombre de nuestra hija, Oceana, surgió como un tributo a la madre de Amanda. Queríamos que nuestra hija recordara su herencia y también que tuviera una fuerte conexión con el océano. Nakano Oceana Valderrama. Todo fue tan tranquilo en nuestra escapada a Ventura. Solo el viento... y el sol... y el agua... y nosotros. La ilusión crecía más y más. Un día parpadeamos y ya teníamos encima la fecha.

Todos estábamos en casa la semana del parto. Cierta tarde, de forma inesperada, una hermosa grulla blanca aterrizó en nuestro patio trasero. El ave era alta, elegante y hermosa; yo nunca había visto algo así, a pesar de que había vivido en la casa durante años. Amanda y yo nos acercamos a la grulla, pero no se fue volando. Solo nos miró con una mirada firme y sabia.

Unos días después, el 13 de febrero, fuimos al Centro Médico Cedars-Sinaí para nuestro último chequeo. Subimos en ascensor hasta la planta de partos, donde aún no habíamos estado. Cuando se abrió el ascensor, justo en la pared frente a nosotros había una vitrina con un kimono dentro. El kimono tenía impresa una grulla blanca. No sabíamos qué significaba todo eso, pero lo tomamos como una señal positiva de que todo sobre Nakano se alinearía a la perfección.

Pasamos el 14 de febrero, Día de San Valentín, en casa. Todo estaba tranquilo. Esa noche nos acostamos temprano. Unas horas más tarde, la fuente de Amanda se rompió. Era la 1:43 de la madrugada. Si usaste un localizador en la década de 1990, entonces sabes que «143» era el código para «Te amo». De prisa agarramos todo lo que necesitábamos y nos dirigimos al hospital. Amanda tuvo contracciones en la sala de partos toda la mañana y hasta bien entrada la tarde. Esta vez, se me permitió estar en la misma habitación con ella.

Me tomé en serio mi trabajo de acompañante. Ella estaba haciendo todo el trabajo pesado, pero yo estaba allí para ayudarla. En un momento durante las contracciones, yo estaba sosteniendo su pierna izquierda con mi mano izquierda y su nuca con mi mano derecha. Como el tonto más grande del mundo, hablaba por encima del médico, tratando de hacer «lo máximo», como decimos en las calles, dándole instrucciones a Amanda sobre qué hacer con sus abdominales. (Como si supiera algo sobre dar a luz). Por si necesitaba una prueba más de lo increíble y graciosa que es Amanda, durante un momento de contracciones muy intenso, le pregunté si quería algo de música para ambientar el lugar. Necesitábamos alguna canción. El médico y las enfermeras me miraron como diciendo: «¿Hablas en serio?». Le pregunté a Amanda qué canción le gustaría escuchar. Amanda me miró fijo y con un sentido del humor feroz e impertérrito me respondió:

«Push it» (que en español significa «puja»). Nos reímos tanto como pudimos en ese momento. Así pues, Amanda siguió con lo suyo, empujó muy bien. Es una campeona increíble.

A las 16:04 del 15 de febrero de 2021, Nakano Oceana vino al mundo, con casi tres kilos, pura y maravillosa. De inmediato, Amanda y yo la llevamos a nuestro pecho, piel con piel, lo que dicen que ayuda a crear un vínculo, y fue como si una especie de programación diferente se despertara en mi cerebro. Nunca me había sentido tan vivo. También hubo otro milagro ese día.

El 15 de febrero era el cumpleaños de la madre de Amanda.

CUANDO NUESTRA HIJA IRRUMPIÓ EN NUESTRA VIDA, nuestro mundo se derritió por completo. Por supuesto que hubo algunas noches largas. Tuvimos que descifrar la vida con una recién nacida: todo lo que implicaba el lograr acostarla, saber lo que pedía cuando lloraba... Sin embargo, todo fue pura alegría. Nakano es una niña dulce, tranquila y divertida. Tiene el tipo de personalidad que hace que Amanda y yo nos preguntemos: «¿Y si tenemos tres hijos más?».

Me di cuenta de que las tareas más pequeñas parecían adquirir un nuevo significado. La hora del baño, mordisquear sus piecitos, acurrucarme con ella en el sofá. Pronto comenzó a mostrar sus propias preferencias. No le gustaba que usáramos anteojos de sol. Odiaba si me dejaba la barba; solo quería una mejilla despejada. Nakano pronto se convirtió en la luz de nuestros días. Nos ilumina a todos. Puede que estemos conduciendo a algún lugar en un día nublado de invierno, pero si ella está en el auto con nosotros, se siente como si fuera primavera. Cuando escucha música, sonríe y aplaude sin parar. No puedo creer cuánta alegría nos ha traído esta niña.

Mi relación con Amanda también se ha profundizado. Un hijo trae más trabajo al hogar. Descubrimos que nos escuchamos más y que nos esforzamos por entendernos mejor. Cuando se levantaron las restricciones por el COVID-19 y volví al set, ya no pude invertir la misma cantidad de tiempo en casa como antes. Así que conseguí dos casas rodantes en el set de *NCIS*, una para mí y otra para Amanda y Nakano, cada vez que quisieran visitarme. Amanda decoró el interior de la segunda casa rodante como la habitación de una bebé. A menudo vienen al set y almuerzan conmigo. Jugamos un rato, luego Nakano toma una siesta y luego se van a casa por la tarde.

Aun con las responsabilidades adicionales y los horarios más complicados, Amanda y yo seguimos muy enamorados. Nuestro amor se basa en el compromiso, incluso más que en los sentimientos, y nunca quiero dar por sentada nuestra relación. La promesa que nos hicimos el uno al otro desde el principio fue crear un vínculo de por vida entre nosotros y crear un entorno seguro donde los hijos puedan prosperar. Quiero que Amanda se sienta escuchada y cuidada y, a pesar de mi horario, quiero que hagamos tantas actividades juntos como sea posible.

Tengo un proyecto en marcha en el que montaré a caballo, lucharé con espadas y bailaré flamenco. Amanda y yo vamos a tomar clases juntos para que podamos disfrutar de las mismas actividades. Ambos fuimos bendecidos con padres maravillosos. Sin embargo, sabemos que no somos iguales a nuestros padres y que no tenemos que repetir sus historias. Somos parte de sus historias, pero somos los arquitectos de la nuestra. Se está escribiendo el libro de nuestra vida juntos y ambos sostenemos la misma pluma.

CAPÍTULO 12

Premios y recompensas

—Oye, Wilmer, están creando una película animada para Walt Disney. Es ultrasecreta y todavía no puedo enviarte el guion completo, pero están interesados en que tú interpretes al padre de una gran familia.

No mucho después de que Amanda y yo nos volviéramos pareja, recibí esta llamada telefónica de la agente Brittany Balbo, codirectora del departamento de publicidad y doblaje de United Talent Agency. Luego agregó:

—Solo una pregunta importante. ¿Puedes cantar?

—Claro que sí —contesté—. Crecí cantando.

Me describió una de las escenas en las que estaría y todo lo posible sobre la película, lo que sonaba fantástico, pero no brindaba mucha información. Todo el proyecto era en verdad secreto.

—Oh —agregó—, y puedo contarte que Lin-Manuel Miranda está escribiendo la música.

—¿Lin-Manuel? —repetí—. Me encanta. ¡Me apunto!

Fue así de sencillo. Conocía a Lin-Manuel desde hacía años. En el 2005, escribió la música y la letra, y protagonizó la producción teatral de Broadway *En el barrio*. El programa captaba la esencia de cómo era y cómo se sentía vivir en el barrio del Alto Manhattan llamado Washington Heights, donde predomina la población latina. Todos los personajes de la obra sueñan con una vida mejor.

Cuando la obra se estrenó, la comunidad latina le dio todo su apoyo. Incluso entonces, Lin-Manuel no necesitaba nuestra ayuda. Su obra era maravillosa y el atractivo traspasó la comunidad latina y alcanzó a todas las personas y culturas. El mundo descubrió la prodigiosa iconografía de Lin-Manuel a través de su producción de *En el barrio*, y desde entonces el mundo quedó fascinado. Recuerdo estar sentado en el teatro, hipnotizado. Estábamos viendo la obra de un Mozart moderno. Él había reinventado Broadway y había creado muchos momentos memorables en esa obra. Luego, cuando él y yo nos conocimos, Lin-Manuel me impresionó por su gran humildad, un hombre reflexivo que nunca olvidó sus raíces. Por *En el barrio*, ganó dos premios Tony y un Grammy.

Lin-Manuel y yo nos mantuvimos en contacto, y llegué a conocerlo como un artista sabio y de gran corazón que ayudaba a muchas personas tanto en el escenario como detrás de escena. En una época en que a la cultura latina le costaba abrirse camino, Lin-Manuel se lanzaba como bala de cañón, causando un gran revuelo. En el 2015, pasó a crear la sensación de Broadway, *Hamilton*, una versión fenomenal y creativa de la vida del padre fundador de Estados Unidos Alexander Hamilton. No exagero cuando digo que al público de todo el mundo le encantó *Hamilton*. Este espectáculo recibió una aclamación casi universal y ganó la asombrosa cantidad de once premios Tony y el Premio Pulitzer a la mejor obra teatral 2016. Este hombre es una leyenda. Trabajar con él en esta narrativa sería el viaje de mi vida. Unir fuerzas con Lin-Manuel fue una decisión muy fácil para mí. Todo lo que él crea conmueve a las personas.

Fui a leer el guion y luego envié una grabación de audio mía cantando. El COVID-19 acababa de empezar, por lo que se hacían pocas cosas en persona, y cualquier reunión cara a cara estaba muy controlada de acuerdo con las siempre cambiantes regulaciones estatales.

El nombre de la película me intrigó desde el principio. *Encanto*, una palabra que significa «encantamiento», o una especie de hechizo mágico. ¡Y, oh sorpresa, la película estaba ambientada en Colombia! El país natal de mi madre aparecía en pantalla en Estados Unidos. ¿No es genial?

Me encantó la trama. *Encanto* es la historia de una familia extraordinaria y mágica, los Madrigal, que viven en una casa benévola, pensante y que se mueve. La magia de la familia Madrigal bendice a todo su pueblo, pero su magia se ve amenazada desde el comienzo de la película.

Para complicar las cosas, cada miembro de la familia Madrigal, excepto uno, recibe un poder especial en uno de los primeros cumpleaños de su infancia. La madre, Julieta, cura a las personas con la comida que cocina. Una hermana, Luisa, tiene una fuerza sobrehumana y puede levantar pianos, burros, barriles, una iglesia y hasta un puente. Otra hermana, Isabela, es la hija favorita que hace que broten las flores y crea elaborados adornos naturales dondequiera que vaya. La tía Pepa controla el clima con sus emociones. La prima Dolores tiene un súper oído. El primo Camilo puede transformarse en cualquier persona que quiera. El primo Bruno puede ver el futuro, pero ya no vive con la familia y está prohibido hablar de él, que es uno de los argumentos de la trama. El primo menor de Mirabel, Antonio, recibe su poder cerca del comienzo de la película en su quinto cumpleaños. Él tiene el don de comunicarse con los animales.

Solo la peculiar hija de quince años, Mirabel, no recibe ningún poder, uno de los grandes misterios que surgen casi al comienzo. Cuando Mirabel descubre que la familia está perdiendo su magia, se embarca en una búsqueda para descubrir la verdad y salvar a su familia, al pueblo y a su casa encantada.

Conseguí el papel de Agustín Madrigal, el esposo de Julieta y padre de Isabela, Luisa y Mirabel. Dado que mi personaje pasó a ser parte de la familia por su matrimonio, él no tiene poderes mágicos propios. Sin embargo, es empático, considerado y está lleno de buenas intenciones. Le encanta estar rodeado de gente excepcional y, como es un poco propenso a los accidentes, suele beneficiarse de los poderes curativos de su esposa. En la animación, Agustín es alto y delgado. Viste traje y tiene un bigote fino. Lo pica un enjambre de abejas y le roban su reloj de bolsillo, lo que se convierte en una pieza importante de la trama.

No fue fácil hacer una película durante el COVID-19, pero todos fueron muy creativos y trabajaron duro. No interactuábamos con otros personajes, sino que grabábamos las partes a través de Zoom o íbamos solos al estudio (usando una triple mascarilla) para interpretar nuestros papeles. Cuando tenía que cantar, Lin-Manuel guiaba mis armonías desde la distancia. Jared Bush, Charise Castro Smith y Byron Howard dirigieron la película y nos hicimos buenos amigos. Siempre nos alentaron a interpretar nuestros papeles imaginando las conexiones familiares más cálidas, lo que dice algo sobre lo poderosa que se volvió la película. Nuestro corazón se entrelazaba con cada palabra.

La película se realizó en una época en que Estados Unidos necesitaba sanar. La pandemia nos estaba separando en lo físico. Las guerras culturales que siguieron estaban dividiendo las opiniones. La historia de *Encanto* ayuda a trascender la cultura y reúne a las personas. Muestra cómo todos podemos ser conmovidos por una historia poderosa que conecta a gente de todas las culturas. Cada persona sabe lo que se siente estar feliz o triste, asustado o avergonzado. El resultado final fue que la película se convirtió en un gran ejemplo de lo que puede suceder cuando nos aceptamos unos a otros y se nos permite actuar con libertad.

El personaje de la abuela y su historia fue lo que más me impactó. Su nombre es Alma Madrigal, y cuando era joven tuvo que huir de su pueblo natal con su esposo, Pedro, y sus tres hijos. Es la época de la Guerra de los Mil Días, un conflicto civil histórico que ocurrió entre 1899 y 1902, y la familia escapa de la opresión junto con algunos de sus vecinos. Sin embargo, cuando cruzan un río, jinetes enemigos armados los alcanzan. Con amor, Pedro se despide de Alma y de sus hijos, luego corre hacia los jinetes para defender a su familia y a sus conciudadanos, y termina sacrificando su vida. Alma, viuda y afligida, sigue adelante con sus hijos en busca de una vida mejor.

Lin-Manuel escribió una canción llamada «Dos oruguitas», interpretada por Sebastián Yatra, que se escucha durante uno de los momentos más emotivos de la película, la escena en que Pedro da la vida por su esposa e hijos. En la historia de la canción, dos orugas se enamoran, pero el mundo cambia y deben construir solas su futuro. La canción desborda emoción; es el conflicto de demasiadas personas que van a un nuevo país en busca de un futuro mejor. Las dificultades los separan de sus seres queridos, a veces por la muerte, otras por la distancia. Su futuro resulta ser mejor, pero tiene un sabor agridulce. Al avanzar hacia la oportunidad, deben dejar atrás algo valioso. Cada vez que escucho esa canción, se me llenan los ojos de lágrimas.

Encanto se estrenó en el famoso teatro El Capitán en Hollywood en noviembre del 2021, con asientos limitados debido al COVID-19. Para entonces, los casos estaban disminuyendo en Los Ángeles, y los espectadores regresaban con cautela a los cines para el Día de Acción de Gracias y la temporada navideña. Aun así, las reuniones al aire libre eran la norma y muchas personas todavía no se sentían cómodas yendo a los cines.

Llevé a Amanda, a mi madre, a mis hermanas y a mi sobrino Christian al estreno. Nakano era bebé y se quedó en casa con una niñera. La película arranca con una canción interpretada por el afamado músico Carlos Vives, el Frank Sinatra de Colombia y uno de los artistas de música latina más influyentes y con mayores ventas de todos los tiempos. Mi madre reconoció su voz al instante. En las escenas iniciales, los niños están tomando café en un momento humorístico, se hace referencia a las sabrosas arepas y se observan colores llamativos. Eran cosas con las que habíamos crecido. A través de la tenue luz del cine, miré a mi madre, a mis hermanas y a mi sobrino, y vi sonrisas en todos los rostros. Era la primera vez que veía la película en su totalidad y me encantó ver cómo captaba la atención de todos.

Cuando concluyó, supe que habíamos hecho algo especial. La historia y las actuaciones eran sólidas y vibrantes. Las canciones eran espectaculares. Deseábamos que a todos les encantara esta película.

Aun así, no creo que estuviéramos muy preparados para la increíble aceptación que tuvo la película. A pesar del COVID-19, a la película le fue bien en los cines de todo Estados Unidos. A finales de mes se estrenó en Bogotá (Colombia). Fue lanzada un mes después en Disney+ para que todos pudieran verla en casa. A principios de enero se estrenó en China. Las críticas fueron muy buenas y la opinión general fue que *Encanto* era una película hermosa, relevante para la cultura y divertida para toda la familia. Se volvió viral y se convirtió en la película más vista de 2022. Fue la primera película animada de Disney con un elenco latino en su totalidad y, hasta la fecha, ha recaudado más de 256 millones de dólares en todo el mundo.

Luego vinieron los premios.

Encanto ganó un Globo de Oro a la mejor película de animación, tres premios Grammy y muchos premios más. Fue nominada a tres premios Óscar: mejor película animada, mejor banda sonora original y mejor canción original por «Dos oruguitas».

Amanda y yo fuimos a la noche de los nominados a los premios Óscar, que tiene lugar unas semanas antes de la ceremonia de premiación, y un periodista de *The Hollywood Reporter* me preguntó qué sentía al ver que *Encanto* estaba tan bien representada. Me paré en la alfombra roja con todos los *flashes* de las cámaras a mi alrededor y dije: «Cuando uno hace una película que invita a la gente a celebrar una cultura y uno puede verse reflejado en otra familia, entonces resulta hermoso ver que esta película ha conmovido a muchos. Sabíamos que era especial, pero no teníamos idea de cuánta gente la necesitaba». Fue algo maravilloso que esta película se celebrara en los niveles más altos posibles.

La vida continuó entre las nominaciones y las ceremonias de premiación. Mientras tanto, Amanda, Nakano y yo llegamos a la portada de la revista *Parents*, tanto en su versión en inglés como en español. Publicaron un hermoso reportaje y unas fotos de nosotros, y en el artículo hablamos sobre las alegrías de la vida con Nakano, de la privación de sueño que conlleva la vida con un recién nacido y cómo

Nakano hacía que nuestra vida se sintiera completa. Nakano celebró su primer cumpleaños el 15 de febrero de 2022 y tuvimos una celebración tranquila con familiares y amigos.

El 27 de marzo de 2022, Amanda y yo fuimos a la ceremonia de los Óscar, considerada por muchos la noche más importante en la industria del entretenimiento, algo grandioso de verdad. Amanda siempre se ve increíble, aunque solo vista pantalón vaquero y camiseta y no use maquillaje. Sin embargo, para esta noche ella contaba con un equipo de especialistas para peinarla y maquillarla. Yo vestía un esmoquin de terciopelo verde oscuro de Dolce & Gabbana, y ella un impresionante vestido de gala de color negro y largo hasta el suelo, también de Dolce & Gabbana. No exagero cuando digo que esa noche se veía tan glamorosa como toda icónica estrella de Hollywood.

En la ceremonia de premiación, los copresentadores de *Entertainment Tonight*, Nischelle Turner y Kevin Frazier, nos detuvieron en la alfombra roja de camino al interior del recinto. Ambos son personas de color. Conocía a Nischelle de sus días como periodista en la CNN y a Kevin por mi intervención como invitado en *NCIS: Hawái*. Nischelle puso su mano sobre mis hombros con una carcajada, y yo le dije: «Mírate nada más. ¿Quién nos dejó entrar en este lugar?». Y Kevin dijo: «Hemos estado diciendo eso toda la noche».

Hablamos un poco del toque latino de los Premios Óscar de ese año, y luego, con las cámaras encendidas, comenté: «Este es un momento que recordaremos para siempre. Cuando vine a Estados Unidos por primera vez siendo un niño, estaba parado a dos cuadras de aquí, y alguien estaba recibiendo una estrella en el Paseo de la Fama de Hollywood. No podía ver quién era entre tantas personas, pero le dije a mi papá: "Un día voy a tener una estrella. Voy a ganar un óscar; y voy a tener un Emmy". Mi papá asintió y dijo: "Claro que sí, mijo, puedes hacerlo". Esta noche, que mi papá sepa que estamos en los Óscar, con una película que tiene algo que ver con él… —Aquí se me empañaron los ojos, pero me compuse y continué—. No quiero empezar a llorar… Esto es Estados Unidos, por eso a nuestro país se lo conoce como la tierra de las oportunidades. Cada uno de nosotros, con nuestros orígenes e historias, lo hacemos posible».

Una vez dentro del auditorio, nos sentamos y comenzó el espectáculo. «Dos oruguitas» fue una de las canciones destacadas de la noche, interpretada por Sebastián Yatra. La canción no ganó en su categoría, pero Sebastián derritió el corazón de todos con su interpretación.

Cuando llegó el momento del premio a la mejor película animada, Lily James, quien había interpretado a Cenicienta en la versión del 2015; Naomi Scott, quien había encarnado a la princesa Jasmine en la versión del 2019 de *Aladino*; y Halle Bailey, que iba a unirse al club en su interpretación de Ariel en la versión 2023 de *La Sirenita*, leyeron los nominados: *Encanto, Flee, Luca, La familia Mitchell vs. las máquinas* y *Raya y el último dragón*. El premio Óscar fue para:

¡Encanto!

Fue una sensación increíble. Esta película fue «la pequeña locomotora que sí pudo». Un pueblo mágico de Colombia recibía ahora un galardón en el escenario más grande del planeta. Los directores Jared Bush y Byron Howard, y los productores Yvett Merino y Clark Spencer subieron al escenario para recibir el premio.

Antes de que concluyera la ceremonia, Amanda y yo nos retiramos del evento porque yo tenía un vuelo nocturno a Nueva York para estar bien temprano en el programa de televisión *CBS Mornings* y en *The Late Show with Stephen Colbert* más tarde. Había sido una hermosa velada, donde se habían escuchado voces diversas y todos los premios recibidos habían sido muy merecidos. El COVID-19 se estaba disipando y todos necesitaban salir y sentir la nueva energía. El que una excelente película con voces y caras morenas ganara un Óscar fue un punto culminante en la historia de Hollywood. La cultura estadounidense se había unido en espíritu con la familia Madrigal. Todos habíamos recorrido un largo camino. Eso es lo que hay que recordar de los Óscar del año 2022.

Cuando aterricé en Nueva York a primera hora de la mañana siguiente, sin tiempo para ir primero a mi hotel, tomé un auto directo al estudio. En *CBS News*, hablé sobre los Óscar y di algunos adelantos sobre un próximo episodio de *NCIS* en el que yo actuaba como invitado en *NCIS: Hawái*.

Más tarde ese mismo día, con Stephen Colbert, la primera pregunta que hizo, con un guiño, fue si había visto algo inusual en los Óscar. Le conté que iba en el auto camino al aeropuerto y que me había perdido casi todo, a lo que Stephen respondió: «Al menos puedes decir que no estuviste involucrado de ninguna manera en esa situación». Lo que hizo reír a todos.

Enseguida pasamos a hablar de *Encanto*, y me preguntó por Nakano, si tenía la edad suficiente como para escuchar los temas musicales. Le comenté que Amanda y yo se los habíamos puesto cuando se estrenó la película y que desde entonces nos los pedía. Nakano, con poco más de un año, se ponía de pie, aplaudía e intentaba bailar al ritmo de las canciones.

«Pero sus movimientos se parecen mucho a un perreo —bromeé—, y es demasiado pronto para eso. Así que dijimos: "No más banda sonora de *Encanto* por ahora"». Eso también hizo reír al público.

Stephen me hizo algunas preguntas sobre *NCIS* y mostramos un clip del próximo especial. Todos seguíamos avanzando.

EN LA ALFOMBRA ROJA, LES HABÍA MENCIONADO A LOS reporteros que le había prometido a mi papá que algún día querría una estrella en el Paseo de la Fama de Hollywood y un lugar en los Premios Óscar y Emmy. Nunca he ganado un Emmy, aunque *That '70s Show* fue nominada a dieciséis premios Primetime Emmy y una vez ganó. Sin embargo, tuve el honor de ser presentador en los premios Emmy 2021. Junto con mi hermana del alma Vanessa Lachey, presenté el premio al mejor actor de reparto en serie o película de antología y tuve el orgullo de compartir escenario con muchos de mis colegas. Evan Peters, que interpreta al detective Colin Zabel en *Mare of Easttown*, se ganó el premio. No es lo mismo presentar un Emmy que recibir uno, pero para mí fue un honor hacerlo. Algún día, en homenaje a mi padre, ganaré un premio Emmy.

Una noche, después del trabajo, conducía a casa pensando en lo agradable que es recibir premios, pero que los elogios de la industria del entretenimiento pueden surgir de muchas maneras. En realidad, no me concentro en los premios; más bien, estoy enfocado en mi profesión, en trabajar día tras día y en brindar mis mejores actuaciones. El trabajo en sí es mi mayor recompensa.

También me siento honrado de ayudar a ampliar la industria para otros artistas. Esa misma noche, en casa, estaba leyendo en el periódico *Los Ángeles Times* que la Academia de Artes y Ciencias Cinematográficas informaba que, incluso después de iniciar sus clases del 2021, solo el 33 % de sus miembros eran mujeres y solo el 19 % eran de comunidades étnicas o raciales subrepresentadas. Otro estudio mostraba que entre el 2015 y el 2019, solo el 8 % de los ejecutivos de cine, el 13 % de los ejecutivos de televisión y el 10 % de los agentes y ejecutivos de las tres principales agencias de talentos del país eran personas de color.[1]

Me he propuesto ayudar a cambiar eso, a veces en menor medida, pero otras, en grandes proporciones. Mi productora, ahora llamada WV Entertainment, ha creado una amplia variedad de programación durante los últimos veinte años, sobre todo dando a conocer voces diversas y no representadas. Hemos hecho de todo, desde animación y series con guionización hasta *reality shows* al estilo documental y pódcast. Hoy en día vamos aún más lejos y la infraestructura está lista para narrar las historias que queremos compartir. En la actualidad, cuento con un equipo que se encarga de las operaciones diarias, mientras que yo me enfoco en la visión, las conexiones y la dirección de la empresa. La puerta se ha abierto de par en par para programas que amplifican las voces marginadas. Mucho de lo que hacemos se mantiene en secreto hasta que sucede, pero me basta decir que estamos trabajando en algunos proyectos increíbles.

Junto con mi socio comercial John Pollak, exejecutivo de NBCUniversal, creamos otra empresa, Allied Management Group, que actúa como un puente para guionistas, productores y directores de América Latina. Ayudamos a que estos nuevos narradores encuentren su lugar en Hollywood. En pocas palabras, somos una agencia para voces latinas que ayuda a otras personas talentosas a introducirse en la industria. Estamos ganando impulso y tenemos grandes planes para el futuro.

En el verano del 2021, con todo el mundo en cuarentena, hice una serie de entrevistas a través de Instagram, llamadas «Six Feet Apart» [A dos metros de distancia], donde hablaba con las personas en primera línea, las que no podían ir a casa, descansar y mantenerse a salvo cuando todos los demás estaban en cuarentena: doctores, enfermeras, repartidores, personal de cuidado infantil, trabajadores de supermercados, empleados de restaurante. A estas personas a menudo se las pasó por alto durante el COVID-19. Sin embargo, yo pretendía que todos entendiéramos por lo que estaban pasando, que desarrolláramos empatía y, lo que es más importante, que también apoyáramos a nuestros trabajadores esenciales.

Me asocié con iHeartRadio, el editor de pódcast número uno del mundo, y esta idea se transformó en un pódcast semanal llamado «Essential Voices with Wilmer Valderrama» [Voces esenciales con Wilmer Valderrama]. Algunas de las conversaciones han sido tan aleccionadoras, algo que surge cuando entendemos por lo que pasa la gente. En cada programa, la conversación da paso a una mesa redonda con un grupo de activistas y expertos que discuten los temas, exploran áreas que necesitan un cambio y visualizan cómo las cosas podrían ser diferentes.

En el proceso nació una asociación con iHeart. Ahora soy accionista en My Cultura Network. Nuestra empresa, WV Sounds, firmó un acuerdo importante en el que producimos pódcast para voces latinas, ayudando a potenciar a las personas marginadas. En definitiva, mi deseo es que podamos fortalecer las relaciones entre todos nosotros.

POCO ANTES DEL ESTRENO DE *ENCANTO*, RECIBÍ UNA llamada telefónica de Kurtwood Smith. «Vayamos a cenar», fue lo único que dijo. Así que Amanda y yo fuimos a cenar con Kurtwood y su esposa, Joan Pirkle. Nos pusimos al día con lo que todos habíamos estado haciendo, luego Kurtwood comentó: «No te lo imaginas. Están hablando de hacer una nueva serie en la que Debra Jo Rupp y yo interpretaremos a los abuelos de la hija de Eric y Donna, Leia. Todo es bastante secreto por ahora, pero si se logra hacer, te avisaré. Me gustaría que aparecieras en algunos episodios y volvieras a interpretar a Fez».

Tenía que pensarlo. Había dejado a Fez y había seguido adelante. Pasaron unos meses y Kurtwood me envió un mensaje de texto. «Es real. Está sucediendo. Bonnie y Terry están de vuelta y producirán la serie».

Estimo mucho a Kurtwood y a Debra Jo y a todos los miembros del elenco, y haría cualquier cosa por ellos. Les debo tanto a Bonnie y Terry Turner, quienes produjeron *That '70s Show*, y no es solo cariño lo que siento por ellos; es un profundo agradecimiento. Ellos fueron los que me descubrieron. Estaba en deuda con ellos. Además, eran unos productores increíbles.

La nueva comedia de situación se tituló *That '90s Show* y se estrenó en Netflix el 19 de enero del 2023. Hablé con Ashton, Mila, Topher y Laura, y todos iban a hacer algunos cameos. Gregg Mettler iba a ser el director. Se había unido al equipo de guionistas de *That '70s Show* durante la cuarta temporada y se quedó hasta el último episodio. Él es genial. La hija de los Turner, Lindsey, también se incorporaría en la elaboración del programa. Realmente iba a suceder.

Ambientada en 1995, la serie retoma una generación después de *That '70s Show*. Todos en la banda ya han crecido. La hija de Eric y Donna, Leia, interpretada por Callie Haverda, va a Point Place (Wisconsin) para pasar el verano y se queda con Red y Kitty, sus abuelos. Se hace amiga de un nuevo grupo de adolescentes y comienza la diversión.

Volver a abrir ese capítulo de mi vida me resultó extraño y emotivo. *That '70s Show* había sido tan icónica que nadie quería estropearla y todos pensábamos que en el 2006 la habíamos finalizado. Por otra parte, yo había dejado atrás el acento y la voz de Fez. En los años posteriores no importó cuánto me rogaron que lo hiciera, no lo volví a hacer. Fez había quedado en el pasado.

Sin embargo, la trama general de *That '90s Show* me intrigó. Me preguntaba dónde habían terminado todos estos personajes. ¿Podía existir de verdad una versión más madura de Fez? Si era así, ¿dónde estaría ahora? ¿Qué estaría haciendo? Los guionistas me llamaron y comenzamos a trabajar juntos para dar forma a un Fez nuevo y adulto. Las ideas que se nos ocurrieron me encantaron. Fez se había convertido en el Paul Mitchell de Wisconsin. Es un hombre de negocios exitoso que dirige una cadena de peluquerías de lujo llamada Chez Fez. Estaba feliz de que Fez estuviera bien, pero, sobre todo, me identificaba con su historia. Fez era un inmigrante que llegó a Estados Unidos y logró alcanzar el sueño americano. Este fue un gran arco argumental para él. Me emocionó ver que a Fez le estaba yendo de maravilla.

Durante los ensayos, nos preparamos para más programas además del piloto. Se habían encargado diez episodios. Me concentré en ganar impulso, volver a meterme en el papel y dejar que Fez viviera y respirara una vez más. Los productores me pidieron mi opinión sobre cómo Fez debería hacer su entrada triunfal. Hablamos de su cabello, de que sería exagerado en el frente y muy de los noventa. Ellos sugirieron que podía conducir un Miata azul, así que dije: «Hagamos esto lo más épico posible. Pongámosle un vaquero blanco. Además, creo que debería estar recostado sobre el capó del Miata para su toma inicial». Todo parecía que encajaba a la perfección.

El día de la primera grabación en vivo, unos trescientos espectadores llenaron los estudios Sunset Bronson. El piloto comienza con Kitty y Red bailando en la cocina. Todos los aplaudieron con entusiasmo. Luego aparece Eric. Está en la puerta principal con su hija, Leia. Ha traído a la familia a casa para el feriado del 4 de julio. Todos aplauden de nuevo. Donna aparece unos momentos después, cargando el equipaje. De nuevo, el público aplaudió y silbó. A lo largo del programa, iban apareciendo nuevos personajes que pronunciaron sus líneas sin problemas y provocaron grandes carcajadas. El guion era preciso y contundente. Unas escenas más tarde, Kelso irrumpe en el escenario y el público lo aplaude a gritos. Unos momentos después, Jackie hace su aparición. Fiel a su personaje, está molesta con Kelso, y el público respondió enloquecido. Una nueva actriz, Andrea Anders, aparece como Sherri, la nueva vecina de los Forman que está saliendo con Fez, pero se pregunta si su relación puede llegar a destino. Pronunció cada frase a la perfección.

Fez aparece en un rápido avance del piloto, pero su entrada triunfal se produce al final del segundo episodio. Tenía humildes expectativas sobre cómo los espectadores podían recibir a Fez. Todo lo que hace es una aparición rápida al final del programa para pronunciar: «Hola, bomboncito de azúcar». (La línea se reescribió para la versión que llegó a la televisión). Una vez más, el estudio estaba lleno para esa grabación. Cuando Tommy Chong hace una aparición al principio del episodio, todo el público vitoreó. El episodio continúa con una de las tramas en la que Sherri se pregunta si debería terminar con su novio, o sea, mi personaje.

Desde donde el público en vivo observa los escenarios en el estudio, a menudo no se puede ver todo lo que está sucediendo al mismo tiempo. A veces los escenarios están cubiertos por cortinas. Los espectadores pueden mirar los monitores de video, lo que a veces les permite ver más de lo que está ocurriendo. Cuando llegó el momento de que yo saliera en escena, las áreas del garaje y la entrada estaban ocultas. Los tramoyistas me hicieron entrar por la parte de atrás del garaje en secreto. Me coloqué en mi lugar, recostado de lado sobre el capó del Miata, con la mano izquierda sosteniéndome la cabeza y las rodillas demasiado separadas, como solo Fez podía hacerlo.

De repente, un griterío fuerte y apasionado estalló desde las gradas. La euforia me tomó desprevenido, porque no sabía lo que la audiencia estaba viendo y a qué estaba reaccionando. Más tarde me enteré de que estaban viendo a Fez en los monitores, mientras me preparaba para decir mi línea. El griterío solo se hizo más fuerte. La gente gritaba, vitoreaba, aplaudía. Yo intentaba no salirme del personaje. Miré fuera del escenario y vi que los ojos de Andrea se llenaban de lágrimas. Esperé a que el nivel de aplausos bajara un poco para poder decir mi línea. Finalmente, cuando los aplausos se redujeron, pronuncié mi frase. El director gritó: «Corten», y la audiencia se volvió loca. Los tramoyistas subieron el telón y pude ver al público. Estaban enloquecidos.

Cuando comprendí lo que estaba sucediendo, se me hizo un nudo en la garganta: todo este amor era para Fez. Rara vez le sucede esto a un actor. Interpretas a un personaje durante años y sabes que es bien recibido, pero nunca te das cuenta del tipo de impacto que tiene. Los espectadores estaban rindiendo homenaje a una parte de la historia, y yo empecé a hacer lo mismo. En la vida real, Fez había cambiado mi vida. Me dio a conocer al público y nos dio a mí y a mi familia una vida mucho mejor de lo que jamás habíamos imaginado.

Después de su estreno, *That '90s Show* fue un éxito y en su primera semana se situó entre los cinco programas en inglés más vistos de Netflix. Solo en sus primeros tres días se vieron más de 41 millones de horas del programa. Muchos críticos también respondieron de forma positiva. Todos los episodios de la primera temporada se lanzaron en simultáneo en el servicio de transmisión en línea y el programa pronto fue seleccionado para una segunda temporada, esta vez de dieciséis episodios.

SIN EMBARGO, TENGO UNA ALEGRÍA AÚN MAYOR. EN febrero del 2023, Nakano celebró su segundo cumpleaños. A estas alturas de mi vida ya había visto que hay muchos premios y recompensas que un actor puede recibir en esta industria. Puede aparecer en el escenario y la gente vitorea, o puede sumergir sus manos y pies en cemento y la gente se toma fotos. Otros vienen de manera más sutil, como la recompensa de saber que ayudas a otras personas, o la de saber que un personaje que interpretaste durante años ha calado hondo en el corazón de los espectadores. Luego están las recompensas personales.

Las restricciones por el COVID-19 se habían levantado lo suficiente como para que pudiéramos celebrar una gran fiesta para Nakano. Vinieron todos los miembros de nuestra familia, además de muchos de nuestros amigos y sus hijos. Elegimos la temática de la década de 1970 y decoramos el lugar con un montón de globos mágicos y serpentinas. Trajimos una casa inflable y una piñata, bailamos bajo una bola brillante de discoteca y había un pequeño tobogán que permitía a los niños deslizarse hacia una piscina de bolas blancas brillantes. Amanda y yo nos vestimos con ropa divertida y retro: yo con un mameluco de vaquero azul y Amanda se puso flores en el pelo, vaqueros acampanados blancos, una camisa de manga larga con círculos naranja y un chaleco con flecos «ultramoderno». Muchos de los invitados y sus hijos también se disfrazaron.

Cerca del final de la fiesta, cuando llegó el momento de cortar el pastel, todos nos reunimos alrededor de Nakano. Mi papá, que adora a su nieta, era un charco de risas y lágrimas. Mi madre y Nakano son muy unidas y estuvieron juntas casi toda la velada. Nakano pudo apagar sus propias velas, ese fue el momento más importante para mí. Con Nakano en mis brazos, tomé el micrófono, lo sostuve frente a ella y suavemente le pedí que les dijera a todos: «Gracias por venir». Nakano dijo esas palabras. Es una niña tan brillante. Ya está dando discursos.

Existen los premios Óscar y Emmy y estrellas en el Paseo de la Fama de Hollywood, pero también la satisfacción de ajustarle el cinturón de seguridad a una hija en su sillita del auto y llevarla a casa después de una noche de diversión, de abrazarla mientras duerme al entrar en casa, de ponerle el pijama, arroparla en la cama y acariciarle el cabello de la frente. Estar allí para ella en la mañana cuando se despierte. Junto a la persona que más se ama, los dos estar allí. Esos son los premios y las recompensas que no se pueden superar.

CAPÍTULO 13

La suerte

EL LUGAR ESTABA LLENO. HABÍA IDO A CENAR CON UN amigo en un restaurante de Hollywood para hablar de negocios. No aceptaban reservas y todas las mesas estaban ocupadas, así que nos sentamos en el bar, pedimos nuestra comida y esperamos, con el estómago rugiendo. Por fin, nuestros filetes llegaron en todo su esplendor. En serio, estaba a una milésima de segundo de probar el primer y delicioso bocado cuando un extraño se me acercó por detrás, me tocó el hombro y exclamó:

—¿Torres? Eres tú, ¿verdad? ¡Nick Torres!

Dejé mi tenedor y me di la vuelta en el taburete.

—Sí, soy yo.

Durante los siguientes treinta minutos, el sujeto habló lo más rápido que pudo. Súper fanático de *NCIS*, conocía todos los pormenores del programa. Podía recordar detalles intrincados de episodios en los que había estado hace años. Tenía teorías sobre las relaciones que los diferentes personajes entablan entre sí. Quería saber todo lo que yo pudiera contarle sobre los siguientes capítulos.

Mi filete se enfrió. Sin duda, podría haberme excusado, dado la vuelta hacia la barra y retomado mi comida y mi conversación de negocios. Sin embargo, con total franqueza, no me molestó la interrupción. Suelo recordarme que tengo un gran trabajo. Los fans son el corazón en el cuerpo del artista. Hacen que el corazón siga latiendo. Hoy estoy en el mundo del espectáculo gracias a la confianza y al apoyo continuo de los fans.

Aun así, una palabra que dijo esta persona se me quedó grabada durante mucho tiempo. Cada vez que la escucho, y la escucho mucho, me inquieta. Es tan inexacta. Desearía haberle aclarado lo que pensaba sobre ella, porque en realidad le convenía entender la verdad. Sin embargo, toma un tiempo descifrar esta palabra y un restaurante concurrido un viernes por la noche no era el momento ni el lugar. Me pidió un autógrafo casi al final de nuestra interacción y luego agregó: «Vaya, no puedo creer todas las cosas que has hecho en tu carrera, Wilmer. ¡Tienes muuuuucha suerte!».

Ahí estaba la palabra que necesitaba desacreditar.

Suerte.

ALLÁ POR EL 2011, POCO DESPUÉS DE CUMPLIR LOS treinta y un años, un programa latino sobre viajes llamado *Pastport* me invitó a regresar a Venezuela para filmar un episodio de su programa. El viaje no sería fácil. Partes de Venezuela se habían vuelto aún más peligrosas que cuando mi familia huyó del país. Necesitaríamos un guardaespaldas con nosotros en todo momento. No había regresado desde que era niño, así que sabía que habría un componente emocional en el viaje. Las cámaras estarían funcionando todo el tiempo, lo que a veces puede complicar la veracidad de una experiencia.

Aun así, aproveché la oportunidad. Tadao vino conmigo, al igual que mi querido amigo Joe Huff. Los productores primero nos llevaron a la capital, Caracas, para que pudiera reunirme con parte de la familia de mi padre. Por razones de seguridad, nos dijeron que no avisáramos a mucha gente sobre nuestra llegada, pero pude visitar a algunos de mis tíos y primos, y pasamos un buen rato poniéndonos al día. Tengo muy lindos recuerdos de mi infancia con mi familia extendida en Venezuela y ahora podíamos compartir varias comidas y volver a reconectarnos.

—La distancia puede provocar olvido —me dijo una tía.

—Nunca olvidaré mis raíces —le respondí.

Desde Caracas, viajamos en camioneta más de cuatro horas hacia el suroeste hasta Acarigua-Araure, la pequeña ciudad donde crecí. Nos pusimos en contacto con mi amigo de la infancia Miguel, quien me advirtió sobre una banda armada llamada Los Miguelitos que operaba en la zona. Eran conocidos por arrojar cadenas con púas frente a vehículos en movimiento para reventar los neumáticos. Cuando el vehículo se detiene, la banda roba a todos los que van dentro a punta de pistola. Si pareces rico, te secuestran y piden un rescate.

—Son muy peligrosos —dijo Miguel.

En las afueras de la ciudad, primero nos detuvimos en una iglesia y rezamos. No me preocupaba mucho el peligro de las pandillas, pero quería que el viaje fuera bendecido. Y recé para que el pueblo de Venezuela ya no tuviera que vivir bajo la opresión, ya fuera de las bandas o de su gobierno.

Cuando llegamos a Acarigua-Araure, muchas emociones inundaron mi alma. Reconocí la estatua de José Antonio Páez en la rotonda de la plaza del pueblo. Había sido exiliado de Venezuela después de luchar por la libertad. Cuando era niño, la estatua no estaba terminada y se podía ver el interior del monumento, pero ahora estaba completa y él se erguía alto y orgulloso, sosteniendo dos lanzas, una en cada mano. Pasamos por el mismo cine donde había visto *RoboCop* tantas veces y por la empresa cervecera Polar, que patrocinaba el equipo de béisbol de las ligas menores en el que yo había jugado. Sabía que estaba en casa.

Mi escuela primaria había sido notificada de nuestra llegada y los estudiantes habían pintado un gran cartel de bienvenida en mi honor. Todos estaban entusiasmados por conocerme y yo estaba feliz de conocerlos también. Hicieron una breve ceremonia conmemorativa y me entregaron un diploma de honor. Les conté que de niño había participado en obras de teatro escolares y había tomado lecciones de canto y baile en la escuela. Fue genial ver que la próxima generación de venezolanos era tan brillante.

Recorrimos los pasillos y las aulas. La escuela no tiene ventanas, sino que las paredes tienen aberturas para el aire fresco, y las paredes y los techos no están sellados a propósito, para permitir la circulación de aire. Respiré el aroma inconfundible de los bloques de cemento polvorientos, escuché el sonido de los árboles de mango meciéndose con la brisa y de los loros tropicales salvajes que había cerca. Los olores y los sonidos evocaron las mismas sensaciones que tenía cuando era un niño pequeño e iba de un salón a otro, preguntándome lo que me depararía el futuro.

Después de despedirnos, condujimos hacia la casa de mi infancia, la propiedad en la ciudad que había sido de mi padre. Conduciendo por la calle, todo se veía igual: pequeñas casas de estuco de estilo español, las propiedades valladas y cercadas con barras de hierro, la mayoría de las cercas que se extendían hasta la calle, las paredes relucientes de cal bajo la luz del sol. En mi antigua casa, la alta valla que rodea la propiedad tiene unas aberturas ovaladas. Las celosías de hierro llenan los óvalos. Todo parecía igual, aunque el tiempo y la distancia habían desgastado la pintura. Los recuerdos de la infancia me invadieron: fiestas de cumpleaños, andar en bicicleta y en monociclo (sí, en monociclo), patinar por la calle, ir a la panadería de la esquina a comprar pan para mi mamá.

La familia que en ese momento vivía en nuestra antigua casa fue muy amable y nos permitió recorrer el interior. Mientras deambulaba de una habitación a otra, volví a ser un niño pequeño. Sentía como si estuviera viendo a mi madre hacer sopa en la cocina. Volví a ayudar a mi padre en el patio trasero, donde había construido una piscina. La piscina estaba vacía, pero todo se sentía igual. En un rincón del patio había un lugar donde mi mamá lavaba la ropa a mano en una tina bajo una llave colocada para el agua. La abrí. El sonido del agua gorgoteando en la tina era el mismo.

Dentro de la casa subí los escalones hasta el dormitorio que solía ser mío. Todavía estaba sin terminar. Los mismos bloques de hormigón. La misma pintura descascarada. Miré por la ventana y vi los mismos techos del barrio, y recordé los interminables momentos en los que pasaba el rato y bromeaba con mis hermanas, o mis amigos y yo subíamos a nuestro techo y comíamos sándwiches mientras hablábamos de todas las aventuras que algún día tendríamos. Tadao me indicó que era hora de irnos, pero yo todavía no podía salir de la habitación. Los mismos estantes triangulares hechos a medida estaban en la esquina donde guardaba todos mis juguetes. Dondequiera que miraba había recuerdos. Tadao tocó su reloj.

—No, amigo mío —le dije—. Por favor. Un momento más.

Me senté en la cama y miré la almohada, colocada exactamente donde recostaba mi cabeza cada noche. Aunque los nuevos dueños habían reemplazado la almohada, pero la cama era del mismo modelo, colocada en el dormitorio en la misma dirección. Cerré los ojos. Las veces que había soñado allí, lo había hecho solo en español, pero esos sueños de la niñez habían encendido mi creencia de que todo es posible.

Comencé a llorar. No lágrimas de tristeza, sino de alegría, de orgullo. Aquí estaba sentado en la misma esquina de la cama donde un joven Wilmer una vez se prometió que sería todo lo que ahora era. Me pregunté: «¿Con qué puedo soñar ahora?».

La respuesta llegó en un instante. Cuando era niño, un personaje de televisión atrajo mi admiración más que cualquier otro. Este personaje le daba voz a mi pueblo, defendía la causa de los marginados, vivía una vida de aventuras y heroísmo. Tenía la historia y el futuro en una mano y las riendas de su amado caballo, Tornado, en la otra. Solía ver a este mismo personaje en blanco y negro en la televisión en español en la sala de mi casa. Era mi favorito. Cada vez que lo veía, sabía que podía haber héroes en el mundo que se parecieran a mí.

El Zorro.

«Muy bien —susurré, sin moverme del borde de la cama—. El mismo sueño continuará. Aquí estoy a la edad de treinta y un años, y prometo honrar al niño que soñó en grande, así como honrar a todas las personas de cualquier edad y cultura que sueñan con una oportunidad. Haré esto para honrar mi herencia. Lo haré porque creo que este personaje inspira a las personas a vivir su propia heroicidad. Prometo que, algún día, pronto, yo también interpretaré en televisión al personaje del Zorro».

SI NO ESTÁS FAMILIARIZADO CON EL ZORRO, ES DIFÍCIL comprender lo inmenso que es. Es un icono mundial que existe desde hace más de cien años. Imagínate un famoso antifaz negro, una capa, un sombrero de gaucho, un estoque y mucho estilo, y ya tienes los comienzos del Zorro. En todo el mundo es más famoso que James Bond.

Y, por supuesto, es latino.

La historia original sitúa a este justiciero enmascarado en la California de principios del siglo XIX, en concreto, en el pueblo de Los Ángeles. Los habitantes étnicamente diversos de la época querían desprenderse del yugo de la colonización española y abrazar la República Mexicana. El Zorro era su superhéroe, el tipo que montaba a caballo y luchaba por sus causas, defendiendo al pueblo de la opresión.

El Zorro es un alias. Su verdadero nombre es don Diego Vega (más tarde llamado don Diego de la Vega) y es un hombre de recursos, dinero y talento, y el personaje que inspiró a Batman: máscara, capa y baticueva subterránea. Cuando el joven Bruce Wayne fue al cine con sus padres justo antes de que murieran en un accidente automovilístico, ¿qué película estaban viendo? *La marca del Zorro*. Todo está ahí en la historia del cine.

Es difícil encontrar un defecto en el Zorro, o una debilidad. Superman tiene su *kriptonita*. La Mujer Maravilla no puede escapar si está atada. Linterna Verde puede superar cualquier obstáculo siempre que no sea de color amarillo. ¿Y el Zorro? El Zorro es lo máximo. Se opone con firmeza a la corrupción y defiende a los pobres. Sabe manejar la espada y es un maestro de la puntería. Cuando se trata de caballos, es un verdadero profesor del mundo ecuestre. Es valiente, fuerte, encantador, ingenioso, decidido, leal, inteligente, moral, tenaz. El Zorro encarnará casi cualquier adjetivo superlativo que elijas.

¿Pero interpretar al Zorro?

¿Cómo puedo describir el nivel de dificultad para lograr este sueño?

Es justo decir que todos los actores del mundo querrían interpretar al Zorro. La talla de esos zapatos es enorme. En realidad, la historia de este personaje es suficiente para hacer que el sueño de todo aquel que desee interpretar al Zorro se derrumbe por el precipicio.

Cuando en el 2011 estaba sentado en la cama de mi infancia, prometiendo de nuevo que algún día cumpliría esa ambición específica de niño, sabía que el Zorro había existido desde 1919, cuando el escritor Johnston McCulley lo creó en el libro *La maldición de Capistrano*. El libro fue un éxito instantáneo y, durante los años siguientes, Johnston y otros autores escribieron unas sesenta y cinco novelas más en las que aparecía el Zorro.

Los libros fueron solo un comienzo. Mientras tanto, el Zorro cobró vida en el cine en 1920 cuando Douglas Fairbanks ofreció la primera interpretación en pantalla en la película muda *La marca del Zorro*. Cinco años después, Douglas repitió el papel en la película *Don Q, el hijo del Zorro*. Pasó toda una década, luego Robert Livingston retomó el personaje del Zorro en *The Bold Caballero* de 1936, y Tyrone Power lo interpretó en *La marca del Zorro* de 1940. En ese primer período, de 1937 a 1949, también se crearon cinco programas de televisión sobre el Zorro. Todas eran producciones estadounidenses, pero eso fue solo el comienzo de la fama del Zorro.

Una versión italiana del Zorro se estrenó en 1952, luego Guy Williams lo interpretó en otras dos películas estadounidenses en 1958 y 1959, *The Sign of Zorro* y *Zorro, the Avenger*. Guy también lo interpretó en una producción televisiva de Walt Disney de 1957 a 1959. Esa era la versión del Zorro que recuerdo haber visto cuando era niño. Si bien el Zorro dejó de rodarse en Estados Unidos por un tiempo, entre 1961 y 1974, se hicieron veintiséis películas internacionales, producidas en Italia, España, Bélgica, Francia y México. En esa época, se hizo tan conocido como Mickey Mouse o John Wayne.

En Estados Unidos, Frank Langella le dio nueva vida al Zorro en 1974, luego George Hamilton lo interpretó en 1981, antes de que Anthony Hopkins lo interpretara en *La máscara del Zorro* de 1998 y le cediera el lugar a Antonio Banderas en la misma película mientras hacía famosa a su coprotagonista, Catherine Zeta-Jones. En el 2005, Antonio interpretó al Zorro en la secuela *La leyenda del Zorro*. Las grandes productoras TriStar Pictures y Amblin Entertainment de Steven Spielberg se unieron para realizar la primera película de Banderas, la cual recaudó la impresionante suma de 250 millones de dólares. Columbia Pictures se encargó de la segunda actuación de Banderas y generó un ingreso de 142 millones de dólares.

El punto es este: no se llama a la puerta de alguien, gorra en mano, y se le pide interpretar al Zorro. Eso era algo que, de niño, intuía y a los treinta y un años, sabía. Y en los años que siguieron, la dificultad de interpretar al Zorro me lo confirmó.

Todas esas películas, programas de televisión y libros eran solo una parte de la fama del Zorro. En general, las historias del Zorro se habían producido en casi todos los tipos de medios conocidos. En la mitad de su carrera, de 1997 a 1998, una serie animada para niños llamada *Las nuevas aventuras del Zorro* se emitía los sábados por la mañana. En 1983, Disney había producido una serie de televisión de comedia para adultos llamada *Zorro e hijo*. En la década de 1990, una serie de televisión internacional llamada simplemente *Zorro* se emitió en más de cincuenta países durante más de cuatro años. En 1992, se produjo una versión animada japonesa del Zorro. Incluso se hizo una versión erótica del Zorro en 1972, aunque me niego a mencionar el título de la película porque creo que era de muy mal gusto. A lo largo del camino, habían surgido una plétora adicional de otros libros sobre el Zorro, producciones teatrales, videojuegos y versiones televisivas internacionales. En el 2007 se lanzó una nueva versión en español llamada *El Zorro: la espada y la rosa*, y en el 2006 se estrenó una genial serie animada llamada *Zorro: generación Z*. En el 2008 se estrenó en Inglaterra la producción llamada *Zorro: el musical*, con música original de Gipsy Kings y recibió críticas estelares, ganó premios y se presentó en los principales teatros del mundo: París, Moscú, Beirut, Ámsterdam, Tokio, Tel Aviv y San Pablo.

¿Mencioné los productos promocionales? Imagínate camiones llenos de mochilas del Zorro, loncheras, camisetas, juegos, cómics, bolsos, gafas de sol, relojes, joyas, perfumes, juguetes y espadas y cuchillos conmemorativos. Incluso había heladerías y restaurantes con su nombre. La influencia del Zorro en todo el mundo ha sido impactante. Y aquí estaba yo, queriendo ser el próximo Zorro.

Esto se convertiría en mi monte Everest, una meta aparentemente imposible.

¿DÓNDE PODRÍA UN ACTOR COMENZAR LA BÚSQUEDA?

Llama a sus agentes. Así que llamé y llamé. Desde el 2011 en adelante, cada dos meses más o menos, les consultaba a mis agentes sobre la posibilidad de interpretar al Zorro, preguntándome si era el momento adecuado y si podíamos hallar una manera. Durante años, nada se materializó para mí. Acepté otros papeles actorales de los cuales no me arrepiento porque me dieron profundidad y amplitud como actor, pero en el fondo de mi mente siempre estaba pensando en el Zorro.

Varias veces, mis agentes escucharon rumores de que iban a resucitar al Zorro. Se pusieron manos a la obra, rogándoles a los jefes de estudio que me permitieran asistir a las reuniones. A veces la respuesta era: «Seguro, no estaría de más», pero otras veces, la respuesta no era nada positiva. Algunos ejecutivos actuaban como si yo ni siquiera estuviera en carrera. Me veían solo como Fez. Decían que era demasiado cómico y que no tenía madera de protagonista. Les mostramos mi trabajo independiente para convencerlos de que estaba preparado para el papel.

Si alguna vez llegaba a estar disponible.

Pasaron los años. Nunca perdí de vista mi objetivo. Sin embargo, cuando me uní a *NCIS* en el 2016, eso complicó aún más las cosas, porque *NCIS* filma diez meses al año. Si surgía el papel del Zorro, tendría que hacerlo durante la temporada baja. Eso no sería fácil.

Mientras tanto, comencé a ver tendencias alentadoras en el mundo del entretenimiento. Las películas de superhéroes empezaron a estar en auge. Las franquicias de Marvel y DC Comics explotaron en popularidad. Parecía que los cinéfilos querían ver todos los superhéroes en acción que pudieran. Aun así, si eras un superhéroe, lo más probable era que no te parecieras a mí. No obstante, comenzaron a aparecer algunas protagonistas femeninas. Se estaba creando más espacio.

Por fin, en el 2018, se estrenó *Pantera Negra* con un éxito arrollador. Cuando la vi por primera vez en el cine, me recosté y sonreí. No podía creerlo. Finalmente, Estados Unidos tenía un superhéroe de color. Con Chadwick Boseman en el papel principal de T'Challa, *Pantera Negra* ayudaría a derribar la puerta para todos los demás. No es que pensara que estaba mal tener una larga lista de superhéroes masculinos blancos; de hecho, los apreciaba mucho. No obstante, como si la casualidad hubiera preparado este momento, *Pantera Negra* apareció en una era en que la comunidad negra necesitaba un faro más que nunca. La película le dio a la gente una imagen en la que podían creer. Después de ver esa película pensé: *Vaya, aquí estamos hoy: una de cada cinco personas en Estados Unidos es latina. Imagínate si la comunidad latina tuviera un personaje similar que mostrara el valor y la contribución de nuestra cultura a la humanidad. Con un superhéroe latino, podríamos mostrarnos como somos y como éramos, pero esta vez representados de forma positiva en la pantalla, ya no seríamos los tipos malos. Podríamos decirles a nuestros hijos: «Este es un héroe al que puedes admirar. Este es alguien que puedes ser».*

Después de ver *Pantera Negra*, sentí un fuego nuevo. Aumenté la insistencia. Seguí molestando a mis agentes con la idea de que necesitaba ser el Zorro. Ellos estaban intentando todo lo posible, haciendo todas las llamadas, pero ver esa película fue el momento decisivo. Algo cambió dentro de mí. Sabía que podía hacer más. Así que hice un nuevo plan, aunque se lo confié a muy pocas personas. Decidí ser más audaz que nunca. No esperaría a que el entrenador me metiera en el campo. Me ataría los cordones y saldría al campo por mi propia voluntad. Dejaría de esperar las llamadas. De ahora en adelante las haría yo.

Dana Walden, copresidenta de Disney, fue una de las primeras personas a las que contacté. Ella es honesta y directa. Conocía a Dana desde hacía años, cuando era directora ejecutiva de Fox Television Group. Ella siempre ha sido una hermana mayor para mí y siempre me ha escuchado. Aun así, estaba nervioso. Antes de llamarla, escribí mis pensamientos en un papel. Mis notas no eran largas, pero quería mantener el hilo. Quería que supiera con exactitud lo que significaba para mí y para mi comunidad.

—Hola, Dana —dije por teléfono—. Tengo esta idea loca. ¿Puedo contártela?

—Siempre —respondió ella.

—Necesito que me digas si puede funcionar o si es un disparate.

—Está bien, soy todo oídos —dijo.

Me aclaré la garganta.

—Esto es lo que pienso. Estoy en un momento de mi carrera como actor y activista en el que veo una enorme necesidad no solo de una representación precisa de los latinos en la pantalla, sino también de un restablecimiento de los valores de nuestro país en su conjunto. Marvel ayudó a hacer eso para la comunidad negra con *Pantera Negra*. Sin embargo, nadie lo ha hecho aún para la comunidad latina, a pesar de que somos el segundo grupo étnico más grande de nuestra nación. Los latinos pueden ser muy influyentes, ya que contribuyen al país y consumen entretenimiento. En este momento, hay más de 62 millones de latinos en Estados Unidos, un 19 % más que en el 2010. Representamos una gran parte de la población. Sin embargo, solo un pequeño porcentaje de las historias en pantalla muestra una imagen positiva de los latinos o a los latinos como protagonistas. Así que se me ocurrió esta idea. Volví a mi infancia, al único personaje que me hizo sentir que podía ser heroico. Este personaje me hizo creer que podía ser culto, romántico, hablar bien, luchar por la gente, estar en contra de la corrupción. Así que quería preguntarte, ¿estoy loco por pensar que debo convertirme en el próximo Zorro?

Sin dudarlo, Dana dijo:

—Wilmer, tienes que hacerlo. ¿Cómo puedo ayudar? ¿Qué necesitas?

Yo estaba a punto de llorar. Alguien a quien respetaba mucho creía en mi sueño, pero me armé de valor y le dije:

—Cualquiera puede hacer una película. Una película se lanza y luego desaparece. Así que estoy pensando en que deberíamos hacer una serie de televisión. Podemos crear todo un universo del Zorro con una señal más duradera. De esta manera, podremos seguir contando la historia de nuestra herencia y cultura en Estados Unidos durante mucho tiempo. Nuestro nuevo Zorro será entretenido y muy divertido. Necesitamos el símbolo del Zorro ahora más que nunca. También puede contar nuestra historia y quiénes éramos antes de que esto fuera Estados Unidos.

Dana me puso en contacto con Gary Marsh, presidente y director creativo de Disney Branded Television. Me comuniqué con él y organizó una reunión de inmediato. Le propuse la misma idea. Me dijo: «Es hermoso. Es el momento correcto. Deberíamos hacerlo, estoy cien por ciento seguro».

Incluso contando con el apoyo de mis dos amigos, el viaje apenas estaba comenzando. Después de que Disney produjera la versión del Zorro de Guy Williams en la década de 1950, habían perdido los derechos. Nadie parecía saber bien cómo recuperarlos. Hablé con mi jefe de personal, Leo Klemm, y le dije: «Creo que tenemos que hacer esto por nuestra cuenta. Averigüemos quién posee los derechos hoy». Nos pusimos a trabajar para rastrear a los dueños. Eso nos llevó a

John Gertz, presidente y director ejecutivo de Zorro Productions, Inc., empresa que había fundado en 1977. Había sido responsable de las últimas cuatro películas importantes del Zorro y de los últimos nueve programas de televisión. Descubrimos que su productora tiene cientos de derechos de autor y más de 1300 marcas registradas relacionadas con la propiedad intelectual del Zorro.

Leo llamó a John y, cuando escuchó su correo de voz, le dijo que me gustaría contactarme con él. Poco después, Leo asomó la cabeza dentro de la sala donde yo estaba en una reunión y dijo: «John Gertz está en la línea. Tienes que atenderlo». Salí del edificio con el teléfono en la mano y caminé de un lado a otro por Venice Boulevard.

—Señor Gertz —dije—, recibió mi mensaje. Quería preguntarle sobre el período de los derechos de habla inglesa del Zorro.

—Sí —contestó—. No solemos hablar de eso.

—¿Qué pasaría si le dijera que existe la posibilidad de que el Zorro regrese a Disney?

Él hizo una pausa.

—Han pasado sesenta años. Eso es poco probable.

Le conté sobre las reuniones que había tenido en Disney y de lo entusiasmados que estaban por traer de vuelta al Zorro.

—Guau —dijo—. De hecho, eso tiene mucho sentido. Es el momento correcto y tú serías un nuevo y estupendo Zorro.

Colgamos. Llamé a Gary Marsh y lo puse al tanto. Gary llamó a asuntos comerciales de Disney y así empezamos. Todos decían: «¡Qué bueno! Esto es genial. John Gertz está abierto a la idea. Pongámonos a pensar cómo hacerlo».

El acuerdo tardó en cerrarse. Pasó casi un año. No era sencillo que el Zorro regresara a Disney después de tanto tiempo. Esperé y esperé. Hice llamada tras llamada. Envié correos electrónicos una y otra vez. Nunca me rendí.

Por fin, una tarde increíble, John me llamó y me dijo: «Wilmer, buenas noticias. Es oficial. El destino del Zorro ahora está en tus manos».

Colgué el teléfono y me puse a berrear. Nada de eso había parecido real hasta esa llamada. Durante un rato me senté en mi oficina y lloré. Habían pasado casi trece años desde que me había sentado en mi cama en Venezuela y me había comprometido una vez más con aquel sueño de la infancia. Ahora lo iba a cumplir de verdad.

Me sequé los ojos y volví al trabajo. Luego de unas cuantas llamadas más, Disney me envió una oferta no solo para interpretar al Zorro, sino también para producir de forma ejecutiva y desarrollar la nueva aventura del Zorro para Disney.

El corazón me explotaba.

Ah… y después de todo esto, mis agentes llamaron. Parecían un poco desconcertados.

—Wilmer, tenemos en la bandeja de entrada de nuestro correo electrónico una oferta de Disney para que produzcas e interpretes al Zorro. ¿Quieres contarnos de qué se trata todo esto?

Me eché a reír.

—Sí, al respecto —dije con cierta picardía—, esta es la historia completa.

Mis agentes estaban tan orgullosos y emocionados por mí. Se rieron, vitorearon y aplaudieron mi osadía. Siempre han sido mis paladines. Estaban asombrados de que lo hubiera logrado yo solo.

Al momento de escribir este libro, ya está en marcha el Zorro para Disney. Hemos anunciado a la prensa que Bryan Cogman será nuestro director. Es conocido por su guion de alto nivel en el megaexitaso de HBO *Juego de tronos*. Él ha logrado captar el alma del Zorro. No podríamos estar más orgullosos de asociarnos con él. Poco después de que Gary Marsh dejara el cargo de director de Disney Studios, se unió a mí como socio y productor ejecutivo del proyecto. Sin él, no podría haberlo hecho. Además, espero que mi compromiso con el Zorro se expanda hacia muchas otras áreas. Un nuevo universo le aguarda al Zorro. Un sueño que he tenido durante décadas se está haciendo realidad. El viaje ya ha sido increíble, y ruego para que haya muchas más cosas buenas por delante.

ENTONCES, ¿ESTÁS SIGUIENDO LAS PISTAS SOBRE POR qué me siento tan obligado a desacreditar la palabra «suerte»?

El superfan que me habló en el restaurante no era un odiador. Estaba en el extremo opuesto del espectro. Solo me estaba felicitando por lo que él consideraba mi buena fortuna, pero todo está relacionado, y a veces tengo detractores que me dicen que la única razón por la que hoy estoy donde estoy es por suerte.

Ante ellos, y ante todo aquel que esté esperando la suerte para que algo suceda, reconozco que he recibido apoyo en el camino. Claro. Cuando miles de actores desconocidos se presentaron a las audiciones para *That '70s Show*, no tenía por qué ser yo quien recibiera ese papel. Podría haber sido alguien más. Sin embargo, cuando me uní a sus filas en las audiciones, lo di todo. Me arriesgué y creé y encarné a Fez, un personaje que nadie había visto antes, un personaje que era más atrevido y audaz de lo que cualquier otra persona que lo intentara pudiera crear. Al final, mi interpretación del personaje se impuso. Eso puso en marcha mi carrera y el resto dependió de mí. Se necesita trabajo duro para crear oportunidades, además de un equipo de agentes y gerentes, una familia que crea en ti, y también requiere una visión personal.

En muchas ocasiones he tenido que confiar en mi visión. Este concepto de suerte debe redefinirse para todos nosotros, porque la suerte puede convertirse en una excusa que las personas utilizan para no esforzarse lo suficiente, para no confiar en su visión. La suerte es algo que la cobardía y la pereza buscan con frecuencia. He aquí la cruda verdad: cuanto más trabajas, más suerte tienes. Tú creas tu propia suerte y, al hacerlo, se te abren más oportunidades. A medida que avanzas hacia el cumplimiento de tu sueño, conocerás a personas que te ayudarán a triunfar. Aprenderás a ser profesional. Aprenderás a hablar con las personas que abran las puertas y a compartir con ellos tus ideas, o aprenderás a esquivarlas y a alcanzar tu objetivo por otros medios. Entonces dedicarás horas y más horas y todavía más horas.

Cuando por fin alcances tu sueño, o incluso mientras estás en camino, las personas no se lo atribuirán a la suerte después de comprender tu historia completa. Verán de dónde vienes, los obstáculos que tuviste que superar y cómo te negaste a ser derrotado. Se darán cuenta de cuánto te costó creer en ti mismo y en tu visión. Verán que aprendiste y creciste en el camino. Se inspirarán al saber que te rehusaste a ser aplastado cuando escuchaste la palabra *no*. Porque habrás oído un *no* y luego otro *no*, después un nuevo *no* y muchos *no* y *no* por una, otra y otra vez... pero eso no te detuvo. En el camino, un proyecto que amabas se vino abajo. Otro proyecto en el que pusiste tu corazón nunca tuvo el éxito que merecía. Otro proyecto fue incomprendido. Otro fue pasado por alto. Sin embargo, seguiste adelante, luchando, tocando puertas sin reparo y sin descanso. Seguiste soñando... avanzando. Te permitiste pensar con originalidad. Te volviste más que creativo a la hora de resolver los problemas. Aprendiste a presentar tus proyectos y a darles la vuelta para mostrarle a la gente su importancia. Confiaste en tus instintos y siempre hiciste un trabajo de calidad, por lo que la gente confió en tu trayectoria.

Puede ser que hoy alguien te diga: «Tienes muuuuucha suerte».

A eso, responderás con amabilidad y con una sonrisa en tu rostro, aunque tu filete se esté enfriando: «Gracias, mi amigo. Ojalá la suerte fuera suficiente».

Lo que querrás decir es esto: «Debes saber la verdad sobre la suerte para que nunca te detengan. Una vez que te des cuenta de la verdad, no esperarás más a la suerte. En cambio, te volverás más audaz que nunca. Te volverás intrépido. Serás imparable a la hora de cumplir tus propios sueños. Pondrás un pie delante del otro y darás una serie de pasos importantes para escalar tu propio monte Everest. La suerte no existe. Solo existe la suerte que tú construyes».

CAPÍTULO 14

Reflexiones finales

E n mi mente, una vez más, estoy de regreso en ese hospital donde llevé a mi papá durante su infarto. Los médicos acaban de llevárselo para operarlo y sé que debo confiar en ellos.

Me dirijo hacia la sala de espera. Toda la familia empieza a llegar. Amanda, mi sobrino Christian, mis hermanas Marilyn y Stephanie, mi suegro y unos amigos. Mi mamá se quedó en casa para cuidar a Nakano. Ninguno de nosotros sabe cuánto durará este día. Pienso: *Pase lo que pase hoy, al menos vio crecer a todos sus hijos. Al menos pudo conocer a Nakano.*

Esperamos y esperamos. Yo camino, me siento, me paro, camino un poco más y me siento otra vez. Estoy repasando todos los escenarios en mi mente. Todas las promesas que le hice a mi padre. ¿Las he cumplido todas? Mi mayor logro es que haya podido verme convertido en padre, y él sabe que puedo cuidar de todos si él ya no está.

Miro a Marilyn, mi mejor amiga en la infancia. Le va muy bien en estos días como directora de audiciones, es feliz y está satisfecha como persona. Ahora que su hijo es mayor, ha recuperado tiempo para sí misma y ha retomado su vida profesional. Ella está llorando mientras espera, al igual que todos nosotros, pero luce más radiante que nunca.

Mi hermana Stephanie creció y se convirtió en una mujer hermosa, sabia y creativa. Le encanta la cultura asiática y escribe novelas gráficas. Ella fue quien me ayudó a perfeccionar mi personaje de Fez hace muchos años. Ha mantenido su sentido del humor todo este tiempo y siempre nos ofrece una visión creativa de la vida.

Estoy muy orgulloso de mis hermanas, de lo que han llegado a ser, de lo que les apasiona, de lo que están haciendo ahora y de lo que seguirán haciendo en los días futuros.

Christian ha resultado ser la mejor versión de cualquiera de nosotros. Es atento, cariñoso, generoso y amable. Él ayudaría a quien sea.

Amo a Amanda con todo mi corazón. Ella es la que une a nuestra familia, nos conecta a todos. Me dio el regalo más grande al convertirme en padre.

Miro a esta familia estadounidense y trato de absorber la escena. Formamos una sola familia en Estados Unidos: unidos en tiempos de preocupación, unidos en el amor.

Por fin tenemos noticias de papá. La arteria principal al corazón tiene una serie de obstrucciones. Apenas estaba recibiendo flujo de oxígeno. Es grave. Demasiado grave. No se sabe cómo sigue vivo.

Esperamos un poco más. Pasa otra hora, luego dos… tres… cuatro.

Otra vez recibimos noticias. Papá salió de cirugía, está vivo y despierto. Todos podemos pasar a verlo, pero solo si entramos uno a la vez. Creo que me voy a desmayar.

En cambio, tomo el ascensor hasta el piso en el que está, me ajusto la mascarilla y me dirijo a su habitación. Cuando entro, sus ojos están cerrados y tiene muchos tubos que entran y salen de él.

Despacio, le doy un abrazo, lo beso en la mejilla, lo tomo de la mano. Él abre los ojos y yo le sonrío.

—Papá —le digo—, gracias por no arruinar el Día del Padre.

Es una broma. Él y yo lo sabemos. Quiero que él también sonría, que respire tan bien como pueda. Un lado de su boca se tuerce y se forma una sonrisa.

—Mijo —me susurra, apenas audible. Me inclino más cerca para poder escuchar sus débiles palabras—, creo que deberíamos empezar esa dieta.

Apenas está vivo, pero mueve los hombros. En silencio, se está riendo. Quiere compartir este momento de liviandad conmigo. Quiere que no me preocupe por él. Padre e hijo. Tanto amor, año tras año, nada más que amor. Mis ojos se llenan de lágrimas. Miro a mi padre.

Por él, me río.

MI HISTORIA, ASÍ COMO LA HISTORIA DE MI FAMILIA, no es tan diferente a la historia de otra familia inmigrante que llega a este país con un sueño. Somos una familia que nos amamos: amamos la vida, amamos a Dios lo mejor que podemos, amamos a nuestro nuevo país, queremos trabajar duro y forjarnos una vida mejor para nosotros.

Cuando mi padre se recuperó lo suficiente de su ataque al corazón, volvió a trabajar. Hoy en día, él no necesita trabajar por dinero, pero le gusta trabajar. Es lo que mejor sabe hacer, me lo ha dicho más de una vez. Su espíritu de generosidad fluye de él dondequiera que va, por lo que ha elegido trabajar como conductor de Uber en sus años dorados, recogiendo turistas en el aeropuerto y llevándolos a los hoteles y de regreso. Es muy extrovertido, anfitrión y un gran guía, y le encanta conocer gente nueva. El trabajo lo mantiene joven, dice. A todos los que conoce les cuenta quién es su hijo. He perdido la cuenta de las personas que se han tomado *selfies* con mi papá en su Uber y me han etiquetado en las redes sociales.

Para mi madre solo tengo palabras de agradecimiento por los sacrificios que ha hecho por nosotros, su familia. Sobre todo, estoy feliz de verla en el lugar en el que se encuentra hoy en la vida. Recuerdo una tarde cuando llegamos a Estados Unidos, hace ya muchos años. Íbamos caminando a casa desde la tienda. El sol de California, caliente en el cielo, caía sobre nosotros. Los dos sudábamos mientras llevábamos nuestras compras, solo las rebajas, y le dije a mi madre: «Sabes, algún día iremos en auto».

La sencillez de ese sueño resulta ahora graciosa. Hoy en día, mi madre no conduce, pero no tiene ningún problema en que Christian la lleve a su casa desde la tienda con el baúl lleno de comida. No nos preocupa de dónde vendrá nuestro próximo dólar para poder comprar alimentos. Mi madre trabajó duro para lograr el sueño americano con el resto de nuestra familia. Sin embargo, me doy cuenta de que, aunque nos va bien en nuestra nueva vida, no todos en este país son tan afortunados. Eso es lo que sigue animándome hoy.

No todos los niños inmigrantes que vienen a Estados Unidos crecerán e irán a los Óscar, pero está bien; pues no todas las personas quieren lograr ese sueño en particular. El espíritu audaz que fluye en los corazones de los soñadores es que podemos venir a este país y ser lo que queramos ser. Podemos soñar nuestros sueños específicos y seguir nuestros caminos individuales. Somos libres de crear las vidas que queremos para nosotros mismos, y esa libertad es una gran parte de lo que le da tanto atractivo a Estados Unidos. En este país, somos libres para soñar.

Hoy por hoy, creo más que nunca debemos continuar recibiendo en este país a las personas que no hablan inglés. Para muchos, es un comienzo humilde, pero sé por experiencia personal que no saber inglés me permitió escuchar a las personas que me rodeaban. Aprendí a entender la dinámica humana, a sentir lo que sienten los demás incluso sin mediar palabra. El no saber inglés me permitió desarrollar este sentido más fuerte de la intuición. A menudo podía sentir lo que alguien quería que yo supiera o hiciera, aun sin palabras. Intensificó mis relaciones. Desarrolló mi sentido de la empatía. Me volví más curioso, más compasivo, más intrépido.

Esa audacia me convirtió en una persona que busca soluciones, que ve cómo pueden llegar a ser las cosas. Por eso soy activista, no solo actor. Soy un activista comprensivo y creo de corazón que debemos detener esta perpetua discusión nacional sobre las cosas en las que no estamos de acuerdo. En su lugar, cada uno de nosotros puede hacer un inventario sobre aquello en lo que estamos de acuerdo. Hay un cambio importante que todos debemos hacer. En los últimos años, a los estadounidenses se nos ha hecho creer una mentira. Nos han dicho que debemos temernos unos a otros, porque somos extraños; pero no somos extraños y, en el fondo, todos luchamos por lo mismo.

Piensa en las cosas en las que estamos de acuerdo: todos queremos propósito y oportunidad. Todos queremos seguridad, educación, estabilidad e independencia. Todos pueden alcanzar el sueño americano y los verdaderos líderes trabajan para empoderar a quienes los rodean para crear un ambiente donde lo bueno sea posible. La política siempre se trata de cuestiones humanas. La vida y el futuro de personas reales están en juego. Personas reales que tienen familia y que piensan, respiran, esperan y sueñan, como el resto de nosotros.

¿Cuándo comenzaremos a ver que la inmigración es en realidad el regalo más grande que ha recibido este país? Sin inmigración no tendríamos el poderoso motor humano que tenemos hoy. Todos somos inmigrantes en este país desde algún momento de la historia. No obstante, el concepto erróneo más grande que tenemos hoy es que los inmigrantes están aquí para tomar trabajos que les pertenecen a otros, o que están aquí solo para pedir limosna. La verdad es que los inmigrantes, aunque sean indocumentados, aportan miles de millones de dólares a la economía de Estados Unidos. Los trabajadores indocumentados contribuyen sobre todo a las industrias agrícola, hotelera, manufacturera y de la construcción, todas necesarias para ayudar a que este país prospere.

Miremos solo un país: México, porque aparece en muchos titulares en estos días. Incluso según estimaciones conservadoras, solo en el 2019, los inmigrantes indocumentados de México recaudaron casi 92 000 millones de dólares en Estados Unidos y aportaron 9800 millones a los impuestos federales, estatales y locales. Sus empleadores aportaron 11 700 millones adicionales al Seguro Social y 2800 millones al fondo fiduciario de Medicare en su nombre, dinero que nunca verán porque no tienen la documentación correcta. Además de impuestos, los inmigrantes mexicanos indocumentados gastaron o ahorraron más de 82 200 millones de dólares.[1] Gastaron dinero en vivienda y servicios públicos, gasolina, alimentos y bienes y servicios de consumo. No están aquí viviendo gratis. Los inmigrantes pelean nuestras guerras, construyen negocios y luchan para ayudar a levantar este país. Así pues, tenemos que dejar de excluir a la gente. Tenemos que diseñar mejores sistemas para incorporarlos.

Veamos otro tema que me hace enojar mucho. La ley de inmigración de Estados Unidos claramente permite que las personas que huyen de la violencia y la persecución en su país de origen soliciten asilo en la frontera estadounidense o cerca de ella. Sin embargo, todavía hoy se producen separaciones entre padres e hijos en la frontera. Esto sucede a diario. Está sucediendo ahora mismo, en este mismo instante.

Esa niña de cinco años a la que acaban de arrancar de los brazos de su madre y de su padre y que abraza a su osito de peluche, ¿no crees que esa niña llora? ¡En serio! ¿Acaso la tierra de los libres y el hogar de los valientes necesita esta política como algún tipo de disuasión necesaria? ¿Debemos separar a los niños de sus padres en la frontera para impedir que los inmigrantes vengan a Estados Unidos? Tomémonos un momento para ponernos en sus zapatos. Esta es nuestra disyuntiva: «Si nos quedamos en nuestro país de origen, moriremos de hambre. Si huimos a Estados Unidos, nos arrancarán a nuestra hija de las manos. ¿Qué elegiremos para nuestra familia?».

Es muy importante que nunca olvidemos nuestro altruismo, nuestra compasión, nuestra humanidad. Cualidades como estas son las que hacen que Estados Unidos sean el sueño que es. Cada persona en este país tiene la responsabilidad continua de tender la mano, de compartir y no dividir, de permitir y no prohibir, de colaborar a través de nuestros puntos en común. Empezamos defendiendo los ideales que compartimos. Comulgamos donde nuestras pasiones comunes se encuentran. Podemos empezar a confiar unos en otros en lugar de creer la mentira de que debemos temernos. Así es como comenzamos a lograr la sanación nacional.

Cerremos brechas, no aumentemos las barreras. Pongámosle agua a esa flor y veámosla florecer.

Eso es lo único que quiero dejarte ahora en las páginas finales de este libro. La decisión de ser Estados Unidos de América, con énfasis en *unidos*, requiere trabajo y algunos ajustes. Requiere que todos pensemos no solo en nosotros mismos, en nuestras propias necesidades y deseos, sino también en otras personas, en sus necesidades y deseos. Ese tipo de decisiones y ese tipo de trabajo solo nos hace más fuertes.

Es más o menos así. Todas las mañanas me levanto y voy al gimnasio. Eso requiere ajustes. Preferiría quedarme en la cama y dormir una hora más, pero en el gimnasio es donde crece la confianza. En el gimnasio es donde me supero a mí mismo y me fortalezco para poder ayudar a los demás. Cuando voy al gimnasio con regularidad, me despierto sintiendo que tengo el éxito asegurado.

No todos tenemos que levantar el mismo tipo de pesas. Algunos levantarán noventa kilos. Otros caminaremos en la cinta. Otros nadarán en una piscina. Otros se sentarán en un sillón grande y levantarán latas de sopa. El ejercicio que se requiere para ser un país unido no es igual para todos. Todos podemos empezar donde sea que estemos ahora mismo.

Sí, se necesita determinación y comprensión para trabajar por la unidad. Sin embargo, la inversión siempre vale la pena. Podemos continuar creando un país que funcione bien para todos. Estados Unidos puede ser una tierra que tienda la mano para dar la bienvenida. El nuestro no es un país de odio; es un país de amor. Esa es la esencia de esta familia estadounidense. Solo hay una familia en Estados Unidos: la familia de la humanidad. Todos podemos estar unidos en solidaridad. Todos podemos estar unidos en el amor. Todos podemos estar unidos por nuestra propia fuerza y nuestro propio bien, y por la fuerza y el bien de todos.

ASÍ QUE, ESTA ES MI HISTORIA, LA HISTORIA DE UNA persona con un sueño y el país que le dio la bienvenida y lo embarcó en una gran aventura. También puede ser tu historia, porque ese es el verdadero Estados Unidos.

Todos están invitados.

RECONOCIMIENTOS

S iempre empiezo mis brindis con la siguiente frase: «Muy pocas veces en la vida se tiene la oportunidad de...». Normalmente sigo esta frase con lo que me haya inspirado en ese momento, y en este, son todos ustedes.

Si tuviera que dar las gracias a todos los que han contribuido a mi viaje, tendría que escribir otro libro entero, así que, por razones de tiempo, me limitaré a expresar mi gratitud a todos los que han ayudado a allanar mi camino y han caminado a mi lado.

Papi y mami: Gracias por el amor y la vida que nos dieron a todos nosotros, sus hijos. Gracias por su sacrificio, su valentía para traernos a Estados Unidos y el futuro que hoy disfrutamos. Le damos gracias a Dios todos los días.

A mis hermanas, Marilyn y Stephanie: Hemos recorrido un largo camino juntos; si no hubiera sido así, no habríamos llegado tan lejos. Gracias por su amor, sus risas y por apoyarme incondicionalmente en todo. Christian, sobrino mío, eres el siguiente en la fila. Serás la mejor versión de todos nosotros, y en tu amor por tu familia. Ya nos lo estás demostrando. Estoy muy orgulloso de ti.

Tía Mónica: Te agradezco por las risas, por tu apoyo y por siempre rezar por mí. Gracias por estar a mi lado. Siempre estaré ahí para ti.

A mi equipo de creación de sueños en la UTA, liderado por mis dos hermanas, Shani y Nancy: No estoy seguro de que lleguen a entender lo que significa para un joven inmigrante como yo que sus sueños se vean cumplidos gracias a personas como ustedes, que siempre dicen: «Sí, ¿por qué no tú?». Más allá de eso, las considero familia. Nos hemos apoyado mutuamente en las malas y en las buenas, y seguimos aquí, juntos.

Un agradecimiento especial a mis agentes literarios, Albert Lee y Pilar Queen: Creyeron que merecía la pena contar mi historia. Su pasión por la literatura me hizo querer formar parte de ella, y aquí estoy, con un libro de verdad. ¿Quién lo creería?

Pero, por supuesto, la familia es más grande. Hay una lista de soñadores y promotores con los que he tenido el orgullo de forjarme. Cada uno de ustedes ha puesto un ladrillo en los cimientos de lo que soy como profesional y como hombre. Tim Phillips, Spencer Goldstein, Geoff Suddleson, Natasha Bouloki, Brittany Balbo, Matt Waldstein, Darren Boghosian, Mark Subias, Tracy Jacobs, Rene Jones y Lizzie Thompson les agradezco, pero «la obra no está terminada», como dice Kobe.

A mis representantes, Jason Shapiro y Sam Maydew: Ustedes han acompañado todos mis sueños y nunca me han llamado loco. Jason, estoy orgulloso de llamarte socio y aún más de llamarte mi amigo. ¡Por el club de los papás de las chicas!

Michael Gendler, gracias por enseñarme a leer la letra pequeña.

A los rayos de sol de Sunshine Sachs, Jamie Kronfeld, Kimberly Christman y Ally Maldonado: Gracias por escucharme con el corazón y ayudarme a difundir el amor. Ustedes son demasiado importantes para mí.

Al equipo de WVE, Maria Llambias, Don Tringali, John Pollak, Ryan Tomlinson, Jeremy Ross, Kaitlin Saltzman, Sydney Botko, Lauren Lipowski, Nico Raquel: Ustedes creen que no solo se trata de contar las historias y dar voz a la comunidad, sino también de llevar alegría, esa alegría que debe experimentarse en comunidad. Sin importar quién seas, de dónde vengas o en qué creas, en nuestras audiencias todo el mundo tiene un asiento donde reír y llorar juntos. Gracias por su compromiso con la excelencia. Están marcando la diferencia.

A mis compañeros de siempre, Taeao Salima, Jessica Acevedo y Leo Klemm: Podría escribir cien páginas sobre los muchos casos que me han hecho sentirme agradecido por tenerlos en mi vida. Su confianza, su lealtad y, lo que es más importante, el amor que me han dado ha sido, a veces, lo único que me ha hecho seguir adelante. Siempre estaré a su lado.

Tantas personas han creído en mí y me han dado oportunidades para hacer lo que amo. En todos mis años como narrador profesional, he conocido a personas prolíficas, amables y generosas que se han convertido en mis mentores, cuyos ejemplos personales de éxito e innovación han inspirado mi ambición. Bonnie y Terry Turner, Mark Brazil, Marcy Carsey, Tom Werner, Dana Walden, Shannon Ryan, George Cheeks, Kristen Graham, Mark Harmon, Gary Marsh, David Stapf, Jennifer Salke, Brian Cogman, Ayo Davis, John Gertz, Sharon Klein, Bryan Seabury, Jonathan Davis, Charlie Andrews, Robert Rodriguez, Nancy Kanter, Ted Sarandos, Dana Green, Tiffany Smith-Anoa'i, David Trainer, Joe Huff, Tom Hanks, Gary Goetzman y Mary Vernieu. Todos han contribuido a construir los cimientos de lo que soy y de lo que quiero ser.

A mi familia de la USO: Gracias por inspirarme y demostrarme que yo también puedo servir. Jennifer Wahlquist, «hasta que todos vuelvan a casa». Maria Teresa Kumar, ¡mira lo que has hecho! Jason Strauss, Noah Tepperberg, David Grutman, Mo, Purple, Brent Bolthouse, Frankie Delgado y Frank Roberts, gracias por ayudarme a celebrar la vida.

Matt Baugher de Harper Select, el próximo cigarro va por tu cuenta.

Marcus Brotherton: Gracias por tu orientación y por ayudarme a revivir el porqué de todo esto.

Amanda y Nakano: ¡Todo lo que hago, lo hago por ustedes! Me tran paz, equilibrio y serenidad, y mientras Dios me bendiga con esta vida, disfrutaré de cada momento y amaré cada sonrisa. Las amo a las dos. Ustedes me dan el impulso para seguir recorriendo el camino, y este camino no tendría sol si no las tuviera a ustedes. Chimichurri, estoy agradecido de que estemos juntos en la aventura de nuestra vida. ¡Menos mal que sabes montar una tienda! Me recuerdas que debo hacer una pausa. Me recuerdas apreciar cada amanecer y cada atardecer... Brindo por ver romper millones de olas, a tu lado.

Nakano: Te prometo que antes de dejar esta tierra, haré todo lo que pueda para dejarte un mundo mejor. Ama incondicionalmente y cree en tu corazón, porque te conoce mejor que tú mismo.

Por último, a mis increíbles fans, les debo mucho. Durante décadas, me han visto crecer y han crecido a mi lado. Sin ustedes el arte no es más que una página en blanco, un poema nunca leído y una canción nunca bailada. Gracias a nuestro amor compartido ahora tenemos un libro que habla de la poesía que ha sido mi vida. Este es también su sueño americano.

NOTAS

CAPÍTULO 5

1. Verhoeven, Paul, dir. *Robocop*. Los Angeles, California: Orion Pictures, 1987, película.

CAPÍTULO 8

1. *The Human Freedom Index 2021* (El índice de Libertad humana de 2021), por Ian Vásquez, Fred McMahon, Ryan Murphy y Guillermina Sutter Schneider. Cato Institute. https://www.cato.org/human-freedom-index/2021 [artículo en inglés].

CAPÍTULO 9

1. Bush, George W. 2001. «Ground Zero». Transcripción del discurso en Nueva York el 11 de Septiembre del 2001. https://georgewbush-whitehouse.archives.gov/911/response/index.html [artículo en inglés].

CAPÍTULO 12

1. Samantha Kubota, «Wilmer Valderrama cuenta cómo se siente por las críticas a Fez en *That '70s Show*». *Today*. 23 de septiembre del 2021. https://www.today.com/popculture/tv/wilmer-valderrama-feels-criticism-fez-70s-show-rcna2199 [artículo en inglés].

CAPÍTULO 14

1. New American Economy Research Fund. «Análisis de los aportes económicos de los inmigrantes indocumentados por país de origen». 8 de marzo de 2021. https://research.newamericaneconomy.org/report/contributions-of-undocumented-immigrants-by-country/ [artículo en inglés].

ACERCA DEL AUTOR

Desde su papel estelar como Fez en la serie nominada al Emmy *That '70s Show* hasta su interpretación de Nick Torres en el drama televisivo número uno de CBS, *NCIS*, el actor, productor y activista Wilmer Valderrama lleva más de dos décadas haciendo que el público ría, escuche y piense. En la pantalla grande, prestó su voz para la película animada de Disney *Encanto*, ganadora de un premio Óscar, la cual se convirtió en un fenómeno cultural. Detrás de cámara, en el 2006, Wilmer creó su productora, WV Entertainment, donde continúa desarrollando y produciendo proyectos en espacios alternativos y guionizados. Valderrama participa de forma activa en varios organismos filantrópicos. Es cofundador de Harness, un grupo dedicado a conectar comunidades a través de la conversación para inspirar la acción, es miembro de la junta directiva de Voto Latino y forma parte de la Alianza Visionaria de la Coalición Nacional Hispana ante los Medios (NHMC, por sus siglas en inglés), cuyo objetivo es fomentar oportunidades para el talento latino en la industria del entretenimiento a través del programa Series Scriptwriters y el Latinx Stream Showcase. Wilmer está comprometido con la comunidad militar, sirve como Embajador Mundial de la USO y participa en varios espectáculos en todo el mundo. Nacido en Miami y criado en Venezuela hasta los trece años, Valderrama habla español e inglés de manera fluida. Él y su familia residen en Los Ángeles.